謹以本書獻給

數以萬計參與過臺灣航空工業的
前輩們，無論他們來自何方。

Unsung Heroes of the Aviation Industry in Taiwan

從月光到零戰,由軍刀到黑寡婦,「戰爭」創造了臺灣的航空工業,航空工業創造了臺灣的空戰英雄!

臺灣航空工業史
戰爭羽翼下的1935年~1979年

林玉萍・著

目　次

第一章　緒論 1

第一節　戰爭與航空工業 1

第二節　議題的研究脈絡與訂定 3

第三節　研究方法與全書架構 6

第一部　戰爭下的兩個世界

第二章　日治時期的臺灣航空工業 13

第一節　初始：理蕃、遞信與民航發展 14

一、「警察航空班」的設立 15

二、「遞信」業務之執行與民航發展 16

三、發展航空建設的動機 19

四、「臺灣國防義會」相關活動與獻納飛機 22

第二節　起飛：軍需工業化時期 27

一、軍需工業化下的臺灣工業 27

二、與航空相關的工業 30

三、日本在臺設立航空工廠 33

第三節　軍事動員下造／修飛機的臺灣人 41

一、被軍事動員的臺灣人 42

二、造／修飛機的臺灣人 44

　　　三、航空工廠裡的生活 45

　　　四、臺灣少年工 49

第三章　中日戰爭下的中國航空工業 53

　第一節　中國航空工業的初期發展 54

　　　一、南方軍政府的航空建設 56

　　　二、中日戰爭前的飛機製造廠 58

　　　三、民航運輸業 59

　第二節　國民政府轄下的航空機構 61

　　　一、「航空委員會」 62

　　　二、「航空工業局」 67

　　　三、「航空研究院」 74

　第三節　陳納德將軍的「飛虎隊」 79

　　　一、在中國遇見蔣宋美齡 81

　　　二、抗戰時期的美國援華 86

　　　三、「民航空運隊」（C.A.T.）的成立 90

第二部　戰後航空工業的匯流與重整

第四章　三股航空資源的匯流（1945～1949 年）......99

　第一節　國民政府在臺軍事接收 100

　　　一、軍事接收組織與任務 101

　　　二、復舊工作 105

　　　三、航空機場與航空物資的接收 108

　第二節　臺籍技工的收編與中籍技工的轉進 112

　　　一、臺籍技工的收編 112

　　　　二、臺灣少年工返鄉.......................................115

　　　　三、中籍技工的轉進.......................................117

第三節　C.A.T.輾轉來臺...120

　　　　一、兩航資產的善後處理...............................121

　　　　二、臺灣的「民航空運大隊」.......................124

第五章　美國軍援航空發展.....................................129

第一節　美國軍事援華顧問團（U.S. Military
　　　　Assistance Advisory Group, MAAG.）...................130

　　　　一、軍援的背景...131

　　　　二、軍援的內容與執行...................................135

　　　　三、「美國軍事援華顧問團」.......................140

　　　　四、MAAG 與中華民國空軍.........................144

第二節　美軍的技術引進和政策箝制.........................150

　　　　一、「噴射機巡迴訓練派遣小組」（Mobile
　　　　Training Detachment，MTD 小組）的成立......150

　　　　二、「MTD 小組」的技術引進與訓練.......................154

　　　　三、「航空工業局」改制為「空軍技術局」...........156

　　　　四、技術「停滯期」的爭議...................................157

第三節　韓、越戰時期的「亞航」與「航發中心」.........160

　　　　一、韓、越戰下的臺灣航空工業.......................160

　　　　二、「亞航」：美軍在遠東重要的軍機維修廠.......164

　　　　三、「空軍航空發展中心」的成立.................168

第四節　軍事受援國經驗的比較──臺灣與南韓.............172

　　　　一、戰後美國對南韓軍援.................................172

二、「尼克森主義」..174

三、軍援後臺灣與南韓航空工業的比較.................176

第三部　技術與社會

第六章　臺灣航空工業裡的技術與社會.....................189

　第一節　實業／職業教育訓練與技術認同....................190

　　一、技術與社會...191

　　二、日治時期臺灣的實業教育................................193

　　三、中日戰爭後的中國職業教育.............................195

　　四、技術認同的產生..197

　第二節　軍工複合體...201

　　一、「軍工複合體」(Military-Industrial Complex,
　　　　 MIC)..201

　　二、臺灣戰後的軍－工聯盟..................................203

　　三、毛邦初事件..205

　　四、軍工學結盟的契機—國防自主運動...................207

　第三節　航空工廠裡的軍裝與藍領...........................210

　　一、軍裝—工廠裡的管理階層...............................210

　　二、藍領——工廠裡的技術人員.............................212

　　三、工廠裡的政工制度.......................................216

　　四、關於「服從」...217

第七章　結論...221

徵引書目...229

第一章　緒論

第一節　戰爭與航空工業

　　航空工業發展的一個重要內涵是它長期以來被捲入「軍火工業」的行列，同時又被當成與「國家安全」相關的議題來了解，曾經它還是許多民族國家「權力與威信」的關鍵表徵。[1]飛機——這種現代動力飛行器的出現至今也不過一百多年，在第一次大戰（以下簡稱「一戰」）之後，國家公部門肯定「空權」重要性及「空中力量」的效益，讓它獲得雄厚資金進入研發製造的階段。一戰前大力倡導上述思想的最有力人士，分別是義大利的杜黑於（Giulio Douhet,1869-1930）、英國的特靈查特（Hugh Trenchard,1873-1956）及美國的米契爾（William Mitchell,1879-1936）三人；杜黑 1921 年出版一部重要著作《制空權》（The Command of The Air），其主要論述認為，成立第三軍種「空軍」，可在空中作戰，攻擊地面部隊，並立刻打擊敵人後方國土，空中領域具有決定性作用；[2]特靈查特有英國「皇家空軍之父」的稱謂，他不但建立「皇家空軍」，同時因為與米契爾的私誼，也間接促進美國早期空軍的發展；米契爾是美軍准將，他在美國空權萌芽期扮演催生者的角色。他們三位一致

---

[1] Vander Meulen, Jacob A. The Politics of Aircraft : Building an American Military Industry,（Lawrence :The University Press of Kansas，1991），p.p.1-3。

[2] 空軍總司令部譯印《空權史－空權之軍事運用》（臺北：譯者印行，1979年），頁 63。

1

地看見飛機在未來戰場上帶來的戰略新思維——「越過戰線上的軍隊防禦，攻擊對方後方弱點是革命性戰略思維，這不但可減緩所需兵員且對未來戰爭具有決定性影響」，[3]——因為戰爭之需，航空工業應運而生。

但戰爭是令人痛惡的！雖然對投身歷史研究的人來說，早已接受「戰爭」是人類社會演進的常態，古今中外的歷史典籍裡，是攸關平凡百姓的生存也好，是為統治者的權力或民族／國家的統一獨立也罷，總會有那麼多的扉頁是用戰爭寫出來的。但戰爭往往是一場可笑的鬧劇——羅馬帝國為了想統一歐洲，自西元前 27 年開始，進行三次布匿克戰役（Punic Wars），犧牲數十萬名軍人，然而 18 世紀後的歐洲，卻再耗盡數百萬人的生命，為的卻是爭相獨立成為近代民族國家！[4]東方世界的中國，秦為統一六國，斬趙、韓、魏等國兵力數十萬人，四百餘年後數十萬人同樣在戰爭殘酷下失去生命，國家卻分裂為南北朝之勢，[5]——這是人類歷史逃不開的宿命玩笑乎？

「戰爭」也是四百年來臺灣人民揮之不去的夢魘，移民社會移入的不僅是純樸的子民，同時也移入不同企圖的統治者，改朝換代、高壓管理都以「戰爭」為手段，政治人物無論抱持何種意識型態，卻同樣處處製造「想像的」對立，前朝拿「戰爭」餵養人民「歸鄉」的渴望，後朝則掩飾「戰爭」的代價，在人民面前歌頌「當家做主」的圖像，即使 1958 年「金門砲戰」結束，臺灣正式進入「擬戰」時期，但想像的戰爭並未消失，軍事訓練仍然在各基地進行，

---

[3] 《空權史－空權之軍事運用》，前揭書，頁 44、53-57。
[4] 參閱劉景輝譯，《西洋文化史》第五卷，（臺北：臺灣學生書局，1992 年），頁 28。
[5] 參閱楊家駱主編，《新校本史記三家注并附編二種》卷五：秦本紀第五，（臺北：鼎文書局，1990 年）。

軍人變成承平時期的一張保險單，國家為此每年繳交「必要」的保險費，這些保險費不只用在維持軍人的資薪，同時還用在維持國防工業如飛機的製造生產上──「戰爭」是臺灣航空工業之母。

第二節 議題的研究脈絡與訂定

英國科技史家大衛·艾傑頓（David Edgerton）在深入研究 20 世紀英國航空發展時發現，長久以來瀰漫英國史學界、社會學界、甚至一般文化論述的「英國沒落論」是有明顯疑義的，[6]艾傑頓認為是：從技術觀點看，20 世紀初英國的「戰爭國」（warfare state）性格高於「福利國」（welfare state），英國政府向來以「發展技術」並在戰爭中運用科技來擊敗對手為最優先原則，戰爭期間英國「自由的軍國主義」（liberal militarism）就是高度依賴技術發展，取代人力，並以此攻擊敵方的城市人口和工業，這一切與「沒落論」者所言──「英國走向沒落的原因之一是 1870 年代以後政府與產業界不夠重視科學與技術，投入研發和創新的資源嚴重不足」之語不符；其次，一戰結束時，英國是全世界唯一擁有獨立空軍的國家，1930 年代英國的航空工業無論從製造、出口及從業人口都曾是世界最大者，這也反駁其他史家主張英國自 1930 年代中期以後工業急速衰退之說；第三，針對航空工業，英國國防部、國會、左／右翼人士等對如何「資源分配」曾有很大的爭議，事實證明，大力投入某種科技研發，甚至成功生產該項產品，並不意味就能有效運用此項科技，

---

[6] 李尚仁，〈科技使用、軍火工業與英國沒落論的批判〉《當代》176 期，2002 年 4 月，頁 12。

更不見得能達成採用此項科技的原先預期目標，例如第二次世界大
戰期間（以下簡稱「二戰」）英國政府投入大量經費生產轟炸機，目
的要以「戰略轟炸」使德國屈服，然事後證明英國不但沒能打垮德
國民眾士氣及有效降低敵方軍需生產，反而傷及許多無辜百姓及摧
毀許多文化古蹟建築，理性的、工業化的、倚重科技的戰爭，不見
得能成功，「戰略轟炸」意味著大量誤用資源。[7]艾傑頓所以能夠以二
戰前後英國航空工業發展研究，駁斥「英國沒落論」觀點，是他強
調英國航空工業的發展也是技術、經濟、乃至社會文化的妥協產物。

　　但臺灣的情況與之顯著不同，即使國家動員不少經費及人力，
臺灣航空工業始終為軍方完全把持，它未真正下放給民間來共同參
與。從日治時期的萌芽到戰後國府來臺的數十年間，航空工業主要
以軍事服務為目地的態勢始終濃厚，不但飛機的修造主力在軍方，
連 1955 年唯一的民營飛機製造公司「亞洲航空股份有限公司」─
─骨子裡也是美國「中央情報局」（簡稱「CIA」）買來為修護美軍
軍機、運送美軍在亞洲人員和物資的單位，所以，即使探討臺灣航
空工業戰後 40 年的發展也是不能和軍方脫鉤；正因為如此，該工
業的技術發展變成一種與國家安全息息相關的「機密」，資訊不透
明讓公眾沒有置喙的空間，立法委員不敢觸犯所謂「軍事專業」的
判斷，往往對國防工業的資源分配草率背書；美國軍援期間，「美
國軍事援助顧問團」（U.S. Military Assistance Advisory Group，簡稱
「美軍顧問團」、MAAG.）深刻介入臺灣的國防事務，之後臺灣航
空技術發展的方向及內涵又處處受美方的制約和監控。軍方單向主
導的航空發展，其所呈現的面貌不止是強烈的「任務導向」，其培
育人才、工廠管理、產品製造、……各方面都有「軍中文化」及「軍

7　〈科技使用、軍火工業與英國沒落論的批判〉，前揭文，頁 16-17；另，林
　　玉萍〈英國沒落史觀的反思〉《當代》176 期，2002 年 4 月，頁 45、50。

事專業認知」的影子，這是臺灣航空工業發展的有趣現象，此現象從某種程度來說也代表著臺灣其他國防工業發展的面向。

　　「武器生產」對軍人來說是邊緣的，軍人的功能性在保國衛民，他們主要學習軍事專業知識，包括戰略戰術、軍事領導、體格訓練、武器使用及維護等，以達到集體嚇阻的力量抵禦外侮，這一套的知識生產與管理運作看似極不同於生產企業，然臺灣的航空工業卻是一種將「軍方」、「民間」與「生產」連結在一起的複合體，無論是1945年之前或之後，此工業從政策、工廠資本到營運管理、產品項目等皆由軍方掌控，其內部主管職也多直接由國防部派任的職業軍人擔任。[8]它既非全然封閉式的內需生產，又無需在意自由市場式的商業競爭（至少1980年代之前如此！），它的產出常被宣稱是高科技、精密科技之物，那麼到底它的「科技經驗」是什麼樣子？其政治、文化與社會體質上的交錯複雜會彰顯此「科技經驗」的異例嗎？「航空工業」是國防工業中明顯具備「戰鬥」與「高科技」形象者，它像心理學的「羅夏克墨漬實驗」（Rorschach inkblot test），我們有時看「飛機」是遠距交通工具，有時看它又是國防武器，它所需的大資本及在國家戰略上的重要性，更使得「擬戰」時期的中共政府成為它真正的主導者與最大的投資者！政府的介入使軍人有機會從第一線戰場褪下軍戎，換上後方生產線上的藍布工作衫，從以軍事訓練、部隊管理為主的封閉職場轉換到注重專業知識養成、工業職能發展的多樣化現場（＊此處所用「封閉」、「多樣化」指的是與民間互動程度）。

　　本書主軸在呈現臺灣航空工業興起與重整的歷史過程。首先，以蒐集到的史料說明臺灣航空工業崛起於日治時期而非1949年之後，再者，沿著戰爭與軍事工業二條軸線，提出二個問題意識：

8　例如「聯勤兵工廠」、「中山科學研究院」、「中國造船工業有限公司」、「漢翔航空工業有限公司」等。

(一) 臺灣「航空工業」在越戰結束之前曾經歷幾次重大「躍進」：
1.日治末期的軍需工業化；2.終戰結束初期，國民政府的接
收在臺軍用物資、人力及中國軍航工業轉進；3.韓越戰期
間，美軍以臺灣為重要軍機維修基地；這三次「以戰爭之
名」發生的躍進現象是如何發生的？過程中「軍方」扮演
何種角色？三次不同躍進，在技術發展上各有何面貌？

(二) 艾傑頓強調航空工業的發展也是技術、經濟、乃至社會文化的
妥協產物；臺灣「航空工業」先仰賴日本，繼中國技術與人員
進入，後仰賴美國，最後本地也開始累積自我的技術，是否
各階段我們仍能看見臺灣航空工業除軍事／戰爭之外的樣
貌？例如 1949 年以後航空工廠裡軍／民人員混合管理運作，
所呈現特殊的「技術經驗」又是如何？這是否延伸出工廠從業
人員對日本、中國、美國及臺灣本土的不同技術／國族認同？

第三節　研究方法與全書架構

　　本書的研究方法主要有：文獻蒐集與研究、口述訪談與田野調
查、紀錄片參考及部落格文章節錄等。文獻蒐集方面，因為目前研
究臺灣航空工業史的專書不多，屬日治時期臺灣部分，以大竹文輔
著《臺灣航空發達史》與國防部編譯《日軍對華作戰紀要叢書》為
主要參考，[9] 鍾堅教授專書與曾令毅君的碩士論文，引用許多日、

9　《臺灣航空發達史》一書完成於昭和 14 年（西元 1939 年），時值二戰初期，
　　日軍尚未積極建設臺灣軍需相關產業，因此 1940 年以後的航空發展須參考
　　《日軍對華作戰紀要叢書》。大竹文輔《臺灣航空發達史》（臺北市：作者
　　自行發行，昭和 14 年 10 月）；國防部史政編譯局譯印《日軍對華作戰紀要

美文獻資料著力很深，亦是本文重要參酌依據，另外，筆者也蒐羅日本防衛省有關日治時期臺灣航空工廠的相關檔案。[10]中國近代航空工業發展部分，中國大陸的學者近年有出版數本專書，臺灣漢翔飛機製造股份公司的李適彰先生，長期以來也發表過許多專文，除此之外，筆者也積極到國防部史政編譯室及中研院、國史館等單位，蒐羅相關檔案史料。

　　至於較細部的事實陳述如當時工作狀況等則需藉助口述訪談與田野調查，口述訪談的對象是尋找當年實際參與過本文所論及的歷史場域之人，但因時間久遠再加上筆者一人力薄，實無法大量的進行如團體訪談之類的研究方法，為了彌補此遺憾，筆者想到運用現代新興的訊息傳達方式──紀錄片與網路部落格，來補強口述訪談的不足。

　　不同於一般商業型電影拍攝的規模、手法及目的之紀錄片，早在 1920 年代即出現，它是一種「對現實素材做創造性處理」的影像產品，如果從拍攝手法來區分，它又可分成詩性型（poetic mode）、解說型（expository mode）、觀察型（observational mode）、參與型（participatory mode）、反思型（reflexive mode）、展演型（performative mode）等 6 種；[11]而無論是採用哪種形式，紀錄片的主要概念都是以一個（或一群）明確的人、事或物為對象，從述說真實的故事中，呈現紀錄片工作者的訴求。近年來臺灣記錄片生

叢書》共 43 冊，（臺北市：國防部史政編譯局，民國 77-81 年印行）。

[10] 鍾堅，《臺灣航空決戰》（臺北市：麥田出版社，1996 年）；曾令毅，《日治時期臺灣航空發展之研究》，淡江大學歷史所碩士論文，民國 97 年 6 月；日文檔案則如《內令提要》，昭和 11 年 4 月 1 日衛研究所藏）等。

[11] 袁伊文，〈「世紀女性　臺灣風華」女性記錄片之個案研究〉，世新大學傳播研究所碩士論文，2003 年 6 月，頁 19。張瑋容，〈由 Michael Moore 的敘事策略看紀錄片的語藝意涵〉，世新大學口語傳播學系碩士論文，2006 年 6 月，頁 30。

產蓬勃，多種議題的探討不但展現臺灣社會與文化的衝突性張力，從學術研究來說，它也拓展了口述訪談及影視呈現的新觸角，本書後來即參考討論日治時期臺灣少年工及 1949 年國民黨撤守臺灣議題的兩部紀錄片，並和導演深談其文獻研究及訪談的過程。

另外一種以陳述個人心情、興趣或身邊親朋好友經驗的網路日誌，也可以是研究素材的來源；「網路部落格」（Weblog），簡單說，是透過電腦網頁技術，記錄事件內容的一種模式，開始時它會吸引一般人學習利用，主要原因是它也可以作為個人日記，並透過公開分享而被看見，或者受到肯定而結交到朋友，時至今日，拜網路技術的普及化之賜，部落格不只是個人心情經驗分享的平台，它也成為各種專業知識傳遞交換的媒介。[12]筆者曾透過網路部落格「遇見」幾位對臺灣航空史頗有研究的朋友，也參與由興趣相同的朋友們組成的網路論壇，藉由他們，筆者吸收不少珍貴的知識；網路上另外有朋友將其長輩在日治時期的過往經驗紀錄下來，並貼在其部落格上者，前所述及，要尋找當年曾進入日軍在臺航空工廠工作過的人士並不容易，如今有人能傳遞此訊息當然非常重要，筆者後來進一步聯繫而得到親自作口述訪問的機會。

紀錄片和部落格也含有創作的性格，紀錄片的製作涉及敘述模式的選取和編輯篩選，因此其創作者的詮釋類似於史書作者的詮釋，閱讀者在引用過程中也需考慮史學方法上的相關問題。[13]部落格雖然少有記錄片的動員上的複雜，其內容的豐富性卻不遑多讓，不過版主若提供的是訪談記錄，其資料雖然直接但可信度及準確性應該被注意，一則因訪問者未受相關訓練，不易發覺受訪者談話內

---

[12] 周恆甫，〈臺灣地區網路媒體 Blog 發展與應用之初探研究－以交通大學「無名小站」為例〉，臺灣藝術大學應用媒體藝術研究所碩士論文，2005 年元月，頁 88。
[13] 〈「世紀女性臺灣風華」女性記錄片之個案研究〉，前揭文，頁 2。

容的真實與連貫，所提問的問題深度恐怕不足，二則受訪者與被訪者個人的意識型態會影響所陳述內容的資料，本研究於資料收集與篩選過程，對這些新研究素材的被採用，是瞭解其特性並戒慎且嚴謹的。

　　至於本書架構，除了第一章交代問題意識、文獻探討、方法與架構外，筆者另將全文分三大部分：第一部，「戰爭下的兩個世界」——分列第二、三章：交代 1949 年之前，兩個空間下——臺灣與中國，各自航空工業的崛起與發展情形，當然，因為戰爭，兩個地區航空工業各有繁榮奮起的跡象，而這一部分也明確呈現出今日臺灣航空工業的其中兩個源頭，日本的及中國的；第二部，「航空工業的消融與再起」——分列第四、五章：探究 1946 年國民黨政府對日軍在臺航空技術人員與物資的接收問題，以及 1950 年—1960 年代韓戰與越戰的相繼爆發，臺灣因地緣戰略及政治依賴美國等因素，在航空工業發展上的特殊面貌；第三部份，「軍需工廠裡的技術／國家認同」——分列第六、七章，最後兩章節，筆者希望透過國防工業的一環「航空工廠」——其特殊的內部文化，包括成員上的軍民相雜、組織管理上的軍事規訓，來討論此種生產單位與一般工業生產單位的差異，特別是在技術生成及內部成員明顯的國／族認同現象。

　　自從二戰後，美蘇兩國展開太空研究競賽，航空與太空工業便常被大家統稱為「航太工業」，根據我經濟部的界定，航太產業中的航空工業範圍包括：整機結構（民用機、軍用機）、機體結構（機身、機翼、起落架）、發動機（渦輪噴射、渦輪螺旋槳、渦輪導扇等引擎）、航電設備（電子飛行儀器系統、防撞系統、全球定位系統等）、維修設備、地面導航通訊設備等。然而航太工業亦被劃歸為國防工業之一環，根據國防部對「國防工業」的界定是：「國防工業：以適應國防上之要求為目的，運用現代化科技所研發、製造、

生產與維修國防用品之相關事業。例如能源、鋼鐵、機械、電子、造船及航太相關工業」。[14]這裡出現一個有爭議性的語言——「運用現代化科技」，「現代化科技」是什麼？「現代化」或「現代性」之詞往往昭示社會組織、科學技術、經濟生產、政治運作……等等與過去傳統的重大異質性，「現代」隱然也是定義者經由對傳統正當性的詰疑而來，[15]如果吾人拋開政治「正當性」的窠臼，就工業生產的內容與目的來看，臺灣「運用現代化科技」的航空工業雛型早在 1930 年代的日治時期就出現了，戰後中國大陸撤退來臺的航空工業機構則是確立本地「航空工業」的展開，筆者之所以要如此宣稱，重點在本書不接受航空界討論臺灣航空工業的相關論述時，僅以中國大陸時期的發展為唯一脈絡。

---

[14] 中華民國國防部頒行【國軍軍語辭典】（九十二年修訂本，電子版）。

[15] 中研院中山所副研究員錢永祥先生認為：「『現代』——作為一種自我認識——正是經由對於傳統正當性論證的詰疑而形成的。詰疑的結果，將正當性論證的責任完全交給現代性的承載者，其岌岌可危的艱苦狀態，自然迫使正當性成為現代性的試煉場所在。」。錢永祥〈現代性：一個規範性的理念（暫擬大綱）〉，出自教育部顧問室編，人文社會科學教育先導型計畫九十三年度聯合成果研討會－通識教育改進計畫會議資料》（臺北：編者印製，2004 年）。

第一部

戰爭下的兩個世界

第二章　日治時期的臺灣航空工業

　　臺灣出現航空工業已是在 1903 年美國萊特兄弟（Orville & Wilbur Wright）成功試飛第一架載人動力飛機後的 30 餘年，成為日本政府第一個殖民地後，日方先是為了「理蕃」與「遞信」，再為了少量的客貨運輸，臺灣才有飛機的出現和運用；1937 年中日八年抗戰正式開打，接著太平洋戰事爆發，臺灣地理位置與後方中繼補給的軍事價值具體浮現，此時建設航空工業，輔助日軍大量生產、維修軍機，成為臺灣非常重要的國防任務，臺灣在日本政府手中不是「目的」而是輔助完成目的之「工具」，對日本母國的貢獻在哪裡才是臺灣航空事業要如何發展的依據。

　　本章第一節先介紹臺灣航空發展的初始階段，為了「理蕃」而成立的「警察航空班」，以飛機為交通工具的「遞信」業務以及民航客貨運。第二節說明臺灣進入軍需工業化時期，許多工業以航空工業鏈之姿，急速發展，例如「南日本化學工業株式會社」，負責生產工業鹽，「日本旭電化工業株式會社」製造碱氯，「日本アルミニウム株式會社」（日本鋁廠）負責生產鋁錠，左營、楠梓的「海軍第六燃料廠」生產飛機燃油，「大同製鋼機械廠」及「唐榮鐵工廠」生產飛機零件等；當海、陸軍也分別在臺成立航空工廠時，臺灣航空工業展開起飛的階段了。研究至此，吾人將證明臺灣的航空工業，並非從1945 年以後中國部分航空工廠遷入後才有，而是早在二次世界大戰時期就開始建立了。

　　航空工業的出現與發展，除了大環境的變遷（如戰爭）與國家政策的設計需要外，參與此工業的人們及其職場生活，更是展現此

工業內涵的重要資訊，本章第三節希望透過相關文獻與當年參與過航空工業的前輩們的口述，來瞭解 1939 年後數以萬計進入航空工廠工作的臺灣工員們，是如何沿著戰爭的鎖鍊，在工廠裡度過他們的青春生命；這些實業學校或公學校高等科畢業的男性與女性，有的到岡山日本「海軍第 61 航空廠」，有的進屏東日本「陸軍第 5 野戰航空廠」，還有的遠赴日本「母國」各航空工廠學習製造飛機（世稱「臺灣少年工」者），最保守估計上述人數至少近 4 萬名！這麼多臺灣人參與的航空工業，如果因為史料難尋及參與者的接續凋零，最終未被後世人看見與記憶，將是臺灣社會多大的遺憾。

第一節　初始：理蕃、遞信與民航發展

　　一般認為，臺灣航空紀元的開始是 1914 年（大正 3 年）3 月 21 日，臺灣總督府聯合民間財團邀聘日本飛行技師野島銀藏氏來臺作首度飛行表演，當日，在臺北馬場町練兵場（現在的「青年公園」範圍）有 35,000 名群眾仰頭看見離地約 100 公尺處，一架美國製雙翼螺旋槳複葉座機「隼鷹號」在空中盤旋了 4 分鐘，這是臺灣總督府第一次以官方立場正式向臺灣人民介紹飛機——難得「和平的一瞥」，因為到了 1917 年日本所澤陸軍航空隊開始抵臺北進行耐熱飛行訓練，2 年後總督府理番課成立「警察航空班」，同時也開工興築臺灣第一座機場——「屏北飛行基地」，這些活動是為殖民統治與日後軍事行動而為之，離「和平」越來越遠了。[1]

---

[1]　曾令毅研究日治時期臺灣航空發展時，認為臺灣首次飛機飛行應追溯至 1912 年總督府向海軍省借調飛機進行「山林調查」之時，這是很好的釐清，但筆者認為，總督府以官方立場正式向民眾介紹飛機表演，宣示其權力與

　　臺灣航空事業出現的最初動機是為了「理蕃」和「遞信」。日本統治臺灣初期為了壓制殖民地的反抗，在 1895 年～1919 年間皆派任武官來臺，其中「臺灣民主國」、「噍吧年事件」、「西來庵事件」是重大的漢人抗日事件，日人不但強行徵收民間土地設置糖廠，還在臺灣灣山區掠奪原住民賴以維生之山產、木材，因此原住民的抗日事件也層出不窮，慘烈的「霧社事件」即為代表；原住民直接、質樸的性格，再加上久居山區所養成靈巧、矯健的身手，讓殖民政府在管理上相當困擾。大正 6 年，日本陸軍所澤航空隊來臺作 147 航次耐熱飛行訓練時，發現飛行機呼嘯飛過重重山林投下爆彈之際，「蕃人」竟驚嚇跪拜，甚至繳械投降，日軍遂著手以飛行機「理蕃」的計畫。

一、「警察航空班」的設立

　　1919 年總督府警察總署開設「警察航空班」（一說「警察飛行班」），其中航警業務歸警務局理蕃科管轄，當年年度預算 17 萬 5 千 4 百 20 圓，選定屏東街崇蘭的下淡水溪左岸，面積 60 萬坪，安全滑走面 20 萬坪的土地作為飛行場，爾後還在臺中州下鹿港、臺東街、花蓮港平野村等處附設著陸場，從此以後，只要有蕃社發生械鬥或不服日人管理之事，就得嚐受日本飛行機載炸彈轟炸之苦——阿猴廳屏東郡、六龜、臺東廳、花蓮港廳、臺中州廳……等地蕃社聚集地，都曾被炸彈轟炸過；為了應付增加的任務，同年 8 月，總督府招募操縱術練習生（飛行生）5 名，製修術練習生（機

未來航空發展的意義，遠大於飛機的第一次飛行，故仍以 1914 年為臺灣航空紀元年。參閱曾令毅著《日治時期臺灣航空發展之研究》，淡江大學歷史所碩士論文，民國 97 年 6 月，頁 22-23。

械生）15 名（註：這些人員中有多少臺籍人士不得而知），前者送至所澤「陸軍航空學校」，後者至所澤「補給部支部」受近半年的訓練，這是近代臺灣有航空人才培育之始。[2]

　　日人如何利用飛行機「理蕃」呢？通常是「航空班」確定蕃社分布地區後，一次出勤二或三架飛行機，每機攜帶 4 發爆彈、10 貫散彈至目標地爆擊，如此持續 2～3 日，這樣的爆擊不但能夠摧毀村舍，還把蕃人墾植地炸得滿目瘡痍，無法耕種。1927 年 11 月 19 日，日本陸軍接手警察航空班的相關任務，該組織正式解散，不久，1930 年「霧社事件」爆發，134 名日人遭泰雅族人殺害，日軍第八飛行聯隊至埔里進行三週的「剿蕃」，五架川崎製戰鬥機先後投擲 800 枚炸彈及糜爛性毒氣彈，導致原住民死亡或自殺者共 278 人。據統計，「航空班」9 年多的理蕃任務共出勤約 4,500 架次，使用的飛行機最初是中島製「ホールスコット」式 150 馬力及「モーリスフソルマン」式 70 馬力的偵察機，可是因為無法滿足在山地的飛行，1921 年就更換成擁有 230 馬力的「サルソン」式飛行機，所耗經費共計約 134 萬元日幣。[3]

二、「遞信」業務之執行與民航發展

　　理蕃之外，日本的飛行機也被運用在臺灣「遞信」業務上；日治前的臺灣郵政業務，可追溯自明鄭時期的官設郵驛及民間「信局」，臺灣建省後巡撫劉銘傳參酌中國海關郵政部依例施行新式郵政，凡此，「輪船」長期以來便為主要傳送郵件公文包裹的運輸工

---

[2]　參閱根津熊次郎〈臺灣の航空事業〉《臺灣時報》（昭和 6 年 4 月）。《臺灣航空發達史》，前揭書，頁 68。

[3]　《臺灣航空發達史》，前揭書，頁 97、192。《臺灣航空決戰》前揭書，頁 53。

具。[4]1923 年（大正 12 年）8 月 22 日一架警察航空班的飛機從屏東送郵件到臺北，開啟臺灣島內「飛行郵便」第一遭，當時運送了 1,193 封郵件，《臺灣日日新報》也利用此機使屏東的讀者能夠看到當天的報紙，[5]但這還不是定期郵便航空的開始，雖然早在 1918—19 年臺灣總督府通信局就想規劃臺灣島內的郵便飛行，但當時遭到中央財政部門削除預算，10 年後此議再起，總督府和民間團體不斷和中央政府協商、各後援團體也前仆後繼地陳情，遞信省和大藏省最後才同意展開臺灣島內外郵遞與民航業務的定期航線飛行。1930 年總督府交通局遞信部先成立「臨時航空調查掛」單位，負責調查研究內臺航空的連絡展開事宜，隔年「日本航空輸送株式會社」受命進行內臺間的試驗飛行，待一切安全性與業務聯繫確實能掌握後，1935 年內臺間定期郵便航空才正式開始，當時是一週一次往返。

　　貨運航線開通，客運航線在次年也一併實施了，內臺定期航線是一週三次往返（福岡—那霸—臺北線），這一年的 8 月又開島內定期航線，固定航線如下：

(一) 東線，臺北—宜蘭—花蓮港，一週兩往返。

(二) 西線，臺北—臺中—高雄（或臺南），每週二、四、六，三次往返。

(三) 1937 年外島，臺南—馬公線也開通，一週三往返。

4　井出季和太原着，郭輝編譯《日據下之臺政》第一冊，（臺中市：臺灣省文獻會印行，民國 66 年），頁 89-90。

5　日本遞信省在 1925 年試驗性的收寄航空郵件，要到 1928 年因為國庫補助，「日本航空株式會社」成立及「航空郵便規則」制定公佈，日本的航空遞信事業才算正式開始；近仁，〈日據時代臺灣航空郵史〉《郵史研究》第 10 期，1996 年 2 月，頁 50。

(四) 1938 年開一條東西兩線合併的環島線，自臺北經臺中、
臺南、屏東、臺東、花蓮、宜蘭再回臺北，全程共計 760
公里，每日對飛一次。[6]

當時旅客機的飛行時速大概平均 175 公里，臺北直飛高雄的話
約 1 小時 50 分鐘；票價方面，臺北—高雄是 22 日圓、臺北—臺中
10 元、高雄—花蓮 40 元。[7]此業務持續 7 年的時光，直到 1943 年
9 月因美日戰火升高，臺灣軍司令部接管徵用島內及聯外民航業務
為止。這 7 年中，總督府曾頒布相關航空法規，運輸航線除內臺線、
島內線外，還開闢臺北廣東線、臺北盤谷線（註：指曼谷）、東京—
臺北—盤谷線等。以臺北—福岡定期航線為例，1936 年它飛行次
數 906 次，載客人數 3,784 人（也有郵件和貨運的輸送），到 1939
年，飛行次數成長到 1,263 次，載客人數 7,570 人，[8]當然旅客多為
日籍高官或商務人士，一般臺灣老百姓怎可能搭乘。

臺灣島內線的定期民航最初 4 年尚可勉強維持航線的營
運，但 1939 年後高雄—臺南線，共飛 522 架次，乘客全年僅 512
人，平均每架次不到 1 人，高雄—臺中線，平均每架次 2.5 人，
太平洋戰爭爆發後，民航業務時斷時續，航空汽油全部挪為軍
用。[9]為了飛行機維修的需要，總督府曾計畫從 1940 年起補助「大
日本航空株式會社」5 年總額 49 萬日圓的經費成立「臺北航空
機修理工廠」，1944 年三菱財團於臺南也成立「大東亞航空株式
會社」專司維修南洋、華南及島內民航機業務，這兩個航空維修
機構營運狀況及成效如何，因筆者無法蒐集到相關資料在此不予

---

6 臺灣省總督府交通部遞信部發行，《臺灣航空事業ノ概況》，（臺北市：臺灣
   日日新報社，昭和 16 年 10 月 23 日印刷），頁 2-3。
7 高雄市文獻會編印，《高雄市發展史》（高雄市：編者，1995），頁 952-3。
8 《高雄市發展史》，前揭文，頁 952。
9 《高雄市發展史》，前揭文，頁 954。

討論。[10]（註：「大東亞航空株式會社」成立一年餘日本政府就宣布終戰，恐怕其在航空維修上成效不大）

三、發展航空建設的動機

臺灣總督府是出於考量臺灣島內的運輸問題，才如此積極發展航空事業的嗎？似乎事實並非如此，吾人從以下所列當時民間團體的陳情書或決議文中看見，為說服務局其內容都是從強調臺灣是日本南方的門戶、臺灣國防地位重要、南洋開發需要臺灣作重要中介等理由為說帖，來談發展臺灣航空的重要與迫切，藉此可判知，日方仍是以臺灣對日本母國的貢獻在哪裡作考量因素：[11]

（一）、「臺灣俱樂部」陳情書：

「臺灣島は帝國南方の要衝として內地中央部との連絡は諸般の設施と共に統治上及び經濟上一日も忽にす可らざる所、殊に世界各強國航空路の著しく極東に進展しついある現狀上、帝國國防の安危に關する所も甚大に……」

引自大竹文輔《臺灣航空發達史》頁349。

（二）、「內臺定期航空路開設全島期成同盟會」宣言：

「東亞の風雲急を告げ帝國の對外工作は北より南に展開せんとす特に南支南洋方面に於ける列強

10　《臺灣航空事業ノ概況》，前揭文，頁5-18；《臺灣航空決戰》，前揭書，頁40。
11　1935年（昭和10年）10月臺灣民航運輸終於放行，並由「日本航空輸送會社」負責內臺航線；《臺灣航空發達史》，前揭書，頁155、330-373；《臺灣航空決戰》，前揭書，頁37-40。

の航空路進出狀態を慮る時、國防經濟上、第一線を
為す我臺灣に在て內臺航空路開設は最早梭巡を許
さず、焦眉の重大問題として即時に之が解決を期せ
ざるべからず、吾人は凡ゆる方法に愬へ飽くまで昭
和九年度に於て目的達成を期す」

引自大竹文輔《臺灣航空發達史》，頁 355。

　　對日本政府積極發展臺灣航空的動機，《臺灣航空決戰》的作者
鍾堅教授認為，野島銀藏氏來臺表演，是總督府「為推廣新科技並
吸取民間資金籌辦民航企業」，又「由於臺灣工商發展快速，為解決
台日間海上航行曠日費時之苦，而決定撥款闢建飛行場，以利航空
事業之發展。」[12]。關於此點，筆者有一些不同看法，眾所周知，1895
年日本之所以要將臺灣納為其海外殖民地，與明治時期以降「南進
論」的討論有關，部分人士認為「南洋」、「南支」的開發是彌補日
本天然資源不足、彰顯日本國力及化解內部社會衝突的重要選擇。[13]

　　1912 年臺灣總督府將「南清貿易擴張費」改成「南支那及南
洋貿易擴張費」，將南洋擴張列入預算中，1915 年臺灣民政長官內
田嘉吉和南洋商人井上雅二等人在東京成立「南洋協會」，它是第
一個以拓展南洋為主要任務的官方機構，其工作是積極對南洋進行
相關調查及人才培訓，凡此種種都明確表示日本政府自此後對南洋
的重視，當然也給總督府重要施政方向。[14]臺灣在 1916 年後內部

---

[12] 《臺灣航空決戰》，前揭書，頁 36，37。
[13] 所謂「南洋」指今日的東南亞，包括菲律賓、越南、高棉、老沃、泰國、
　　緬甸、馬來西亞、新加坡、印尼、紐西蘭、所羅門群島等，「南支」則言中
　　國華南地區；關於「南進論」的討論可參閱中村孝志《日本の南方関與と
　　臺灣》(日本奈良縣：天理教道友社，1988 年)；梁華璜《臺灣總督府南進
　　政策導論》(臺北：稻鄉出版社，民國 92 年)。
[14] 該協會的沿革文稿中曾出現以下的文字「……我 (日本) 帝國南下的第一
　　步，是佔領臺灣，臺灣位於亞熱帶地區，與南洋菲律賓僅一衣帶水之隔，

的戶口、土地等調查完成，米、糖生產量大幅增加，理番及社會治安問題大致底定，再加上第一次世界大戰期間日本商品與原料需求的迫切，使得臺灣「責無旁貸」地成為南進發展的模範基地，那時日本航空飛行已行之有年，「飛行機」當然是縮短內一臺、臺灣一南洋間距離的不二交通工具，但那是針對南洋，並非臺灣內部的需求。[15]野島銀藏氏來臺北表演之後，確實帶動一陣民眾買票看飛行表演的風潮，但這對臺灣工商業界並無多大的幫助，因為民航定期航線要遲至 1935 年（昭和 10 年）才有臺北一那霸一福岡的航空輸送線開辦，況且貨物運輸一向須倚重海上航運，航空運輸並不經濟。

　　再者，1922 年五大海軍國：英、美、法、日、義在「華盛頓會議」上協議出〈華盛頓海軍軍縮條約〉，日本海軍主力明顯被限縮，該年日方即擬出〈大正十二年帝國國防方針〉，將美國設定為第一假想敵，同時陸軍訂出「應協同海軍儘速對呂宋島進行攻略」，[16]日本陸、海軍的幾個飛行聯隊、水上機隊和警察航空班在 1935 年以前都已進駐各飛行基地執行任務，所以筆者認為總督府推動臺灣航空建設的真正動機：一是開發南洋的需要；二是軍事控制；——包括對島內和島外，而非「為推廣新科技並吸取民間資金籌辦民航企業」，或「由於臺灣工商發展快速，為解決台日間海上航行曠日費時之苦，而決定撥款闢建飛行場，以利航空事業之發展。」[17]

領臺以來已有二十年，我國（日本）在臺灣開發的經驗有助於以此轉移至南洋的開拓……。」李淑芬〈日本南進政策下的高雄建設〉（臺南市：國立成功大學歷史語言研究所碩士論文，民國 84 年），頁 33-40。關於歷年費用請參閱《日本の南方関與と臺灣》，前揭書，頁 8、19。

[15] 1916 年日本政府的南洋航路開始，就以臺灣為起點，《日本の南方関與と臺灣》，前揭書，頁 15-16。

[16] 曾令毅，《日治時期臺灣航空發展之研究》，前揭書，頁 67-68。

[17] 臺灣民間雖有過多次獻納飛機運動，但有的是強迫各地的保甲役員捐輸，有的是與官方關係密切的政商名流以團體名義出資，或臺灣製糖株式會社捐獻等，他們捐納現金讓日本政府造軍機，而非建設機場或買民航機；《臺

四、「臺灣國防義會」相關活動與獻納飛機

　　既然要發展航空，無論是為國防目的或民航業務，讓臺灣民眾認識及支持航空是一項必要的工作。1934 年 2 月總督府開始在各州廳設置「臺灣國防義會」負責向民眾宣導航空國防思想及指導開發民間航空業務，9 月「臺灣國防義會」航空部創立，它儼然成為民間航空教育的推手，舉凡民航機與機場的統制整備、島內定期民航飛行的實施、飛行學校的經營及對飛行員和技術員的養成、遊覽飛行作業、各種航空與防空知識的研究等都屬其業務範疇。因為總督府的支持與積極宣導，陸續有民間航空團體紛紛設立，如「臺灣航空協會」（雖稱是財團法人，其會長、副會長仍常由官員擔任）、「臺南州航空思想普及會」，各級學校裡面更普遍有類似的社團如：臺北市國民學校兒童組成「臺灣航空少年團」、「臺南州國防義會航空團」（當時加盟的學校有臺南高工、臺南一中、二中、臺南師範、嘉義中學、嘉義農林等六校）、「臺北高商學生航空研究會」、「臺北高等學校航空研究會」等。[18]

　　不僅如此，「臺灣國防義會航空部」為配合日本本土的愛國航空週，也舉辦過各種航空文化活動如：航空標語的選拔、有獎徵答、航空自由畫比賽、全臺模型飛機競賽等，[19] 一連串看似熱絡的航空活動，總還是讓人看見總督府最原始的目的是為將來日本航空軍需上人力、物力的後盾打基礎；就以航空標語的選拔為例，當初有

　灣航空發達史》，前揭書，頁 235、258、325、454。
[18] 《臺灣航空發達史》，前揭書，頁 472-476。
[19] 日本本土當時也有一個專責推動民間航空運動的單位「帝國飛行協會」，「臺灣國防義會航空部」就類似它的角色。

4338 件參賽作品，經過評審，最後選出三等（冠、亞、季軍）共四件，第一等的標語是「南進日本空から伸ばせ」（讓我們延伸南進日本的天空），第二等「空の制覇へ總動員」（為了天空的制霸，一起動員起來），第三等「伸びよ大空無限の領土」（要擴展天空無限的領土）及「航空日本みんなで築け」（大家來建立日本航空），除了最後一句無國防征略之意外，其餘一看，便明瞭總督府希望在臺灣建設航空的終究意圖矣。[20]

　　一架飛機的製造所需經費不是製造一部自動車可比擬的，所以日軍結合總督府長期以來推動（或者說半強制地）臺灣商、工、專賣機關、學校及民間團體可以「獻納」飛機和飛行場的風潮。1932年 5 月就有臺灣島民獻金給日本政府（註：此獻金如何募集不詳），後來陸軍當局決定將此金額用作製造八八式二型輕爆機兩架，製作費約 22 萬 4 千日圓，剩餘經費還可購置照空燈一座、短波無線機一台；同年 6 月 12 日中午兩架被命名為「愛國臺灣號」25、26 兩機，搭乘大阪商船「高雄丸」在煙雨濛濛的高雄港入港，當時這兩架機是以拆解成數部份的方式來臺，然後送到屏東陸軍第八飛行聯隊所在的屏北基地進行組裝及測試飛行，並於 7 月 7 日兩機從屏東起飛沿鹿港、臺中市、苗栗、新竹上空飛行抵達臺北的練兵場完成獻機儀式。[21]之後全臺各階層都陸續發起獻機的活動，茲列表如下：

---

[20]　《臺灣航空發達史》，前揭書，頁 479。
[21]　《臺灣航空發達史》，前揭書，頁 235-240。

表 2-1：臺灣島民獻納飛機表

日期	獻納單位	獻納機名（數量）	獻納金額（日圓）	備註
1922 年	臺灣「後援協議會」向全島民募款	臺北號	2 萬 5454 日圓 95 錢	此機是獻給臺灣第一位飛行員－謝文達；資料來源：吳餘德，蔡光武〈臺灣的飛行前輩謝文達與楊清溪〉《科學月刊》第 408 期，2003 年 12 月，頁 1043。
1932.7	臺灣島民	臺灣愛國號 25、26，（共 2 架）	約 25 萬	
1933.12	全臺保甲役員	臺灣保甲號、臺灣壯丁號（共 2 架）	約 15 萬	1. 「保甲號」是由基隆郡警察課召開該郡保正會議時，由萬里庄瑪鍊第二保保正陳明所提議； 2. 「壯丁號」是由基隆郡的瑞芳青年團和臺中州豐原壯丁團共同推動。
1933.12	臺灣製糖外十一株式會社	新銳報國第 51 號（第 4 製糖號）、第 52 號（第 5 製糖號）（共 2 架）	不詳	兩機是給海軍使用的偵察機。
1934.6	1. 臺灣製糖株式會社； 2. 臺灣學校	愛國第百四號（製糖）、百五號（製糖）、第百十六號（臺灣學校），（共 3 架）	不詳	
1934.10	臺灣國防義會推動專賣業者及學校關係者	義勇「學校」號、專賣號，（共 2 機）	不詳	此兩機為神風三型 150 馬力的小型民用客機，可搭乘客 3 名及少量行李，這是由日本「日立航空機株式會社」製造。

1937 年	全島小公學校	臺灣學校號	不詳	
1937.12	—	臺南第一號	不詳	給臺南州國防義會航空團訓練與島內航空教育專用
1938 年底	全島小公學校	臺灣義勇學校新高號	不詳	由日本橫濱運送至基隆途中，機體與機翼毀損而為登陸臺灣，「東京瓦斯電器工業株式會社」製造
1941 年春	全島學校關係者	義勇學校第二號（共 1 機）	不詳	「日立航空機株式會社」製造，亦為輕民航機，可搭乘客 4 名。
1944.5	北投地區居民	北投號	不詳	有獻金的居民都可領到「」領收證，此條資料來自周明德，〈日軍的不沉航空母艦〉《臺灣風物》48：2，1998.2。可見獻納飛機的活動在終戰前仍進行著。
1944 年	臺北州學校、學生、職員、生徒、兒童	臺北州學校號	不詳	
1944 年	臺北州學校之教職員、生徒、兒童及教育相關者之州市郡職員	臺北州學徒號	不詳	
1945 年	臺中州一中	臺中一中號	不詳	
註：除獻納飛機外，民間團體如「高雄青果」、「臺灣商工銀行」也都有獻納各式各樣的軍用武器如情報送信機、無線電信機、重機關銃、野戰高射炮等。				

筆者整理（資料來源：大竹文輔著《臺灣航空發達史》、曾令毅著《日治時期臺灣航空發展之研究》）

　　至於飛行場的「獻納」，其實主要是指人民勞動力的「獻納」，1935 年 2 月臺中近郊的神岡飛行場設置運動展開，地方官員和顯達人士達成協議，一方面徵召有熱誠的臺中市民參與建築工事及募款，一方面向軍部陳情同意建設飛行場與補助，1936 年 8 月此飛行場完成啟用，根據報告，總共工費為 14 萬 2 千日圓，用土 19 萬 9 千立方米，動用勞力 7 萬 1 千人。[22]同年 10 月，宜蘭街街長樋口要司希望內臺航線能在宜蘭有個據點，他花了許久的工夫說服街民奉獻勞力，並且籌得 3 萬 7 千 2 百日圓建設宜蘭飛行場，最後也在 1936 年 6 月 30 日竣工。[23]飛行場的建築工事是非常艱辛的工作，當時勞役都是以臺人擔任，開挖回填都得靠人力去扛去挖，其中的勞頓可從苗栗後龍軍機場的興建看出端倪，1942 年前後日本海軍施設部進駐後龍之後，日軍就以軍事用地的名義無論公產或私產徵用土地建設海軍飛機場，當時外埔、水尾、溪州三處民地有 300 多公頃被強制徵收，然後日軍徵調全新竹州及後龍 23 村的老、中、青數萬人，每人 100 個工作天，限期完成所分派的工作，並且民人要自行負責生活所需，在工地搭草寮住宿，自備糧食；對於工事日軍監控嚴厲，砂丘要全部剷平，飛機跑道要用大大小小的石頭及紅土鋪設，再用巨石輪輾成堅固平坦跑道，另外還得修繕兵舍、修護廠房、掩體壕溝及其他附屬設施，[24]如果，這樣的場景就是「獻納」的本質，那筆者實在有理由懷疑上述飛機的獻納，是否是出於民眾的熱情與自願了。

[22] 《臺灣航空發達史》，前揭書，頁 429。
[23] 周明德，〈日軍的不沉航空母艦〉《臺灣風物》48：2，1998 年 2 月，頁 15。
[24] 陳德全，〈後龍軍機場歷史及軍事重要地位〉《苗栗文獻》48：2，1998 年 2 月，頁 90。

第二節　起飛：軍需工業化時期

　　日治時期臺灣的現代化發展是隨著日本政府對中國華南及南洋地區的開發企圖而變化，簡單說，臺灣在日本政府手中從來就不是「目的」，而是輔助完成目的之「工具」，例如明治、大正時期，調查利用臺灣的經濟資源，作為補充殖民母國生產力之不足，建設臺灣的交通與海陸空航路，以便聯繫與「南支」、「南洋」的通路；昭和時期施行「內台共治」、「皇民化」等政策，讓臺灣人民在思想上認同殖民母國，進而志願或非志願地遠赴海外戰場「為國獻身」；「工業化」、「南進基地化」更是欲藉臺灣人的各項生產支援殖民母國在戰爭期的後勤補給。——這是殖民地的幸與不幸，不幸的是，臺灣利益永遠不是殖民母國決策時的重要動機，幸運的是，即便如此，這塊土地因此受到比原先母國——中國，更多的眷顧與建設，其中包括臺灣航空事業的出現與發展。

一、軍需工業化下的臺灣工業

　　日治時期臺灣共經歷 19 任的總督，從發展的差異性來看，大略分為第一段武官期（第 1～7 任）、第二段文官期（第 8～16 任）和第三段武官期（第 17～19 任），而第三段武官期的開始可說是臺灣進入戰時體制了。[25]第 17 任臺灣總督，預備役海軍大將小林躋

---

[25]　《臺灣總督府》，前揭書，頁 72、114、165。

造是日本第 16 任民政黨系中川健藏的繼任者，他於 1936 年 9 月 2
日到任前不久，日本廣田弘毅內閣才召開「五相會議」，正式將「南
進」列入國策，催化「南進」國策誕生的因素，包括當時中國廣東
省發生抗日事件，這件事讓日本海軍軍令部與海軍省對「南進論」
的路線之爭出現變化，原先佔上風，希望漸進和平地作南進準備的
策略，開始傾向以強勢軍事力量實現南進目標，於是，臺灣扮演海
軍南進前進基地、中繼站的角色受到重視，小林躋造便是擔負這樣
的任務繼任，他一向以「南方經略論」的繼承者自居，並對當時各
國海軍擴張卻對日本海軍限制相當不滿，他出任臺灣總督對固守日
本南境國防有重要意義。[26]

　　小林躋造就任後揭示「南進化、工業化、皇民化」三大治台方
針，以「工業化」來說，臺灣因為地緣的關係，南洋的石油、鋁、
鐵、橡膠等原料若運輸至此處加工，會比送回日本省時又省成本，
更進一步，若臺灣的工業化能達到國防與經濟自給自足的水準，那
對日本母國南進政策的助力又更顯著；臺灣電力資源的開發、港灣
運輸的建設是工業化的前提條件，工業組織要靈活化才能迅速補給
調配兵器、彈藥、軍需糧食與藥品等，前述兩項要素完成，就能建
立日軍對華南、南洋最強固的運輸網。[27]當然，總督府也清楚臺灣
本身礦產資源缺乏，要建設軍需工業應該並行採取「適地適業主義」
——廣泛利用臺灣的農業、林業、水產、畜產等可能的原料強化輕
工業的發展（註：如食品加工業）。

　　1937 年 7 月 7 日「盧溝橋事件」爆發，日本近衛內閣為強化
戰爭體制，與陸軍省合作草成「國家總動員草案」並於 1938 年 5

---

[26] 林孟欣，《臺灣總督府對岸政策之一環－福大公司對閩粵的經濟侵略》，國
　立成功大學歷史研究所碩士論文，1994 年，頁 13-14。
[27] 田中儔〈大東亞戰爭と臺灣工業化の方向〉，《臺灣時報》（昭和 17 年 1 月），
　頁 10。

月5日實施，「國家總動員法」中所列舉軍需品的項目包括：（一）兵器、艦艇、航空機、彈藥及軍用機械器具及物品；（二）供軍事用的船舶、海陸聯絡輸送設備、鐵道軌道及其附屬設備的其他輸送物件；（三）軍用燃料、被服及糧秣；（四）軍用衛生材料及醫療材料；（五）軍用通信物件；（六）前所列物件生產、修理所需材料、原料、器具、機械設備及其建築材料；（七）前所未盡列舉，但勒令指定之軍用物件。[28]上述規定在臺灣軍司令部公告「防空法」，全島正式進入戰時體制時一併適用。[29]

　　臺灣總督府在發展軍需工業時分出三個層次：1、直接的軍需工業－包括兵器、自動車、飛行機的修理（製作）工場及相關精密機械製作工業、各種電器器具製造工業及併行的製鐵工業（如電器爐製鋼）、造船及造船工業；2、軍需的輕工業－各種農產原料如纖維工業（如苧麻、棉）、油脂工業（如魚油、蓖麻油）、軍需藥品工業（如麻醉用古柯及治療瘧疾的丹寧的研究）、軍需食糧用的罐頭（水產、畜產加工）、製革工業（各種代用獸皮、鮫皮加工）；3、一般能達到島內自給自足的輕工業——如製紙工業、釀造業、生活製材（如木製品）工業等。[30]以軍需為主要目的的工業化，使得1939年度以後臺灣農、工業生產額開始反轉，當年工業年生產額5億7千76萬3千圓首度勝過農業的5億5千82萬6千圓。

---

[28] 〈大東亞戰爭と臺灣工業化の方向〉，頁 11。此法案施行後，軍部更加強了其政治支配力，議會權限被剝奪無遺；許介鱗，《日本政治論》（臺北市：聯經出版事業公司，1977 年），頁 292。

[29] 臺灣軍司令官制度是從第 7 任總督明石元二郎開始（1919 年）持續到 1944 年臺灣軍擴充為第十方面軍止，臺灣軍司令肩負臺灣守備任務，他越過臺灣總督直屬於中央統帥權，總督只能在「認為必須保持安寧秩序的時候，得以請求在其管轄區域內的陸軍司令官，使用兵力來維持秩序」；參閱《臺灣總督府》，頁 115。

[30] 〈大東亞戰爭と臺灣工業化の方向〉，前揭文，頁 10。

二、與航空相關的工業

　　軍需工業化過程中表現最出色，也是最基礎的項目當屬「機械業」。早在 1867 年，清末船政大臣沈葆楨曾派人引進採煤炭及製造樟腦、茶、糖用的機械設備到臺灣，這是臺灣擁有「機械」產品的濫觴；日治初期，糖業機械、鐵路軌道與自動車工業讓臺灣的機械工業有初步的依附空間，軍需工業化之後，中小規模民間投資的機械工業因為軍需紛紛成立，著名的如「大同製鋼機械廠」、「唐榮鐵工廠」，和今天發跡於臺中的「天源義記機械股份有限公司」，其前身是日治時期生產國防相關產品的「東洋鐵工株式會社」。過去臺灣的鐵工業大多製造輕工業品，少部分的重機械只限於半成品或修配工作，但 1938 年以後在技術上逐漸可自製鐵路軌材、車輛、半柴油機、工具機及動力船舶等；以煉鋼為例，日方利用臺灣蘊藏量豐富的白雲石、石灰石，加上中國海南島的田獨、石碌鐵礦集中起來於臺灣北部汐止一帶建造鼓風煉鐵爐，可日產白口鐵 20 餘噸，南洋運來的鋁原料也部分集中到高雄來製成鋁錠作為飛機結構及零件的材料。為了提高上述機械工業的技術，1940 年開始日方推行工業技術人員的訓練，除設置工員養成所外，官方還規定大中型規模的金屬、機械器具工業、化學、礦業等工廠，對技術人員皆須負職訓責任，也因此培育了戰後臺灣許多機械、精機、電氣工業的人才（尤其在臺中地區）。[31]此後，總督府一連串的工業統制政策、生產擴充政策，不但推升臺灣近代產業的發展，同時，對當時臺灣

---

[31] 臺灣區機器工業同業公會編撰，《機械工業五十年》（臺北市：中國經濟通訊社，1995 年），頁 37-43。

工業界臺日勢力的消長及臺灣特有統制經濟模式的建立皆有重要貢獻。[32]

　　早期飛機的製造（註：日文文獻稱飛機為「航空機」或為「飛行機」）除了設計、測試與電氣外，幾乎等同於機械製造，但要進入量產，它還是有極其繁複的技術過程。臺灣在軍需化時期，飛機製造工業面臨的問題包括原料供給取得、各種作業技術的熟練度、電力系統的供應、工業資本往來、航空燃料工業的發達及勞動力問題等。以飛機外部結構來說，如何先在臺灣多數資源不足的情況下，迅速取得鎂（magnesium）、鋁（aluminum）等輕合金資材、以及特殊鋼所需的貴重金屬、玻璃原料、防音材料、塗料及木質素材等，如何將上述原料再加工處理為可用物料，然後經鍛造、鑄造、板金、熔接、表面塗裝處理以完成外構？這些對無航空產業基礎的臺灣來說皆是需要克服的難題。以鎂、鋁生產為例，1937 年 12 月日本大藏省擬訂一份化學工業用原料鹽的增產計畫，其中指定，臺灣必須在 1941 年度負擔 25 萬公噸（1945 年增至 40 萬公噸）「鹽」的產量，生產工業用鹽的過程即與鎂、鋁的製成有關；1939 年成立的「南日本化學工業株式會社」便身負此任務，他們從苦滷提煉鎂時會產生副產品──工業鹽，工業鹽再加工處理則能製造鹼氯。

　　另外，1941 年在高雄開工的「日本旭電化工業株式會社」，則是製造鹼氯，其氯氣可供製造金屬鎂，而所產燒鹼（NaOH、氫氧化鈉、苛性鹼）則供鋁廠製鋁。[33]至於臺灣的製鋁工業，最早開始於 1935 年日本三菱集團、三井集團和臺灣電力公司共同投資 1 千萬日圓的「日本アルミニウム株式會社」，該公司有高雄及花蓮兩

<hr />

[32] 此方面問題可參閱高淑媛，《臺灣近代產業的建立－日治時期臺灣工業與政策分析》，國立成功大學歷史系博士論文，2003 年。

[33] 陳慈玉，〈一九四〇年代的臺灣軍需工業〉《中華軍史學會會刊》第 9 期，頁 153、155。

廠，高雄廠在 1936 年即可生產鋁錠 210 公噸，1941 年花蓮廠開始
作業，年產鋁錠 290 餘公噸，鋁錠是從鋁礬石和礬土岩冶鍊而成，
這些原料當初分別從荷屬東印度的屏坦島（Bintang）及中國華北
進口。完成的鋁錠全部運回日本，讓日本母國加工製成成品供給需
要鋁片的產業，其中最重要的就是各飛機製造公司，1940 年日本
鋁的供給量銳減，影響機體的製造，日本當局還因此對民生所需的
鋁製品如鋁鍋、便當盒、水壺、熱水瓶等實施配給統制，臺灣總督
府也在隔年設立「臺灣家庭必需品株式會社」，實施「臺灣鋁製家
庭器物配給統制要綱」，順應戰時之需，使鋁製品輸出與販售達到
一元統制之效。[34]

　　另外一個重要的工業是航空燃料工業，根據估計，日本陸軍飛
行團或海軍航空隊如果要維持 100 架各型飛機 60%妥善率的戰鬥
勤務一個月，大概要耗掉航空燃油 1000 噸，面對這個嚴肅的問題，
日本海軍先是在 1942 年於左營、楠梓籌建海軍第六燃料廠，總督
府後來又在高雄苓雅寮興建一大型煉油廠，桃園、竹南、嘉義都有
油品煉製廠，於是，每個月臺灣方面可處理南洋運來的三萬噸原
油，各飛行基地的地下油庫也可儲存 2 個月的戰備航空燃油量；但
是，1943 年開始美軍長期對南洋航道進行阻擾封鎖動作，使得臺
灣原油來源時續時斷，在戰火情勢如火如荼，航空戰鬥任務越來越
吃重的情況下，日本人便把腦筋放到臺灣盛產的蔗糖上了──每
10 噸蔗糖可榨取 2 噸的副產品糖蜜，待糖蜜發酵後可提煉出 0.5
噸高純度的乙醇，也就是酒精，臺灣後來有 17 座糖廠附設酒精製
造廠。

　　不過，用酒精取代航空燃油必會面臨酒精燃燒出的熱能較低、
酒精比重又較航空燃油高等的問題，所以臺灣方面建議飛機原廠更

---

[34]　〈一九四〇年代的臺灣軍需工業〉，前揭書，頁 156-157。

改設計,將飛機引擎化油器的浮筒加重,其噴嘴截面加大以供使用,但原廠基於其他考量反對更改,結果日軍飛行部隊只好權宜地以酒精與燃油 3:1 比例混合,雖然這種情況下飛機仍可使用,但因混合燃料的辛烷度較低常造成飛機馬力、航速、續航力等問題;1944 年之後,南洋石油無法進口,駐臺日陸、海軍的訓練飛行全數採混合燃料,終戰前,連神風特攻機也都使用它們直到終戰為止。[35]至於飛機的心臟——發動機這個當時技術與材料最精緻的部份,臺灣能處理的僅是維修,至於飛機內的操縱裝置和計測器配置、氣壓、氣溫、油路等的控制,對岡山海軍第 61 航空廠而言,他們已有一定的技術水準了。[36]

三、日本在臺設立航空工廠

戰前臺灣製造飛機的技術是從日本引進的,1895 年中日戰役日本的獲勝,不但推升其在亞洲的國勢,同時中國巨額的賠款(約當時日幣 3 億 6 千萬)與釋出部分鐵礦獨占經營權,更奠定日本國內軍事工業的發展,例如 1897 年成立的日本「八幡製鐵所」,因取得中國大冶礦區的銑鐵等原料,開工第一年,便生產出全國 53% 的銑鐵與 83% 的鋼鐵,日後,隨著戰爭的需求,民間煉鋼工業也日益擴增,雖論規模與數量,民間軍事工業仍不及官辦者,但日本政府刻意維持民間參與,倒也使得許多工業技術生根茁壯下去。[37]1923年~24 年因為陸軍航空之需,「東京瓦斯電氣工業會社」、「川崎造船所」、「中島飛行機株式會社」、「藤倉工業株式會社」、「愛知電器

---

[35] 《臺灣航空決戰》,前揭書,頁 67-69。
[36] 白鳥勝義,〈臺灣と航空機工業〉《臺灣時報,昭和 19 年 1 月 27 日》,頁 3。
[37] 林明德,《日本史》(臺北市:三民書局,1986),頁 281-282。

時計株式會社」等民間工廠開始接單製造練習機、部份飛行機組件
及發動機的修理，其中 2、3 家公司還擁有外國飛機和發動機的製
作販賣權；[38]1932 年（昭和 7 年）日本再推行「航空技術自立計劃」，
透過聘請外國技師與技術的引進以及獎勵民間公司的參與，[39]當時
日本國內重要飛機製造公司除了上述幾家外還陸續成立「三菱重工
業株式會社」、「川西航空機」、「橫須賀海軍航空技術廠」、「日本航
空輸送會社」等。

　　1937 年「八一三」淞滬會戰爆發，駐臺日軍開始加入日本對
華戰爭的行列，1940 年日本又出兵佔領法屬中南半島北部，引發
「ABCD（美英中荷）包圍」，並且致使各國凍結日本在美資產及
石油禁運並停止出售軍武，[40]因此日本政府積極鼓勵軍／民航飛機
的製造與維修，並得到相當高的自製率成果，[41]以位於東京的「三
菱重工業株式會社」為例，它成立於 1934 年，資本額 5 千 5 百萬
日圓，營業項目幾乎囊括飛機製造／維修的所有項目：各種軍／民
用飛機、各種航空發動機、飛機與發動機的附屬品及同部分品、航
空用兵器、特殊器具及工具、各種車輪式並裝軌式特殊自動車、各
種輕油發動機、高速度重油發動機、各種航空用器具及工具類等，[42]
就是因為它擁有如此繁多的航空相關技術能量，所以在太平洋戰爭

---

[38] 日本近代動力航空的發軔始自 1911 年（明治 44 年），一位工學士奈良原三
　　次氏成功研發純日本式的飛行機－「奈良原式飛行機」，隔年，日本「海軍
　　航空技術研究委員會」研發成功觀艦式水上機，然後飛機製造技術開始傳
　　播；高橋重治，《日本航空史》坤卷奧附，（東京市：航空協會發行，昭和
　　11 年），頁 4。
[39] 高仲顯，〈九六式艦戰成功の陰に〉《零式艦上戰鬥機》（東京：學習研究社，
　　1997 年 10 月 3 刷），頁 112-114。
[40] 林繼文，前揭書，頁 107。
[41] 參閱《日本航空史》坤卷奧附，前揭文，頁 4；《臺灣航空決戰》，前揭書，
　　頁 74，75。
[42] 《日本航空史》坤卷奧附，前揭文，頁 111-112。

期間受到日本軍方的倚重，被動員徵召的臺灣少年工即有被分配到該株式會社所屬工廠工作者。同時，在面臨戰線遼闊敵國強大（主要是美國）的不利情況下，日本政府也採取了將戰略位置適中的殖民地臺灣，培植為日軍在海外最重要的「不沉的航空母艦」的策略！「航空母艦」是日軍移動的海上基地，讓它保持優勢的軍事武力即是飛機，因此，臺灣軍需工業化的政策裡，軍事武器的發展尤其重視能協助日軍製造／維修耗損率高又有急迫之需的航空器－飛機。

　　日治時期臺灣航空工業技術存在於軍方，[43]高雄岡山的日本「海軍第61航空廠」（以下簡稱「第61空廠」），以及位於屏東的日本「陸軍第5野戰航空修理廠」（以下簡稱「第5野戰空修廠」）是其擁有的二座航空工廠。日本海軍在本土最早且最重要的軍需工廠是「橫須賀海軍工廠」，開始時它是以興建大型軍艦及其相關兵器系統為目標，1932年4月因應航空技術的發展正式設置各海軍航空廠，其指揮權力屬各鎮守府和警備府，技術上則受海軍航空本部的指導；[44]1939年日本已擁有「橫須賀海軍工廠」、「吳海軍工廠」、「廣海軍工廠」、「光海軍工廠」、「佐世保海軍工廠」、「舞鶴海軍工廠」等，1941年10月又新設「第1海軍航空廠」（浦霞）、「第2海軍航空廠」（木更津，其中大湊支廠於1942年成為「第41海軍航空廠」）、「第11海軍航空廠」（廣、大分，其支廠在1942年成為「第31海軍航空廠」）、「第21海軍航空廠」（大村，其鹿屋支廠成為「第22海軍航空廠」，鎮海支廠成為「第51海軍航空廠」），

---

[43] 「日本航空輸送株式會社」自1936年1月開始負責內－臺民航運輸，並從1940年度之後以總額49萬日圓經費輔助經營其航空機修理工廠，但因戰事吃緊日軍在1943年9月全面接收島內民航業務，筆者因資料收集不足，無法在此評論其民航機維修技術的能量。《臺灣航空事業ノ概況》，前揭文，頁18。

[44] 日本防衛省防衛研究所藏，《現在海軍諸例則》卷一，昭和16年7月，頁310-311。

以及「第 61 航空廠」（高雄岡山，屬「高雄警備府」管轄），「第
61 空廠」可以說是日本在本土以外最重要的海軍軍需工廠。[45]

　　「第 61 空廠」的設置運作，原本是要配合日本政府 1942 年生
產 10,000 架，1943 年 12,000 架、1944 年 14,000 架飛機的全國總
生產目標，[46]但日軍在 1941 年 12 月 8 日突襲美國珍珠港，不但導
致隔年的 4 月 19 日凌晨日本帝國首都上空出現美軍 B-29 轟炸機的
影子——美軍直接攻擊日本本土！美方還積極投入大量資源對付
日軍，造成日軍先後在中途島、阿留申島戰事的失利，日方在亞洲
戰局的優勢於太平洋戰爭中期後反轉為頹勢。也因此 1943 年 9 月
底日本政府御前會議修正先前的戰爭計畫，通過〈今後應採取之戰
爭指揮大綱〉，在太平洋和印度洋上畫出應絕對確保之要域，包括
千島、小笠原、內南洋（中西部）、新幾內亞西部、巽他、緬甸在
內的所謂「絕對國防圈」，並且強調要「傾全國力量謀求軍需生產
之急速增強，尤其是航空戰力之積極擴充」。[47]航空戰力的積極擴
充，會影響其他軍種在勞動力、原料與兵器生產方面的資源，陸軍
及海軍就曾因此發生多次齟齬；為了有計畫、統一迅速地遂行軍需
生產的行政營運，同年 11 月 1 日，日本政府「軍需省」正式成立，
舉凡國家總動員基本事項、軍需品之原料器材、勞物管理及工資、
飛機製造事業等業務皆移轉納入其下管轄。[48]

---

[45] 財團法人海軍歷史保存會編集《日本海軍史－第 6 卷　部門小史　下》（東
　　京都：同編者，平成 7 年）頁 443-443。

[46] 這些數字會隨著戰局的變化時有調整，根據 1943 年日方「各部局因應第三
　　階段作戰之戰備實施方針及實施上的預測」報告，希望達到 1943 年 9,800
　　架，1944 年 30,205 架的目標，後又提高至 40,000 架。國防部史政編譯局譯
　　印，《太平洋陸戰指導》，日軍對華作戰紀要叢書（22），（臺北市：譯印者，
　　1990 年），頁 235；《潰敗整編與「阿」號作戰》，同上叢書（33），頁 34。

[47] 《潰敗整編與「阿」號作戰》，前揭書，頁 2、62。

[48] 《潰敗整編與「阿」號作戰》，前揭書，頁 62-63。

　　1941 年（昭和 16 年）日本海軍委託「中島飛行機株式會社」在岡山飛行基地旁承建完成「第 61 空廠」，當時臺澎地區飛行基地與飛行場已有 65 座，使用的軍機包括輕轟機、戰鬥機、偵察機、練習機等，該廠的建設完成是在日軍期望能有效分擔對中國華南及南方（指東南亞、南亞諸國家）所需軍機的生產／維修之能量，[49]實際上，從 1941 年底開始運作到 1945 年日軍終戰撤離止，「第 61 空廠」組裝維修過各式軍機如日本「中島飛機株式會社」所屬如「九三式中級教練機」——「紅蜻蜓」、[50]「九六式戰鬥機」、「月光夜間戰鬥機」、「銀河轟炸機」、「彩雲偵察機」、「九七式攻擊機」及名聲響亮的「零式戰鬥機」等，並且數年間於該廠工作的臺灣人超過萬餘人，這不僅是戰爭體制下臺灣島內屬一屬二的龐大生產單位，更是臺灣航空工業史的濫觴！

　　「第 61 空廠」位於今日高雄縣岡山鎮介壽西路上，即今「空軍航空技術學院」與隔壁「空軍第三指揮部」現址，此處明鄭時期就因軍屯而形成聚落，當時稱「後協」，1939 年日本政府強行徵收此地，並將一部分居民北遷到今天協和里協和宮週邊，另一部分遷大遼里，之後拆除原地所有建物；協和里居民稱新遷入的土地為「新後協」，以示不忘與舊聚落的淵源，但戰後都市土地重劃將其隸屬了今日的協和里，「新後協」之名僅在老一輩住民的言談中偶有聽聞了。[51]「第 61 空廠」面積 380 甲，廠房車間共 42 棟，[52]興建時日方已設計好為預防敵機轟炸，先挖地下道再建地上物，這些土木

49　日本航空兵力最雄厚的階段是二戰期間，1943 年日本飛機年產量 16,000 餘架，1944 年 25,000 餘架，這些都得靠各工廠日夜趕工的情況下，方得完成。參閱李適彰〈「尋根」、「溯源」─抗戰時期臺灣之航空工業〉，前揭文。

50　〈臺灣第一架自製軍用飛機〉，前揭文，頁 12。

51　郭秋美〈臺灣圖堡之岡山鎮舊地名之研究〉《高縣文獻─岡山采風》第 24 期，（高雄縣政府文化局：高雄縣，2005），頁 81。岡山鎮誌編輯委員會編《岡山鎮誌》（岡山鎮公所：高雄縣岡山鎮，1986），頁 59、63。

52　鍾堅，前揭書，頁 65。

工程都招募在地臺灣人參與。根據文獻資料顯示，該廠另設「海南支廠」、「三亞分工場」、「東港分工場」以及「新竹分工場」,[53]前二者在他處，後二者在臺灣，今天屏東東港大鵬灣風景區內的「東港分工場」，員工人數千餘人，組織上分飛機部、兵器部、整備部、總務部和補給部等 5 個單位，主要負責修護日本海軍水上飛機；和岡山的工廠一樣，它也有地下道與地下室等建築工事，東港大鵬灣是日治時期屏東地區重要軍事設施分佈區域,[54]至於「新竹分工場」因成立時間晚，人數與飛機產量相對少，本文暫時忽略不論。

　　臺灣另一座航空廠是日本陸軍轄下的「第 5 野戰航空修理廠」，它的淵源比海軍「第 61 空廠」久遠，但規模甚小於「第 61 空廠」；1927 年 5 月日本陸軍第 8 飛行聯隊從九州「太洗刀飛機場」正式移駐屏北飛行基地，並開始熱帶飛行作戰訓練以及理番清剿的支援任務,[55]1935 年 8 月此處成立「屏東陸軍航空支廠」，1937 年 5 月擴編為「第 5 野戰航空修理廠屏東分廠」（簡稱「第 5 野戰空修廠」），該廠設於飛行團作戰地域內交通便利的主要機場內，擔任航空兵器的修理和補給，1944 年後，以作戰部隊的需要編成獨立的整備隊而屬之。1941 年底該廠的補給部門另行獨立出來成為「第 5 野戰航空補給廠」。[56]由於日本陸軍航空部隊的接連進駐，使得 1935 年～1940 年間屏東市的都市計劃建設皆與軍事息息相關，從道路運輸、軍官與職工眷舍、病院、火葬場到體育場、慰安所等皆因之而起。[57]

---

[53] 日本防衛省防衛研究所藏，《海軍主要官衙部隊一覽表》，昭和 19 年，頁 44。

[54] 杜奉賢，〈日軍東港軍事基地探勘〉《臺灣風物》50：2，2006 年 6 月，頁 104。

[55] 今天所稱「屏北機場」是 2005 年 5 月新建設的航站，日治時期所稱「屏北飛行基地」則是位於屏東市的空軍航空基地，今天亦被稱為「屏南機場」。

[56] 原剛〈日軍於臺灣之軍事設施〉《臺灣日治時期軍用設施部署、設計、再利用國際研討會》論文，（臺南市：國立文化資產研究保存中心籌備處，2006 年），頁 1-1。《臺灣航空決戰》，前揭書，頁 53、375。

[57] 蔡錫謙，〈1937-1945 年日治時期屏東市都市與公共建築之發展〉《屏東研究

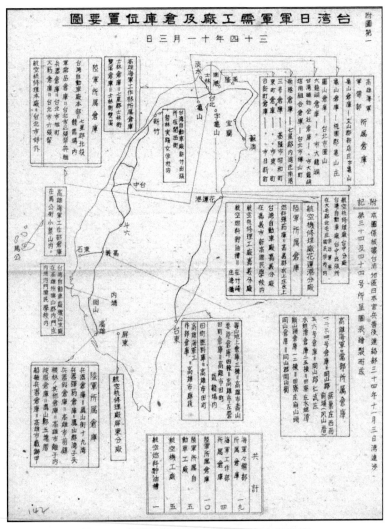

圖 2-1：臺灣日軍軍需工廠及倉庫位置要圖

資料來源：國防部史政編譯室，《臺灣省軍事接收總報告書》

通訊》第二期，頁 35。

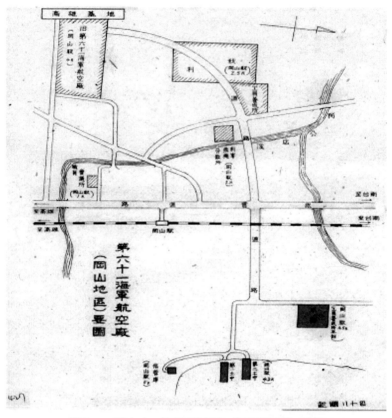

圖 2-2：第六十一海軍航空廠（岡山地區）要圖

資料來源：臺灣省軍事接收總報告書

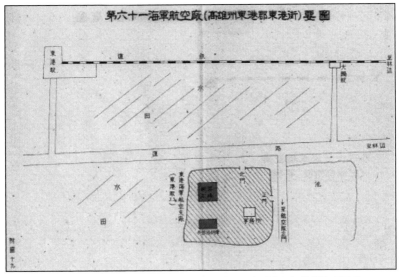

圖 2-3：第六十一海軍航空廠（高雄州東港郡東港街）要圖

資料來源：臺灣省軍事接收總報告書

第三節　軍事動員下造／修飛機的臺灣人

　　討論臺灣航空工業歷史發展，筆者腦海裡總是會浮現一群人的模糊身影，他們分別是終戰前在臺灣各海陸軍航空廠的海軍工員及到日本各飛機製造廠修造飛機的臺灣少年工，這群今已作古或年邁古稀的老人家們對臺灣航空工業的貢獻，目前因相關研究不足，學界也無所定論，但是從歷史的角度看，他們走過這個舞臺上的足跡是不容抹滅的。本章前三節已鋪陳出臺灣最初航空工業發展的脈

絡，本節則試圖對曾參與日治時期製造飛機的臺灣人，從時光隧
道中尋找他們走過的軌跡，並且拼湊在 1949 年前後他們所可能扮
演的銜接角色，如此才能將日治時期臺灣的航空工業有較完整的
交代。

一、被軍事動員的臺灣人

　　軍人是擁有殺人武器，對外維繫國家安全或開疆闢土的一群
人，也因為擁有武器，所以他們是現實中最有力量的人，如果這群
人心中沒有效忠國家、愛護人民的思想，那麼對人民來說他們也可
能會變成最危險的暴力份子，因此，自古以來，國家的戰士、武士
或軍人都被謹慎地篩選，嚴格地進行思想教育——最起碼他們要認
同「保國衛民」的最高宗旨。日本政府在 1938 年基於對「北支」
（中國華北地區）作戰的需要，開始對殖民地朝鮮實施志願兵制
度，這個消息傳到臺灣，澎湖廳長林田正治隨即在《臺灣地方行
政》雜誌發表〈朝鮮に於ける志願兵制實施に對本島人諸君の覺
醒を促す〉一文，內容主要是要臺灣人民想想，朝鮮比臺灣晚成
為日本殖民地（註：1910 年），卻能比臺灣人更早參與此一衛國
服務的崇高榮譽，對此，臺灣人應該有所反省，大家要拋棄「祖
國支那」的想法，全心全力為皇國效忠，早日沐浴在與內地同樣
徵兵的恩典。[58]如此可見，當時是有人認為能夠成為軍人是一種
被國家認同的表徵，然而，總督府並未因此立即在臺灣實施志願
兵制，反而是先透過如「皇民奉公會」的組織，在報章雜誌上時

---

[58] 引自李國生《戰爭與臺灣人－殖民政府對臺灣的軍事人力動員（1937～
　　1945）》，國立臺灣大學歷史研究所碩士論文，民 86 年 7 月，頁 134。

常發表關於實施志願兵制的看法，持續加強臺灣青年對日本殖民母國的認同。

　　臺灣的軍事動員是從 1937 年到 1945 年，隨著殖民母國日本在中國及南洋的戰事需求不同，臺灣軍事動員的人數、種類都有所變化。以種類區分大致是：1、軍夫、軍屬時期（1937 年 7 月～1941年 12 月）；2、志願兵時期（1941 年 12 月～1944 年 9 月）；3、徵兵時期（1944 年 9 月～1945 年 8 月）。[59]「軍夫」是軍隊的最低階人員，當時有一種說法，認為日本軍隊裡的階級是「軍人、軍馬、軍犬、軍屬、軍夫」，「軍夫」開始時是為了輸送運搬軍需品而雇用的人，「軍屬」是軍人以外出於本人意志為之而在陸、海軍所屬單位工作者；[60]1937 年 9 月臺南地區 450 名不明就裡被徵召的臺灣人，他們被送往中國大陸擔任臺灣軍的運輸工作，這些人即為「軍夫」（這群臺灣人軍夫後來被稱為「白棒隊」）[61]臺灣人以「軍夫」、「軍屬」身分隨軍隊在殖民地或新佔領地進行各種經濟開發或作戰任務者，還包括：「臺灣農業義勇團」、「臺灣特設勞務奉工團」、「臺灣特設建設團」、「勤行青年報國隊」、「拓南工業戰士」、「高砂義勇隊」等，[62]另外還有一種「勞務動員」，類似日本政府對朝鮮「強制連行」，泛指透過「募集」、「官斡旋」、和「徵用」讓殖民地人到日本本土從事勞力建設工作，「臺灣少年工」就屬這樣動員背景下的產物。[63]

[59] 參閱《戰爭與臺灣人－殖民政府對臺灣的軍事人力動員（1937～1945）》，前揭書，頁 158。

[60] 《海行兮的年代》，前揭書，頁 131-132。

[61] 鄭麗玲，〈不沉的航空母艦－臺灣的軍事動員〉《臺灣風物》44：3，1994年 9 月，頁 54。

[62] 《海行兮的年代》，前揭書，頁 131-132。

[63] 周婉窈指稱臺灣沒有類似「強制連行」的勞務動員，恐是沒注意到「臺灣少年工」，《海行兮的年代》，前揭書，頁 152；關於臺灣的勞務動員，請參

　　日本海軍在 1940 年 4 月曾招考造飛機的技術生徒，資料顯示，其中有資格報考者包括臺南高等工業學校的學生，他們錄取就學後，每月有日幣 35 圓的薪俸，畢業後到海軍工廠工作，日後還有機會升任技手。[64]1941 年太平洋戰爭前夕，在日軍於南洋的戰線擴大急需更多兵力的促因下，總督府終於從 1942 年 4 月 1 日起正式實施陸軍特別志願兵制度，海軍特別志願兵則是在 1943 年 8 月 1 日實施。[65]有多少臺灣青年是從其他管道到日本軍校學習修造飛機？目前尚未有統一的官方數字，零星資料顯示，有部分人到日本受短期修造飛機訓練後，又被分發到菲律賓或臺灣的航空工廠工作，不過人數上與臺灣少年工或臺灣本地的航空工廠人員比起來，應該相對少許多。

二、造／修飛機的臺灣人

　　臺灣人製造／維修飛機的開始，如果按前面所述，在「理蕃」、「遞信」及固定民航運輸時期就可能有了，1920 年當屏北飛行基地完工時，警察航空班即進駐於此，1924 年日本海軍大村航空隊也開始定期往返佐世保—基隆空中運補的工作，所以合理的判斷，當時臺灣已有飛機保養維修的任務，但因為那是屬於軍方的業務，且當時日方還未對臺灣人進行軍事動員的行動，所以不太可能有大量臺灣人參與飛機保養維修的工作。至於民航運輸方面，目前遍尋相關文獻只看見要到很晚期才出現兩個民航機維修機構——1940 年

　　閱近藤正己〈臺灣の勞務動員〉，前揭文，頁 17。
[64] 「生徒」類似實習生，「技手」等同於技術工，參閱田北　惟編撰《陸海軍軍事年鑑》（東京市：財團法人軍人會館圖書部，昭和 16 年），頁 530。
[65] 《陸海軍　軍事年鑑》，前揭書，頁 136、141。

成立的「臺北航空機修理工廠」與 1944 年「大東亞航空株式會社」，兩處維修人員最多百餘人，這與已成立的日軍「第 61 空廠」及「第 5 野戰空修廠」，動則以千人或萬人計實不成比例，所以，臺灣人造修飛機的正式開始應該以日方軍事動員時期為一判準。

「第 61 空廠」和「第 5 野戰空修廠」全盛時期確切的員工人數是多少？目前很難得到定論，《臺灣警備總部接收總報告書》內，統計「第 61 空廠」官兵人數共 8,879 人，「第 5 野戰空修廠」官兵人數共 5,540 人，《日軍佔領臺灣期間之軍事設施史實》一書則統計「第 61 空廠」總廠及各分廠共 12,640 人，陸軍第 8 軍團所轄「第 5 野戰空修廠」、「第 6 野戰空修廠」（戰爭末期成立）與飛行場內兩個設定隊地面人員總共 20,450 人；[66]筆者所訪談幾位當年在「第 61 空廠」和「第 5 野戰空修廠」工作的軍屬（臺籍技工），他們印象裡，「第 61 空廠」員工超過萬人，「第 5 野戰空修廠」亦應有千人之譜，[67]上述混亂的數據，確實有待更精確的檔案史料來釐清，但無論是數以千計或萬計，我們都不能否認，二戰期間，航空工業是許多臺灣人從事的工作，因此，瞭解他們在航空工廠裡生活的情況具有重要意義。

三、航空工廠裡的生活

「第 61 空廠」屬高雄警備府管轄，1941 年開始運作後歷經四任廠長：石黑広助少將、中村悟郎少將、片平琢治大佐、桑美陸原

---

[66] 臺灣省警備總司令部接收委員會發行，《臺灣軍事接收總報告書》（臺北市：正氣出版社，1946 年），頁 267-268。臺灣省警備總司令部編，《日軍佔領臺灣期間之軍事設施史實》影印本，（臺北市：編者，民 37 年 3 月），頁 13-17。

[67] 訪談原「第 61 空廠」員工編號 MP01、MP02 二位先生說可能將近 3 萬人，2006 年 11 月 29 日訪問稿；住在彰化溪湖的三叔公（假名），1943 年才進入「第 61 空廠」，他記憶裡員工應超過萬人，2009 年 06 月 08 日信件記錄。

大佐，[68]廠內分總務部、補給部、飛行機部、發動機部、兵器部（含儀表、火砲、通訊電子等）、會計部、醫務部等 7 個部門，以及另設置的工員養成所（位於岡山鎮巨輪路上，即「空軍航空技術學院」巨輪校區現址），這樣的組織架構和日本本土海軍航空廠一致。[69]性質為軍需工廠的「第 61 空廠」除教授專業技術及管理者為日本軍官外，技術員工均為臺灣人，他們是「軍屬」，「軍屬」者，通指日本軍隊中除軍人以外出於志願為軍方工作之民人，他們依所從事工作的不同可粗分為文官、雇員、傭人。[70]該廠最盛時期（約 1942～44 年前後）的每個工作日，早上 7 點，岡山街及火車站都會湧現黑鴉鴉往「第 61 空廠」方向走去的人潮，這些臺灣人有男有女，居少數的女性大半是飛行機部設計科繪圖的工員；受招募來此的技術員年齡以 16～19 歲居多，他／她們的學歷只要公學校畢業識得日文即可，有實業學校、中等學校畢業者更好，廠內員工薪資會因工作性質、年齡、性別而不同，例如以飛行機部的技術工人為例，若是男性，19 歲，公學校畢業，每月薪資若包括加班費最高可拿120 元日幣，其他的行政人員則每月 60～70 日圓，與其相較，廠外其他行業就沒有這麼好的薪資了，例如當時岡山鎮公家單位的雇員，每月不過 18 日圓，教員約 28～32 日圓。[71]

---

[68] 《日本海軍史》第 7 卷，頁 98。《臺灣軍事接收總報告書》，頁 365。

[69] 依據規劃，會計部下另設計算課、給與課、購買課、材料課等，日本本土的海軍工廠除第 12、22、31、41、51 等海軍航空廠只設工員養成所外，皆是設此 7 個部門。日本防衛省防衛研究所藏〈海軍航空廠ヲ置ク地及同廠二置ク各部又ハ工員養成所〉《內令提要》卷一，昭和 11 年 4 月 1 日衛研究所藏）。

[70] 《海行兮的年代》，前揭書，頁 132。

[71] 以上資料是由當時在「第 61 空廠」兵器部工作的 MP01 先生及在飛行機部擔任技術工員的 MP02 先生口述提供。

　　但是擁有較好的薪水是要付出辛苦代價的，被航空廠錄取者要先接受職前訓練，他們須先赴位於屏東東港的支廠受訓 49 天，接受包括思想教育、體能訓練和專業技術等三項內容，那裡的日本老師相當嚴格，學生一有犯錯就會受到老師手上那根「戒心棒」的懲罰！可以說，去受訓的學生沒有人逃得過那種犯錯被打的經驗。──回到岡山本廠後，工廠裡忙碌的工作隨即展開：每天早上 7：20 分，身上別著識別章的工具魚貫進入「第 61 空廠」，開工前大家會先集合舉行朝會，日籍長官以 20～30 分鐘時間進行訓話或重要事項的宣導，然後大家一起做體操，待舒活筋骨頭腦清楚後大家回到各自崗位開始工作，工作時不可任意閒談，一直到 11：30 分的休息時間前，會有一次 10 分鐘的「吃煙」時間，11：30 分大家要停下來作一次體操後，才可吃午飯（午飯可自理，也可吃工廠裡的伙食）。12：30 分起展開下午的工作，中間有第二次 10 分鐘的「吃煙」時間，17：00 分下班，戰事吃緊的時候，工廠裡幾乎天天加班到 19：20 分，總共一天 12 小時工時，相當辛苦，那時期「第 61 空廠」最高產量可達每月組裝生產 200 架各型飛機。[72]「東港分廠」則分擔負責海軍水上飛機的補給與飛機組裝任務，例如零式水上偵察機、九四水上偵察機，飛機在日本本土出廠後就送來此處組裝，最多時，有到 60 架左右的數量，數量上沒有定數。[73]因為「第 61 空廠」是日本政府海外殖民地中最重要的航空工廠，所以除了造修飛行機外，還肩負教育訓練陸軍「飛行機整備員」與前往日本造修飛行機相關人員的任務，[74]今天，對許多日治時期從事過航空

---

[72] 《臺灣航空決戰》，前揭書，頁 65。

[73] 〈日軍東港軍事基地探勘〉，頁 142。

[74] 「飛行機整備員」是地勤人員，負責飛機的事前檢查、準備，事後清理、維修等工作，它依飛機各結構區分如引擎、通信、兵器……等不同專業項目。到日本修造飛機的臺灣人如「高座空 C 廠」的臺灣少年工，有不少人是先到岡山「第 61 空廠」受訓，再行赴日的。

修造工作的臺灣老阿伯們來說，岡山，是他們生命記憶中一段離苦歲月的註腳。

與岡山「第 61 空廠」類似的經驗，當初日人規劃興建「第 5 野戰空修廠」時，也是以強迫方式將該地區聚落（註：今天屏東市潭墘里）的居民遷移，此處原先水運通暢是屏東重要貨物集散地，相當熱鬧繁華，二戰末期，美軍集中火力轟炸全臺重要的軍事基地設施，此基地與附近村落自然難逃劫運，戰後，居民回到全毀的家園，發現不但重建之路困難重重，並且大家當時來不及帶走房地契之類的証明，使得土地重劃糾紛不斷……，中華民國空軍後來接收此處繼續使用，軍事基地及其週邊的嚴格限制，使得此地區無法作突破性的都市建設，這也是目前地方人士所耿耿於懷的。[75]

「第 5 野戰空修廠」裡分飛修、機械、發動機、儀電四個工廠，工廠裡的技術職工每天早上 5 點鐘就要從宿舍走到各自工作的工廠，和「第 61 航空廠」比較不同的地方是，廠裡技術職工多為日本人，臺灣人佔少數；1944 年，日軍在戰場上雖已呈強弩之末，但仍擴大徵召軍人、軍屬為此戰局作困獸之鬥，是年日本陸軍招募數百位年齡 16～18 歲的臺灣年輕職工到屏東「第 5 野戰空修廠」，因戰局的迫需，他們在工廠裡只能邊學邊做，當時他們修造的是陸軍戰鬥機──中島公司設計的 Ki-43「隼式」（Hayabusa），但僅短短半年光景臺灣軍需工廠「疏開」行動開始，他們便又從屏東向各分廠駐地前去。[76]因為同樣是直屬軍方控管的軍需工廠，所以工員們駐廠的生活就是軍事化管理與「思想教育」！這點，即使在二戰

---

[75] 屏東市公所網頁：http://www.ptcg.gov.tw/pt_story/htm/085.htm，2007 年 8 月 7 日。

[76] 疏開到臺中的臺籍人員有 139 位。訪談 MA01 先生，先生於 1944 年擔任過日本陸軍「第 5 野戰空修廠」的技術工員，受訪時間：2007 年 1 月 12 日，臺中市。

結束後的臺灣「空軍航空發展中心」、「中山科學研究院」仍持續進行着。[77]

四、臺灣少年工

　　1942 年 6 月美／日軍中途島海戰中，日方損失 4 艘航空母艦、332 架飛機，海軍部為了能快速復原以彌補損失，希望各飛機製造廠短期內增產，當時，位於神奈川縣大和市「海軍高座工廠」的沢井秀雄大佐提議該廠集中生產海軍「雷電」型戰鬥機，11 月第二任廠長本田伊吉大佐就計畫招募日本和臺灣的工員約 25,000～30,000 名來從事這樣的工作；後來臺灣總督府分別在臺北、新竹、臺中、臺南、高雄等州透過小學校和中等學校的教師，對畢業生宣導赴日學習造飛機的消息，日本海軍同時開出有薪水、有學歷等福利條件來吸引臺灣人，於是從 1943 年至 1945 年共計 8419 位年齡在 12～20 歲間的臺灣青少年獲選赴日。[78]

　　這些略懂日文卻對造飛機一竅不通的青少年們到日本工廠學些什麼呢？根據幾位少年工的回憶，他們主要是學習零件製造和飛機組裝方面的技術，當然年紀較小，能懂能做的只有簡單動作者如打鉚釘、鑿金屬之類，大一點的就可學操作製造或測試用的機器，

---

[77] 事實上，1944 年 10 月初，美軍開始密集轟炸臺灣（即所謂的「臺灣沖航空戰」），這些在航空工廠裡工作的臺灣人，曾被疏開（撤離）到其他各地，那段時間他們歷經不少生死關頭；戰爭結束後，有些前輩憑藉從日軍那兒學來的技術，為臺灣戰後重建又盡了一份力，許多關於他們的故事，希望日後能一一呈現世人面前。

[78] 《高座海軍工廠臺灣少年工寫真帖》，前揭書，頁 018～019。另，「雷電」型戰鬥機就由「三菱重工」製造，該公司創立於 1934 年 6 月（昭和 9 年），董事長為斯波孝四郎，參閱《日本航空史》，前揭書，頁 111。

或學組裝、檢查、配線等複雜的工作；少年工們初到日本，都會先
至「海軍高座工廠」受訓，開始時是採半工半讀方式，早上上課下
午到工廠實習，經過三、四個月後有的人就被分發到其他的飛機工
廠去了。[79]海軍工廠內的工員階級依序而上是二等工員、一等工
員、工手、工長、技手、技師等，少年工剛進入時是二等工員，如
果成為組長，少年工就可升一等工員。[80]8 千餘位少年工自 1943 年
迄 1945 年間分批遠赴日本，除了終戰前因美軍密集轟炸而無法正
常工作外，可以說他們職業教育和現場工作的時間少則半年，長則
近二年，這樣時間長度，加上日本教官嚴格的訓練，其所達到的航
空修造技術有一定的水準，可惜的是，戰爭結束後，被美軍送返臺
灣的他們幾乎沒有人再從事航空工業的，這對臺灣的航空業來說，
真是一大損失，目前社會各界對臺灣少年工的認識漸多，透過學術
論文、口述歷史、紀錄片，少年工親身經歷已一一呈現，因為他們
與臺灣航空工業發展沒有直接的關係，所以本文僅作此概述。

---

[79] 周姚萍《臺灣小兵造飛機》（臺北：天衛文化，1994 年），頁 132。

[80] 另一說法是一等工員再升上去是「見習工」，等同於中學畢業，由見習工或
五年制中學畢業後就讀專科，畢業即為「技手」，能再讀畢大學回工作單
位者，為「技師」也；參閱《高座海軍工廠臺灣少年工寫真帖》，前揭書，
頁 022、213。

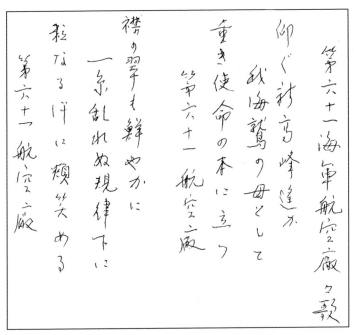

圖 2-4：手抄日本海軍第 61 航空廠廠歌。

資料提供：編號 MP01 先生

（譯文）
日本海軍第六十一航空廠廠歌
（第一段）仰望遙遠的新高山山峰
　　　　　那是我海軍的母親
　　　　　身負重任來成立
　　　　　第六十一航空廠
（第二段）領襟上的徽章如此鮮明
　　　　　些微零亂的紀律下
　　　　　流著汗珠的臉頰也展開笑顏
　　　　　第六十一航空廠

第三章　中日戰爭下的中國航空工業

　　幾乎在同時間的橫斷面，臺灣海峽彼岸的另一個世界——中國，也因為戰爭在 1937 年～1945 年間，比過去更快速且積極地發展航空工業。辛亥革命爆發前中國就出現飛行表演了，後來歷經軍閥割據、北伐乃至中日戰爭，雖然一路走來戰亂頻仍，但讓當權者擁有先進武器及軍事控制權象徵的飛機仍在上述各階段發展，其中從孫中山先生的廣東軍政府到蔣中正先生領導的國民政府時期的航空建設，因為與戰後臺灣航空工業發展關係最為密切，故本章談述 1949 年之前的中國航空發展，將以國民政府時期的航空建設為主要。

　　本章第一節介紹中國航空工業在中日戰爭前的發展概況，為軍事目的服務的航空業多是由公部門資助，因此開始建置時航空學校、飛機修理廠和飛機製造廠皆由軍方管理，據統計 1937 年之前，國民政府所轄規模較大的軍方飛機修理工廠有 9 座，另外為了更進一步推升中國飛機自製能力，國民政府也採取與外國飛機公司合資建廠的方式，成立「中央杭州飛機製造廠」、「中央南昌飛機製造廠」、「中國航空器材製造股份有限公司」等；中日戰爭爆發前，中國航空的技術能量仿製部分成熟，自製部分則並未達到令人滿意的地步。

　　第二節介紹戰爭爆發後國民政府轄下的航空發展；國民政府曾推動一系列以「國防第一、軍事第一」為前提的科技政策，如〈航空工業提倡獎勵辦法〉、〈戰時國防軍需工礦業技術員工服兵役暫行辦法〉……等，1944 年 9 月「航委會」擬於戰後 4 年內策劃執行一項「航空工業計畫」，這個生產計畫經費預算達 1 億 8 千餘萬美

元，可惜，中日戰爭結束，中國內部又接續發生國共內戰，使得這項頗有企圖心的計畫終究石沉大海；總之，至 1946 年為止，中國已可仿製生產歐美各式教練機、轟炸機、偵察機、驅逐機、直升機和少數發動機，也算是不小的成就。

中日戰爭僵局的解決最後還是只有依賴美國軍援，本章第三節介紹陳納德（Claire Lee Chennault）先生於 1941 年接受中國「航空委員會」秘書長蔣宋美齡女士的邀聘，招募美籍飛行與修護人員約 200 人來華及其後情形，這一批美援航空隊（俗稱「飛虎隊」）不但直接提升中國對日的航空戰力，並且對中國軍方戰鬥飛行與軍機修護技術方面的助益頗大，戰爭結束「飛虎隊」轉型為「民航空運隊」，它是唯一在 1949 年隨國民政府撤退來臺的民航機隊，後來又成為「亞洲航空公司」，此公司是臺灣戰後航空工業重要成員。

第一節　中國航空工業的初期發展

中國第一次出現動力飛機的年代是 1910 年，該年北平上空首次有外籍飛行員應邀作飛行表演，同時在北平南苑五里店軍咨府也成立飛機試造工廠；[1]中國人第一次成功飛上青天的創記錄者為廣東人馮如則在 1911 年的 2 月，這位 12 歲時跟隨舅舅至美國，對讀書無啥興趣的男孩，對機械知識情有獨鍾，當美國萊特兄弟在 1903 年 12 月成功試飛動力飛機後，他也開始嘗試自製飛機，1909 年 9 月 21 日他駕駛自己設計的飛機在奧克蘭市派特蒙山附近試飛成

---

[1]　林致平，〈中國近代（1912～1949）航空工業之發展〉《航空救國－發動機製造廠之興衰》（發動機製造廠文獻編輯委員會編著，臺北市：河中文化，民 97 年 12 月），頁 457-458。

功，當時的飛行高度為 4.6 公尺，飛行距離約 805 公尺，孫中山先生當時正在現場觀看表演，他後來在 1911 年 2 月帶著 3 位助手及 2 架飛機從美國奧克蘭市返回中國。中國本土第一次成功表演飛行者，是從法國學習飛行的飛行員秦國鏞，他是在 1911 年 4 月駕駛法國高德隆單座教練機。

　　既然開啟了飛行，無論南、北方政府下一步著手的就是自製飛機；辛亥革命爆發後，廣東軍政府成立，馮如被任命為飛機隊飛機長，1912 年 8 月 25 日他駕駛自己製造的液冷式發動機的雙翼飛機在廣州燕塘舉行第一次的飛行表演，可惜飛至百餘尺高空時因操縱系統失靈而墜落，身負重傷的他後來搶救無效而身亡。馮如當年帶著飛機回中國時還希望能籌組「廣東飛行器公司」，[2]但先是滿清政府態度消極，繼而是廣東軍政府忙於革命建國，使得他在飛機失事前都無法完成他的夢想。1910 年 8 月福建人劉佐成、李寶焌先後留學日本並學習製造飛機，回國後由北京軍諮府資助在南苑廡甸毅軍操場內建立一座飛機試驗廠，先以法國麥式飛機為實習對象，後來李寶焌又向日本購置飛機材料自製了一架「飛機 1 號」，劉佐成隨後也完成「飛機 2 號」，雖然這 2 架飛機 1 架沒試飛 1 架失事，但他們也算是中國航空工廠及飛機製造的先鋒，而南苑這個地方日後也成為中國航空史上一個重要的據點——「南苑航空學校」是中國第一所航空學校，中國第一架自行設計、製造且飛行成功的飛機也是在這兒——「南苑航空修理廠」產出的。[3]因此可以說，中國現代航空的發軔無論是飛行或製造能量，都是 1910 年以後的事了。

---

[2]　其實他於 1909 年 10 月就在美國集資創辦了「廣東製造機器公司」，並成功自製飛機。

[3]　1913 年 10 月 20 日，南苑航空修理廠廠長潘世忠，駕駛他自己設計製造的「1」號機，試飛成功；《中國航空史》，前揭書，頁 16-17 及頁 648「中國航空大事年表」。

　　雖然 1911 年後的中國再度歷經軍閥割據、北伐、中日抗戰及國共內戰等──這段老百姓心中感覺像是無止境的動盪與災難，但因為「航空」的發展具有軍事和遠程輸運的雙重利益，所以無論是北方的軍閥、南方的護國軍、統一後的國民黨政府，還是最後取得大陸政權的共產黨政府，都願意對「航空」事業投注資本來發展；本文主要欲探討 1949 年前後撤退來臺的中國航空事業，故必須針對國民黨政府在中國時期如何發展航空這一脈絡作較詳細交代，軍閥和共軍發展航空的部份就在此略過。[4]

一、南方軍政府的航空建設

　　1918 年擔任廣州護法軍政府大元帥的孫中山先生，指示在大元帥府裡成立「航空處」這一新單位，雖然此單位後來隨著孫中山被迫辭去大元帥而離散，但 1920 年 11 月當他在廣州再度重組新政府時，另一更具規模的「航空局」在廣州大沙頭成立了，航空局下轄 2 個飛機隊，一座飛機修理工廠，並且有計畫地派遣一批愛國青年到美國學習航空技術，工廠於 1920 年～1934 年間共修造飛機 60餘架；1922 年航空局集合各地的航空人員到福州，利用馬尾「海軍飛機工程處」的飛機和器材重整北伐軍裡的航空隊。[5]

---

[4]　根據李適彰的研究，在 1920 年軍閥割據的年代，全中國的軍閥據地中有航空組織及設有航空工廠能量者如下：東三省、雲南省、山西省、山東省、廣東省、湖南省、廣西省、福建省；其餘無航空工廠但有航空組織能量者－北京政府交通部西北航空籌備處、江蘇省、浙江省、四川省、新疆省等。李適彰，〈我國早年航空發展簡介〉《2003 年漢翔航空工業股份有限公司產業文化資產清查計畫成果報告》(臺中市：文建會臺中辦公室，2003 年)，頁 139。

[5]　「海軍飛機工程處」前身是 1917 年 12 月由北洋政府在福州馬尾設立的「福州海軍飛潛學校」。陳道章，《船政研究文集》(福建省：音像出版社，2006)，頁 265。

　　「海軍飛機工程處」裡幾位主要教師就是 1917 年留美返國的 4 位航空系畢業專才：巴玉藻、王助、曾詒經和王孝豐，他們是 1915 年從英國轉往美國研讀飛機系的中國留學生，到美國後；[6]「海軍飛機工程處」除了教學外還附有「製造飛機」的任務，初時，該處從兩個重點著手：一、技術人員的訓練；二、開發國產材料應用於飛機上。上課用教材是老師們自行編寫，並且從 1919 年開始老師們帶領同學實際參與水上飛機的試製工作，最盛時期學生有 300 餘人，這一年 8 月該處也首次完成「甲型一號」不等翼展的雙翼機，且試飛後性能良好，後來該處轉型以製造生產為主，並更名為「海軍製造飛機處」，總計 1919 年～1930 年共製造水上飛機共 11 架，雙翼飛船共 2 架。[7]

　　1924 年廣州軍政府在大沙頭成立「軍事飛機學校」培養近 500 名的學員，這所學校是國民黨創辦的第一所航空專業學府，後來因為 1927 年蔣中正先生在南京成立國民政府，國民黨在南方的政治、經濟、軍事等中心移轉，於是當杭州筧橋軍政部航空學校（註：1931 年成立）改組為「中央航空學校」後，「軍事飛機學校」的地位地位開始下滑，終至在 1936 年 7 月「該校」被納入「中央航空學校」並成為它的廣東分校，「中央航空學校」就是位於今天高雄縣岡山鎮的「空軍軍官學校」的前身。[8]基於上述學校皆以訓練飛行員為主，相對地勤人員的專業教育不足，1936 年 3 月「航空機

6　這幾位後來都拿到「麻省理工學院」航空工程碩士，其中王助先生畢業後與一位志同道合的同學到西雅圖和另一位名叫「波音」的朋友共同創辦飛機製造公司，這家公司就是現在全球航空業界的龍頭－「波音」飛機公司的前身；王助後來隨國府來台，並從 1955 年開始在臺南成功大學任教繼續講授航空知識，直到 1965 年病逝，享壽 73 歲。參閱國立成功大學校史編撰小組編著，《世紀回眸－成功大學的歷史》（臺南市：國立成功大學，2001 年），頁 147。另，成功大學機械系褚晴暉教授近日將王助先生的傳記資料收集研究，即將出版成冊，內容頗具參考價值。
7　〈我國最早的飛機生產機構－海軍製造飛機處〉，前揭文，頁 47-48。
8　《中國航空史》，前揭文，中國航空大事年表。

械學校」在江西南昌成立，1944 年元月「空軍通信學校」在四川
成都成立，這兩所學校後來也都來到岡山復校。[9]

二、中日戰爭前的飛機製造廠

1937 年之前國民政府所轄規模較大的飛機修理工廠約 9 座
（註：戰爭期間，增加至 11 座，名稱分別為「第一修理工廠」～
「第十一修理工廠」，另有較小的 5 個修理所），他們主要負責飛機
的維修工作，飛機製造任務主要還是以前述廣州「大沙頭飛機修理
廠」和馬尾「海軍製造飛機處」2 處（註：「大沙頭飛機修理廠」
也有仿製飛機的能量，1923 年出品的「樂士文」號雙翼飛機就是
出於此廠之手）；[10]國民政府也採取與外國飛機公司合資建廠的方
式先後成立「中央杭州飛機製造廠」、「中央南昌飛機製造廠」、「中
國航空器材製造股份有限公司」等。[11]「大沙頭飛機修理廠」在 1935
年廣州「韶關飛機修理廠」成立時一分為二：一部分人員進「韶關」，
另一部份人員和器材留在原地成為「第五修理廠」，1939 年「韶關

[9] 「中央航空學校」從第二期開始有機械生員額，但並非主要，「航空機械學
校」首任校長為錢昌祚將軍，學校首先招訓「甲種機械士班」，其次招訓「高
級機械班」，1938 年該校更名為「空軍機械學校」，並因為中日戰事已起，
當時的蔣委員長便兼任航空、防空、機械三校校長至 1947 年 1 月 1 日，；
校史編纂委員會編，《空軍機械學校校史》（高雄縣岡山鎮：編者，1986 年），
頁 48、50、173。「空軍通信學校」因為成立時仍為戰爭期，所以首任校長
仍為蔣中正先生，真正負責校務的第一任教育長為吳禮中校（1956 年他被
調任總統府侍衛長），該校成立後正科班第一期有 84 員畢業；空軍通信電
子學校校友會編輯，《空軍通信電子學校校史》（高雄縣岡山鎮：編者，1999
年），頁 133、545。
[10] 〈我國早年航空發展簡介〉，前揭文，頁 141-143。
[11] 《中國航空史》，前揭書，頁 76。

飛機修理廠」因中日戰爭遭日軍轟炸毀損達 80%，而遷至四川昆明並更名為「第一飛機製造廠」直屬「航空委員會」，國民政府遷臺時該廠先遷移至宜蘭，後到岡山落腳，並成為空軍的修護單位——「空軍第一供應處」，不再製造飛機。

　　「中央南昌飛機製造廠」原先是與義大利四家飛機製造公司：飛雅特（Fiat）、卡卜羅尼（Caproni）、伯瑞達（Breda）及薩佛亞‧瑪基蒂（Savoia Mar-Chetti）等組成的公司團合作，戰爭爆發後義大利人員被召回國，該廠也遭遇日軍的轟炸，後來遷移到四川重慶東南方復廠，並於 1938 年 8 月更名為「第二飛機製造廠」，1946 年 9 月配合空軍組織改組更名「空軍第二飛機製造廠」隸屬於「航空工業局」，並遷回發源地江西南昌，1948 年 12 月因國共內戰物料籌補困難而遭撤銷，未到臺灣。至於馬尾「海軍製造飛機處」，為了工廠發展的方便性在 1931 年就遷往上海的高昌廟，中日戰爭時期遷到湖南省衡陽市，並改編為「第八修理工廠」，1939 年當「第三飛機製造廠」在四川成都成立時，該廠之機件製造課的人員和設備皆被併編其內，1946 年 10 月「第三飛機製造廠」遷廠至臺灣的臺中市水湳，當時該廠人員並未帶來多少原廠的機械器具，而是接收日軍在臺的相關設施器材，後來歷經幾次的組織變革，1954 年 11 月被併編入「第二供應區部」，負責飛機的維修及附件製造，也不再有飛機製造廠的番號了。[12]

三、民航運輸業

　　雖然說中國航空事業的出現主要是為軍事目的，但此期間民間航運仍有開展。1929 年 7 月國民政府購置 4 架美國小型客機，並聘請外

---

[12] 〈我國早年航空發展簡介〉，前揭文，頁 145-148。

籍飛機師、機械員連同中國的飛行員、機械員一起開闢了上海─南京航線，但是因為首次營運經驗不足，開航 1 年旅客僅 1477 人次，郵件 20 餘公斤，結果 1 年後被併入中美合資成立的「中國航空公司」(以下簡稱「中國航空」)，[13]「中國航空」主要經營航線在長江流域與東南沿海等經濟文化較發達的地區，其無論在客貨營運、經營管理、技術設施等方面都是當時中國航空業界的領先者。

隨著中美合資航空公司的前例，德國在 1931 年 2 月 1 日也與中方合資成立「歐亞航空公司」，主要經營範圍是以上海、南京為起點向西北、華北分佈，原本該公司希望能開闢經蘇聯到歐洲橫跨亞歐兩大洲的航線，但中國當時已開始受日本不斷的挑釁，加上所規劃的航路上地形險惡有高原、沙漠，氣候也很惡劣，所以經營上問題不斷，[14]二次大戰期間，中德斷交，國民政府終止中德合同，解雇「歐亞」公司裡所有的德籍人員並凍結德方資產，交通部與「航空委員會」協商，一致同意將該公司改組為「中央航空運輸股份有限公司」(以下簡稱「中央航空」)，公司股本總額國幣 2 千萬，分成 2 萬股，國民政府擁有 55%股權其餘得依法准許本國或外國人民認購，並且除加強西北空運外，還與空軍協調撥濟器材、培訓飛航人才等，此後，「中國航空」與「中央航空」就成為中國抗戰時期 2 個最大的民航公司。[15]雖然如此，當時中國還有規模較小的航空公司飛國內、外線，如專辦國內線的「兩廣」、「西南航空公司」、「邊疆航空公司」，國外線的「中蘇航空公司」等。

---

[13] 原本該公司早在 1929 年 5 月即成立，但因中方不擅處理合約問題以及美方擅自轉讓經營權明顯無視中方權利，引起社會輿論的強烈不滿，經營 9 個月後，中美雙方在 1931 年 8 月重新簽訂合約，重新開張，仍沿用原公司名稱，公司資本額為國幣 1 千萬元分成 1 萬股，中方擁有 55%美方 45%；《中國航空史》，頁 72-73。

[14] 《中國航空史》，前揭書，頁 75。

[15] 國史館印行，〈交通部執行行政院秘書處檢附擬改組歐亞航空公司為中央航空運輸公司暨沒收德方資產提案〉行政院檔：民國 32 年 2 月 22 日；《航空史料》，前揭書，頁 131、136。

第二節　國民政府轄下的航空機構

　　1945 年以後臺灣航空工業的銜接問題，必須透過對國民政府在大陸時期的航空工業發展來了解，故本節延續前一節介紹戰爭前的中國航空工業，繼續闡述集中在中日戰爭時期的 1920～1940 年代航空發展。自從北伐工作大致完成後，國民政府就開始進行 10 年的「訓政時期」建設——包括政治、經濟、文教、外交與國防五大方向，其中國防建設部份重點工作有：一、整編國軍，裁弱留強，縮減員額；二、確立以三民主義為宗旨，國防為中心的軍事教育制度；三、確立國防計畫，發展陸海空三軍；四、廢除募兵制、實施徵兵制；五、建設新空軍；六、建設新海軍；七、設立專科學校，提高軍事幹部水準；八、培養國民禦武精神等。[16]海軍部於 1929 年 6 月 1 日成立，空軍因為航空科技發展較晚所以成為獨立軍種的時間也較晚，此情況世界各國皆如是。各國空軍中最早脫離陸、海軍成為獨立軍種的是英國，其次義大利，第三為德國，美國和日本要在二次大戰結束後，空軍才成為獨立軍種，[17]雖然如此，並不影響飛機提前成為陸、海軍軍事武器的現實。

---

[16] 國防部總政治作戰部印行，《中國現代史》（臺北市：編者，2002 年 7 版），頁 179。

[17] 日本航空自衛隊成立於 1954 年 7 月 1 日，它的成立象徵以往分屬於陸海軍的航空隊正式成為獨立軍種，由於受到戰後「和平憲法」的限制，航空自衛隊不得配備戰略轟炸機、彈道飛彈以及核生化武器；網路資料：維基百科 http://zh.wikipedia.org/wiki/，關鍵字「航空自衛隊」。另，劉永尚、黎邦亮原著，《蕭然回首感恩深－羅中楊將軍回憶》（臺北市：國防部史政編譯室，2003 年），頁 138。

1937 年蔣委員長在廬山正式發布中國政府對日宣戰，此後 8
年，對中國人、日本人甚至臺灣人來說，都是一場驚天動地的惡魔
開始……當時積極達到飛機自製與量產能量成了航空主管機關最
重要的任務。國民政府轄下的航空主管機構一則因航空技術的日漸
引進生根，二則因戰事之需而逐步擴張複雜化，戰前原有的幾個修
護單位因任務或擴編或合併，另又增添幾個重要生產工廠與技術研
究單位，以下先介紹航空主管機構的沿革：

一、「航空委員會」

國民政府於 1928 年 11 月接收各地軍閥發展的航空事業，然後
在軍政部下，設「航空署」統一掌管全國航空事宜，根據組織編制，
其中「機械科」負責（一）關於航空器之發明、改良、設計、製圖、
製造、修理事項；（二）關於航空器通航及航空材料之檢驗、航空
軍械之保管事項等二大任務，至於它與航空工廠業務重疊的部份，
則應該是前者較重於參謀業務，後者則為實務執行者。[18]1932 年日
軍發動「一二八淞滬事件」，3 月國民黨第四屆二中全會，立即通
過「軍事委員會組織」案，其中說明：「軍事委員會之設立，其目
的在捍御外侮，整理軍事，俟抗日軍事終了，即撤銷之。」，「軍事
委員會」執掌包括：國防綏靖之統帥事宜，軍事章制、軍事教育方
針之決策、軍費支配、軍事重要補充之最高審核、軍事建設、軍隊
編遣織最高決定、中將及獨立任免少將以上之任免審核等。[19]後來

---

[18] 周美華編，《國民政府軍政組織史料》第三冊（臺北縣：國史館，1998 年），
頁 50。
[19] 網路資料：中國黃埔軍校網 http://www.hoplite.cn/templates/hpjh0104.htm，
咸厚杰，〈國民政府軍事委員會論述〉。

中央政治會議選定由蔣中正、閻錫山、馮玉祥、張學良、李宗仁、陳銘樞、陳濟棠等 7 人為委員，並決議蔣中正擔任委員長，[20]隔年 8 月「航空署」改隸「軍事委員會」。[21]

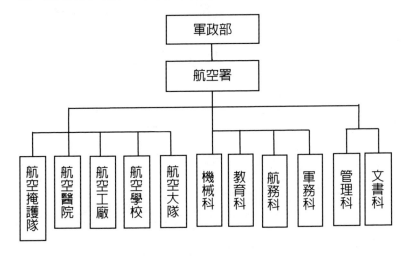

圖 3-1：軍政部航空署組織圖

資料來源：周美華編，《國民政府軍政組織史料》第三冊（臺北縣：國史館，1998 年），頁 51-52。）

---

[20] 「軍事委員會」設置後，先推行「先安內再攘外」政策，使得以蔣為核心的集團得除異己，擴大己權，再加上日軍侵略日增，國內需軍事強人領導，因此「軍事委員會」的勢力不斷擴大，七七事件後，除軍事外，它也干涉黨、政、財經、教育等領域，成為實際上國家最高決策中心。「軍事委員會」組織，除設委員長辦公廳及第一、二、三廳外，還轄有參謀本部、訓練總監部、軍事參議院、航空委員會、軍事長官懲戒委員會、資源委員會（原國防設計委員會）、禁菸總會、審計廳、銓敘廳、調查統計局、政訓處、防空處、軍法處及中央各軍事學校畢業（員）生調查處等。參閱〈國民政府軍事委員會論述〉。

[21] 《中國現代史》，前揭書，頁 192、208。

　　1934 年「航空署」擴大編制改組為「航空委員會」（簡稱「航委會」），實際負責國民政府轄下軍／民航空業務，直至 1946 年 6 月 1 日「航委會」改組為「空軍總司令部」止，1947 年 5 月交通部民用航空局組織條例公佈，「民航局」成立，軍／民航業務才正式分開。[22]

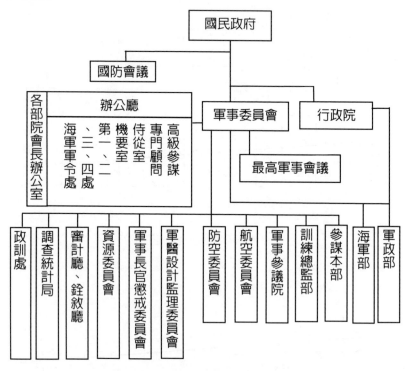

圖 3-2：「軍事委員會」系統圖

資料來源：《國民政府軍政組織史料》第一冊，頁 62

[22] 交通部檔：〈交通部訓令民用航空局等有關民航局組織條例業經國民政府公佈施行〉；《航空史料》，前揭書，頁 72。

　　擴編後的「航委會」是中日戰爭期間中國航空事業發展的主要領導機構，蔣中正自兼該委員會的委員長，會本部設 5 處 17 科，所屬航空隊共 8 隊，第 1、2 隊為轟炸機隊，第 3、4、5 隊：偵察、轟炸機隊，第 6 隊：偵察機隊，第 7、8 隊：驅逐機隊，1935 年 10 月以後再增編 4 隊；1936 年「航委會」從南昌遷回南京（「航空署」是在杭州成立，後隨蔣中正進駐江西南昌），後來在組織上作了些變動，改辦公廳主任為航空委員會主任，由「中央航校」校長周至柔將軍調任，並增設秘書長一職由蔣宋美齡女士擔任，因為「航委會」也負責向國外購買飛機及器材的事宜，所以英文能力佳的蔣宋美齡及其兄宋子文在此項工作上著力甚多，下一節論及「飛虎將軍」陳納德時筆者將再詳述。

　　1944 年 9 月「航委會」內部成立了一個「航空工業計畫室」，聽其名便知這是專為執行「航空工業計畫」而來的，此計劃是由前「第二飛機製造廠」廠長、「航委會」參事朱霖先生所擬，並經轉呈「軍事委員會」核准，內容包括：

(一) 培養年產 1,000 架飛機的能力，計：教練機 400 架、驅逐機 350 架、轟炸機 150 架、運輸機 100 架，以為將來航空工業擴展基礎；

(二) 計畫擬於 4 年內完成；

(三) 設立各專業工廠 32 家；

(四) 養成基本幹部:技術人員 3,000 人（含派赴國外訓練幹部 373 人）、技工 44,530 人；

(五) 經費預算 1 億 8 千餘萬美元（包括建廠所用之國幣，以美金列入預算 3,500 餘萬，以及首批製機費用 4,500 餘萬美元）。[23]

　　這項計畫是採漸進的步驟進行：1.先「訓練人才」，2.針對教練機、轟炸機、驅逐機等機種尋求「與國外廠商合作」，3.外購機具

---

[23] 轉錄自李適彰〈我國航空工業發展史拾零　第一個彙整我國航空工業的關鍵機構－航空工業局〉《航太工業通訊雜誌》第 52 期，2004 年 6 月，頁 35。

「國內建廠」，4.最後「國內自行生產」，[24]對日戰爭勝利後，此計畫更成為國民政府在航空工業發展上的藍圖。

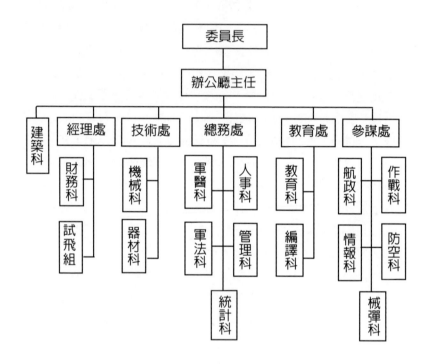

圖 3-3：「航空委員會」組織圖

資料來源：國軍史政檔案，檔號 00025633,543.4／3010／1,：《空軍各機關學校部隊轉進臺灣經過報告書》（國防部史政編譯局，1950 年），頁 31。

---

[24] 李永炤，《航空，航空五十年－七二憶往》（臺北市：道聲出版社，1987 年），頁 97。

二、「航空工業局」

　　1946 年 9 月 20 日「航空工業計畫室」改制為「航空工業局」，繼續由朱霖擔任局長，但編制上由只 11 人的「計畫室」成為擁有245 員名額的「局」，內部編制有 5 處 2 室：計畫處、生產處、檢驗處、人事處、總務處和秘書室、監察室等，另外還管轄第一～第三飛機製造廠、航空發動機製造廠、航空研究院、降落傘製造廠、麂皮廠、第一～第七氣體製造所、氣體製造廠、層板廠、配件廠、第一～第三器材庫、空軍東北工業管理處、鍛鑄廠等，以及駐美、英兩國的機構。[25]從這樣編制上的擴大可看出國民政府對未來航空工業發展的企圖心，但中國在戰後，各地需要復甦重建的問題排山倒海而來，國家處在混亂當中，人謀不臧的情事時有所聞，雖然「聯合國善後救濟總署」（UNRRA）決定援助中國，但財政上的困難也影響到上述「航空工業計畫」的推動，再加上國共內戰不久後爆發，此計畫從 1944 年～1948 年推動 4 年，最後只能完成國外訓練 227位工程師（一部分後來到了臺灣），和仿製 104 架 PT-17 初級教練機，其餘幾乎停擺。[26]

---

[25] 《中國航空史》，前揭書，頁 141；〈我國航空工業發展史拾零　第一個彙整我國航空工業的關鍵機構－航空工業局〉，前揭文，頁 35。

[26] 這些工程師中在美國受訓的是到「萊茵飛機廠」、「寇蒂斯萊特發動機公司」、「普拉特·惠特尼發動機公司」、「皮特儀表廠」、「統一飛機公司」、「麥克唐納飛機公司設計室」、「威爾肯尼活塞及漲圈廠」，在英國受訓者則到「羅爾斯·羅伊斯發動機廠」、「格洛斯特飛機公司」等。《航空，航空五十年——七二憶往》，頁 98。《中國航空史》，頁 141。另外，隨「航空工業局」來台的專業人士有的被安排擔任要職，例如 1946 年 2 月～1957 年 8 月「國立成功大學」（及其前身）在國民政府來臺後的第一、二任校長王石安博士及秦大鈞博士皆曾在中國飛機工業界服務過，前者曾擔任「航委會」所屬飛機製造廠的工程師，後者則曾擔任「航空研究院」的院長，兩位都是留德

　　撤遷臺灣後的「航空工業局」開始時曾擴大編制至 793 員，但人員增加卻不表示組織相對擴大，事實上反而是組織層級被降低與壓縮了，例如「航空研究院」變成「航空工業局」內的一個研究室（之後才又變回「研究所」、「研究院」），鍛鑄廠、配件廠併到「發動機製造廠」內，層板廠、第一航空器材所撤銷，麂皮廠和第一、三、四、六氣體製造所另劃歸補助生產單位。

　　韓戰爆發後，美國開始軍／經援助臺灣，但相對地臺灣的國家政策卻開始走向美國附庸的地位，美國不建議臺灣飛機工業走向自製化，並強烈主導國民政府將原有飛機研發的能量轉向維修美國軍機之途。1952 年 4 月 1 日「航空工業局」所屬各「飛機製造廠」歸「空軍供應司令部」管轄，主要任務是加強修護美國軍援之軍機，1954 年 7 月 1 日配合「空軍總司令部」的組織調整，該局在正式改為「空軍技術局」名稱後步入了歷史。以下列出 1949 年度～1953 年度「航空工業局」年度重點工作，由此可看出戰後初期，政府航空工業的發展方向：

(一) 1949 年度——AT-6 教練機、「中運三」運輸機研發；Lycoming O-435-11、G-200、NENE 等發動機研究；C-46 運輸機、PT-17、PT-19 初級教練機等的翻修與裝配；Lycoming O-435-11、G-200、R-1340 等發動機翻修與裝配；員工訓練。

(二) 1950 年度——C-46、C-47、B-25、L-5、PT-17、AT-60 等飛機修製；R2600、V-1650、G-200、Lycoming 等發動機修製；MK-1A 炸彈引信製造；XT-0（單發動機）、XT-1

的航空博士；而對中國近代飛機製造業有重要貢獻的王助先生，如前所述也從 1955 年開始在成大擔任教職，從這一線索來看，「航空工業局」與臺灣戰後工業教育的發展仍有聯繫。

（雙發動機）等高級教練機設計試製；救生艇加裝降落傘研究。

(三) 1951 年度──噴射機飛機設計試製、PT-17 機翼、AT-6F 等製造；噴射式及 Lycoming 發動機製造；雷達天線操縱裝置試造；防鏽化合物、不碎玻璃等試製；發動機軸承材料製造；遙控模型機研究。

(四) 1952 年度──完成噴射式發動機（NENE-11）全部設計圖樣及校核修改整製等工作；完成噴射式發動機試車平台設計；燃油系通用試驗設備設計；完成 XP-1001 式噴射式戰鬥機部份設計。

(五) 1953 年度──持續辦理 CXP-1001 式噴射式戰鬥機之設計。[27]

　　從 1928 年「航空署」成立，歷經「航空委員會」與「航空工業局」的部門變動（其內部組織也因應當時其環境需求而時有修正），可看出近代中國飛機工業與國防的聯繫所在──前兩個單位不但管轄飛機設計生產的相關工廠，同時也直接負責如航空部隊、航空學校、機場……等的航空軍事任務；「航空署或航委會」任命的軍職人員可以擔任航空學校高級主管，也可以被調任某飛機製造處或「航空研究院」的主管，並且所有飛機製造處的產品皆為軍方所用。

　　1946 年夏「空軍總司令部」正式成立，飛機工業的業務因「航空工業局」獨立出來而才有所區隔，但即使如此，該局局長一職仍以軍職為主，各工廠及研究院的管理仍是採軍事化管理的模式，日軍戰敗後航空物資接收的工作也由該局負責，諸如這些航空工業運

---

[27] 〈我國航空工業發展史拾零　第一個彙整我國航空工業的關鍵機構－航空工業局〉，前揭文，頁 35，38。

作的種種特質，延續到國民政府撤退來臺後的 30 年，幾乎無顯著
的變動。以下再述新成立的生產工廠：

(一)「蒙布製造所」──1940 年 3 月成立，這是抗戰時期飛
機工業組織中唯一藉助民間廠商製造的單位，因為當年飛
機機體採用的是蒙布，它是由紡織業界聞人李徵恕先生在
物力艱困時以麻研製成功，經「航空研究院」測試通過而
進行生產，1944 年底，因為飛機機身多改為全金屬，蒙
布需求驟減而遭裁撤。

(二)「層板試造廠」──抗戰時期空軍使用的部分驅逐機、滑
翔機、教練機等的機翼機身均為木造，也就是以層板裝配
之，「航空研究院」為能讓軍機製造早日自給自足，研發
成功製作層板的木材實驗，於是在 1940 年 5 月設立該廠
生產製造，1949 年裁撤。

(三)「發動機製造廠」──雖說中國的飛機自製能力已有水
準，但「發動機」這個飛機最重要的組件卻一直是外國進
口，中國並無自製能力，1941 年 1 月 1 日國民政府在貴
州省大定縣設立了「發動機製造廠」，希望能進一步提升
飛機自製率，此單位日後更改了 3 種名稱：「第一發動機製
造廠」、「空軍發動機製造廠」、「空軍金工發動機製造廠」
等，1949 年 6 月該廠遷至臺中市清水鎮，1952 年被併編到
「空軍第三供應處」，該廠番號取消，也正式結束營運。[28]

(四)「麂皮製造廠」──1941 年 8 月成立，「麂」屬鹿科，體
型較一般鹿小比狗稍大，現代人都用它作高級皮革的原
料，[29]然而因為它的皮毛吸水性相當好，故當年「航空研

---

[28] 關於「大定發動機製造廠」相關研究可參閱《航空救國－發動機製造廠之
興衰》，前揭書。

[29] 網路資料：Baidu 百科，http://baike.baidu.com/view/43729.htm

究院」多次實驗研發，終於將其應用在過濾飛機的燃油上，並成立該廠製造生產直到 1949 年—它並未遷廠來臺。

(五) 「第四飛機製造廠」──1942 年 4 月成立於廣西省桂林，本廠的成立原是計畫製造由「航空研究院」研發的「研教二式」教練機，但因戰爭時期相關物料不易取得乃改製造滑翔機，初期成果尚稱良好，但後來也礙於物料補給困難，做做停停，終於 1944 年 6 月空軍當局檢討評估後決定裁撤該廠。[30]

(六) 「中國飛機製造廠有限公司」──國民政府不止在國內設立各項飛機工業機構，同時也資助在美華僑於 1943 年成立。此事源起於留美航空專家胡聲求博士的建議，目的在動員旅美華僑人力，一方面參加美國戰時生產，一方面訓練航空工業之熟練員工，以為戰後發展中國航空工業支用。雖然公司是以一般公司方式在加州三藩市註冊，但中美官方都有介入協助，該廠計劃製造中國戰區當時亟需的 A20 輕轟炸機，由美國租借給中國使用，初期先與美國「德格拉斯飛機廠」合作先代為製造機尾或機翼，漸次再發展至自製全機；戰後該廠與美國軍事部門生產合同因任務消失而取消取消。[31]

中國近代的航空發展在中日戰爭末期已粗具規模，雖說比不上日本的水準，但中國研製飛機的技術不僅僅只是歐美仿製品而已，可惜 1946 年跟國民黨政府來臺的航空軍／民技術人員卻不到千人，赴國外實習及工作人員雖有半數轉進臺灣，[32]但航空工廠所用

---

[30] 〈我國早年航空發展簡介〉，前揭文，頁 148-153。

[31] 〈交通部電軍委會蔣委員長對中國飛機製造廠的貢獻予以肯定和贊助〉交通部檔：民國 32 年 12 月 30 日；《航空史料》，頁 685。

[32] 顧光復，〈航空工業發展中心籌備創立經過〉《漢翔航空股份有限公司 30 周年紀念專輯》（臺中：編者印行，1999 年），頁 1。

之大型機具無法全部撤遷來臺，還是令人有巧婦難為之憾因此之故，「航空工業局」遷臺時內部組織必須裁撤或合併，至 1949 年底，該局僅保留「飛機製造廠」、「第一飛機製造廠」、「發動機製造廠」、「降落傘製造廠」及「航空研究室」，有些人員甚至隨單位消失而另覓他職，[33] 這樣的變動持續進行到臺、美雙方在 1954 年確定臺灣航空發展階段性任務為「修護美國軍援軍機」而有重大轉向，當時軍方決定將「航空工業局」裁撤，改成立「空軍技術局」。

---

[33] 《空軍各機關學校部隊轉進臺灣經過報告書》，國軍史政檔案：00025633/543.4/3010/1，1950 年，頁 33。

表3-1：1946年以前中國飛機自製功能表

製造者	名稱與機種	完成年份(民國)	空重	總重	翼展	機長	機高	乘載人數	製造廠家與名稱	馬力數	最大速率(哩/時)	巡航速率(哩/時)	降落速率(哩/時)	實用高度(呎)	爬昇高度(呎)	海平面爬升率(呎/分)	航程哩數(哩)	附註
海軍製造飛機處(初名海軍飛機工程處)	甲式水上教練機	九年	——	2325	45.0	30.6	12.7		美 Hall-Scott A-7	100	75		40					雙翼,雙桴
海軍製造飛機處	乙式水上教練機	一年		2314	37.7	30.2	12.7		美 Hall-Scott A-7	100	78		40					雙翼雙桴
海軍製造飛機處	丙式軍用機船	十四年	3747	6802	58.0	39.7	14.8	3	英 Rolls-Royce	360	103		83					雙翼,雙桴
海軍製造飛機處	戊式軍用教練機	十六年		2596	35.8	25.6	12.2	2	英 Bristol	110			47	14100	560	4分		雙翼,雙桴
海軍製造飛機處	丁式水上轟炸機	十七年	3824	5356	45.9	36.8	18.4	2	英 Rolls-Royce	360	110		56	16100	530	6分		雙翼,雙桴 教練偵查作用
海軍製造飛機處	乙式水上教練機	十九年	1631	2574	35.7	27.3	11.7	2	美 Wright Whirlwind	185	102		52	19800	620		780	雙翼,雙桴
海軍製造飛機處	庚式教練兼偵察機	廿一年	空1662 陸1496	水2460 陸3288	32.3	水27.0 陸23.9	水10.8 陸10.8	2	美 Wright Whirlwind	165	水118 陸122		水54	水12500 陸	水450 陸190	水730 陸780		雙翼,雙桴 水陸兩用
海軍製造飛機處	辛式水上偵察機	廿二年	1422	1800	10.2	23.0	9.7		Jim Pu	130	110		51	14600	490		420	折翼,單浮桴艇 艇浮用
紅橋飛機工廠	成功號	十八年	1540	2200	33.6	25.6	9.5			106			43		16400	3280	2.5小時(六分鐘)	Gnome 59式
廣東航空學習廠	羊城56式	十九年	1750	3505	36	32	9.5			125				20000		6小時		雙翼,水陸兩用
廣州航空修理廠	羊城57式	十九年	3750	3505	32	32	9.5			125				20600		6日		雙翼
中央飛機製造廠	福特機初級教練機	廿四年	1080	1760	28	21.7	7.8	2	美 Kinner	125	115	96		14300		860		雙翼,仿美 Consolidated型 Fleet型
中中杭機機製造廠	道市拉斯客機	廿五年	3850	2600	48	28.8	9.1	2	美 Wright Cyclone	750	210			23600		930		仿美 Northrop 瑞2A-2機
中央杭機機製造廠	伏爾梯轟炸機	廿六年廿七年	5200	10458	50	37	10	2	美 Wright Cyclone	750	215			22300	24200	2700		仿美 Vultee 型攻擊轟炸機
中央杭州飛機製造廠	寇梯司驅逐機	三十年	3380	4500	35	27.2	8.2	1	美 Wright Cyclone	850	314	282	68	34300	35000		630	仿美 Curtiss 旅CW-2 驅逐戰鬥機
韶關製造廠	復興甲丙中級教練機	廿五年至用		——	31.0	24.3	9.3	2	美 Wright Whirlwind R-975-E3	450	179	150	59	21200	22200	1580	980	先在首鋼製造,後遷昆明製造
韶關製造廠	霍克III驅逐機	廿五年至廿八年	3350	4410	31.5	23.5	10.0	2	美 Wright Cyclone R-1820 F53	745	242	204	63	26800	27800	2770	580	仿美 Curtiss 之 Hawk III 雙戰鬥機
中央壘昌飛機製造廠	伯萊達65戰鬥機	廿六年	3300	5500	39.7	31.5	10.9	1或2	法 Gnome Rhône 14 Krsd	870	267	242		26000		16400(又1分鐘)	620-870	仿義 Breda 65 驅逐之義國單翼轟炸機
第一飛機製造廠	忠28乙驅逐機	廿八年		4054	33.5	20.6	10.1	1	美 Wright Cyclone R-1820 F53	745	230			29520	2705		465	仿蘇聯 I-15 驅機
第一飛機製造廠	復興丙中級教練機	卅年			31.0	24.3	9.3	2	美 Wright Cyclone R-975-E3	450	184			22400	1880			
第一飛機製造廠	AT-6高級教練機	卅六年	4090	5232	42	29	12.7	2	美 Pratt & Whitney R-1340 ANI	550	205	170	60	21500		10000(八分鐘)	750	
第二飛機製造廠	忠28甲驅逐機	廿八年	2544	3430	29.5	19.7	10.5	1	美 Wright Cyclone R-1820F	712	286		75	32800	36200	2580	1.5小時	仿蘇聯 I-16 機
第二飛機製造廠	忠29甲驅逐機	廿九年	2640	3430	29.5	19.7	10.5	1	美 Wright Cyclone R-1820F	712	280		75	32800	36200	2060	240	忠28甲機之改型
第二飛機製造廠	中運一運輸機	卅一年	6040	10000	52	36.3	8.8	2	美 Wright Cyclone R-1820 E3	450 捌14	215	178	73	17500	19000	1285	1060	10-11座,木質
第二飛機製造廠	中運二運輸機	卅六年	6500	9700	52	36.6	8.8	2	美 Pratt & Whitney WASP Junior	450 捌14	217	175		19400	20800	1160	1090	7座,全金屬
第二飛機製造廠	中運三運輸機	卅六年	5940	8500	51.5	36.0	9.7	2	美 Pratt & Whitney WASP Junior	450 捌14	222	189	66	26000	28000	1540	770	6座,全金屬設計完成
第三飛機製造廠	初級教練機	卅一年	1141	1644	28	21.0	7.9	2	美 Kinner B-5	125	111	98	53	13600	15540	804		
第三飛機製造廠	福利特初級教練機	卅一年	1122	1860	28	21.7	7.8	2	美 Kinner B-5	125	113	98	45	15000	990		320	仿美 Fleet H 機
第三飛機製造廠	PT-17初級教練機	卅七年	2005	2740	32.2	25	9.2	2	美 Continental A 670	220	125			13200	14600	810	4哩	仿美 Boeing PT-17機
航空研究院	研教一初級教練機	卅一年	1414	1951	28.2	23.6	7.1	2	美 Kinner B-5	125	119	113		13120	16520	645		360
航空研究院	研教二初級教練機	卅五年	1457	1966	28.2	24.4	6.9	2	美 Lycoming O 435	185	140	128	66	16100	17800	1034		300

資料來源：轉引自林致平〈中國近代（1912～1949）航空工業之發展〉《航空救國——發動機製造廠之興衰》，頁466。

三、「航空研究院」

　　翻開中國近代史，每當中國面臨外侮之際，國內都會出現一種聲音—向西方「科學」、「技術」學習！例如第一次鴉片戰爭時林則徐、魏源提出「師夷之長技以制夷」主張，第二次鴉片戰爭後曾國藩、李鴻章以「中學為體，西學為用」的原則，推行洋務運動；甲午戰爭滿清政府戰敗後，由光緒帝為領導，康有為、梁啟超規劃的新政裡，也有一部分希望藉助西方科學思想與制度來改變舊制；五四運動時期，胡適等人倡導「民主」與「科學」，希望實現民族獨立、富國強民的遠景等等，[34]這些歷史經驗顯示近代中國對西方科技文明的認同與渴望，此現象在中日戰爭時期的國防工業發展上更是明顯。

　　1931 年「九一八事變」爆發，日軍染指中國東北的意圖昭然若揭，以陳立夫、張道藩等人為首的政、學界人士組織「中國科學化運動協會」，再次提出「科學救國」的主張，並且擬定下列三項工作來推動：一、透過演講、刊載科普文章或編印科學小畫冊來宣傳普及科學知識；二、組織農、工、商業的科研機構推動科學技術的研究；三、注重對國防科學的研究；其中要求該會會員每人至少認定一項與國防有關的問題來研究，並於必要時參加實際工作……喚起政府及社會的注意，確立國防計畫，集中專門人才，開發資源及自制國防器械及設備。因為這個運動的推行者多為國民黨要員或學界名流，所以他們對國民政府的決策多少有些影響力，就在 1932

---

[34] 張鳳琦，〈抗戰時期國民政府科技發展戰略與政策述評〉《抗日戰爭研究季刊》總第 48 期（北京：中國社會科學院近代史研究所 2003 年），頁 108-109。

年 11 月 1 日國民政府在南京成立「國防設計委員會」，蔣中正兼任會長，邀請當時中國科技、實業、文教各界聞人參與，丁文江、范銳、胡適、張其昀等人皆入其列，抗戰時期國民政府的科技政策也由此發軔。[35]

當然所有的科技發展政策都以「國防第一、軍事第一」為前提，國民政府彼時也制定一系列相關法規來鼓勵規範戰時政策所需：例如〈獎勵工業技術暫行條例〉、〈專利法〉、〈航空工業提倡獎勵辦法〉、〈戰時國防軍需工礦業技術員工服兵役暫行辦法〉、〈軍用技術人員暫行條例〉、〈外國人應農工礦業技師檢核辦法〉……等，有學者認為，中國當時面臨強敵，外援又無法穩定持續，要維持大後方軍需民用唯有自力更生一途，所以戰時國民政府在科學技術上是有長足的進展，但也因那樣的環境，反而迫使各科研機構調整其研究策略與方向，以從事實用性科學、應用性技術及能夠迅速推廣成果等的研究為主，而忽視了基礎理論的科學研究，並產生政府和科學家之間的抱怨隔閡；[36]事實上，從「中央研究院」與「航空研究院」在戰時大後方的研究來看，筆者是同意這樣的評論。[37]

中日戰爭時期無論是被日本殖民的臺灣，還是使盡氣力與之對抗的中國，都急需擁有大量的軍用飛機，因此吾人可以想像，在同一個時期的兩個不同空間裡，許多人手拿著鐵鎚、螺絲起子、銲槍，或在廠棚的機身旁，或在碩大的發動機下，敲敲打打拆拆焊焊地生產出一架架的軍用飛機……；不過有一個明顯不同的地方是，在臺灣，即使日軍可以動員數萬人進入造飛機的行列，卻沒有任何一個研究如何設計飛機的機構在這裡被設置，也就是說，殖民者根本不

---

[35] 〈抗戰時期國民政府科技發展戰略與政策述評〉，前揭文，頁 110-112。

[36] 〈抗戰時期國民政府科技發展戰略與政策述評〉，前揭文頁 122、125。

[37] 關於「中央研究院」在戰時的發展，可參考朱家驊，〈三十年來的中央研究院〉《大陸雜誌》19：08，1959 年 10 月，頁 21-22。

會投資重要國防技術與知識在被殖民者身上──那要負很大的風
險！但是話說回來，戰爭時期存在那樣的研究機構是否會顯得緩不
濟急？或者給人資源未用在刀口上的疑慮？

　　上述兩點對國民政府於 1939 年 7 月 7 日，在四川成都成立的
「航空研究所」而言，都不足以成為障礙的理由。如筆者在本章第
一節所介紹，中國在清末民初之際就開始於福州馬尾「海軍製造飛
機處」培訓自製飛機的人才，之後即使經歷辛亥革命、軍閥割據及
北伐訓政等時期，中國的航空事業都不曾中斷過，因此，「航空研
究院」的成立並非神來之筆，異軍突起，它的組織管理與人力來源
都是在既有的基礎上延續的；並且，「航空研究院」成立之初，更
迫切要達到的目標是在物力維艱的戰爭時期，研究如何利用中國境
內的資源解決製造飛機所需原物料及器材的問題！[38]因此，它的角
色是「創造資源」而非「消耗資源」。

　　「航空研究所」的成立，一說是由王助先生所提議（即前文所
提原馬尾「海軍製造飛機處」教師），當時他甫從蘇聯考察回國，
原本希望能研討中俄合作飛機製造廠計畫，但未成功，[39]另一說法
是由錢昌祚將軍赴歐美考察航空工業後，上蔣委員長報告書中所提
議，[40]無論如何，當時「航委會」所屬航空部隊所需軍機裝備和物
資大半仰賴外國供應，由於沿海各都市、港口、機場幾乎皆淪陷日
軍手中，海運受阻，只剩陸運藉由滇緬公路輾轉接駁（後來也數度
遭日軍切斷），空運由「駝峰航線」運輸，但物資仍是斷斷續續進
入，無法維持一定的生產進度，為求徹底解決此問題，達到自立更

---

[38] 傅海輝，〈抗日戰爭時期的航空研究院及其歷史價值〉《中國科技史料》1998
　　年第 3 期，頁 56。
[39] 李適彰，〈我國航空工業發展史拾零－航空研究院／所（成都－南昌－臺
　　中）〉《航太工業通訊雜誌》第 63 期，2007 年 6 月，頁 55。
[40] 《浮生百記》，前揭書，頁 47。

生滿足軍機需求，「航委會」就以該會機械處的一個研究室為本，籌建兩個月後「掛牌營運」。

「航空研究所」設正、副所長各一員，首任所長由「航委會」副主任黃光銳將軍兼任，副所長為王助先生實際負責所務，最初有研究人員 16 名，下設第一（器材）組──組長朱霖先生、第二（飛機）組──組長王助先生兼任、第三（氣動）組──組長王士倬先生；歷經兩年的運作，所務日漸繁重，原有建置已不敷使用，故 1941 年 8 月 1 日「航委會」同意該所擴編改制為「航空研究院」，黃、王二人仍就任正、副院長外，下設器材、理工兩系，組織圖如後；開始時該院研究人員 70 餘名，分研究員、副研究員、佐理員三種，專長包括航空、機械、電機、造船、化學、化工、礦冶、森林和物理等，大家皆具備大學畢業以上學歷，甚至高級專職研究員中，不少是留學英美等國獲得碩士以上學位者；1945 年研究人員達到最多的 101 人，總計全院官、佐、技術士兵、普通士兵編制共 349 名。[41]「航空研究院」除了聚集當時中國國內科學研究人才外，還從國外聘請了 12 位相關領域的專家學者為該院的「委託研究員」，英國劍橋大學生化博士，也是《中國之科學與文明》巨著的作者李約瑟先生，及素有「中國飛彈之父」稱號的華裔美籍教授錢學森先生皆名列其中。[42]

航空器材國產化研究是中日戰爭時期「航空研究院」最重要的目標，也是成就較大的地方，舉例來說，當時使用之軍機仍以木質

---

[41] 中山科學研究院航空工業發展中心航空研究所編印《50 周年所慶特刊》（臺中市：編者，1989 年），頁 17；〈抗日戰爭時期的航空研究院及其歷史價值〉，前揭文，頁 57；〈我國航空工業發展史拾零－航空研究院／所（成都－南昌－臺中）〉，前揭文，頁 56；《中國航空史》，前揭書，頁 123。

[42] 王玉豐，〈從劍橋大學圖書館李約瑟檔案看李約瑟抗戰時的始華經過〉《李約瑟與抗戰時中國的科學紀念展專輯》（高雄市：國立科學工藝博物館，2000年），頁 40、43。

為主，該院器材組為此花了 7 年的時間，調查實驗中國西南地區
101 種木材生長供應及其力學性質的狀況，最後挑選出川產雲杉、
鐵杉、法化冷杉、光皮樺木和青皮白楊等，經過加工處理後變成飛
機制層板、螺旋槳及其他機身結構的製作材料；又如關於飛機油箱
塗料的研究，飛機油箱要適應氣壓供油法中所要求，在指定內壓下
保持不透氣性能，並且防護層要能長期承載高辛烷汽油，這樣的塗
料當時中國沒有，後來研究人員從對比多種材料中發現中國的生漆
值得一試，經過一年多次試驗他們也終於製成可用的油箱塗料。[43]
理工系此期間也先後設計出「研教 1 型雙翼教練機」（生產 15 架）、
「研教 2 型單翼教練機」、「研教 3 型單翼 V 字尾教練機」、「研滑
運—1 型巨型滑翔運輸機」等四種機型（後三者並未投入生產），
至此，「航空研究院」運作不到 9 年的時光，完成了 35 篇研究報告，
轟炸機、驅逐機所用之各種容量油箱生產約 9,500 個，及如上所述
的成果。[44]

　　1946 年 6 月「航委會」改組為「空軍總司令部」時，為了業
務執掌的分工，同年 9 月 20 日「航空工業局」在南京成立，「航空
研究院」便改隸其下；1947 年該院從四川成都遷到江西南昌，1948
年 12 月 1 日因時局丕變奉令再撤遷到臺灣的臺中市；之後，歷經
美援時期，「中山科學研究院」、「空軍技術局」、「空軍航空發展中
心」階段性成立，「航空研究院」這個下屬單位也隨著不同階段的
政策而改變所負的任務。

---

[43] 〈抗日戰爭時期的航空研究院及其歷史價值〉，前揭書，頁 57-58。
[44] 《中國航空史》，前揭書，頁 123；〈抗日戰爭時期的航空研究院及其歷史
　　價值〉，前揭文，頁 58。

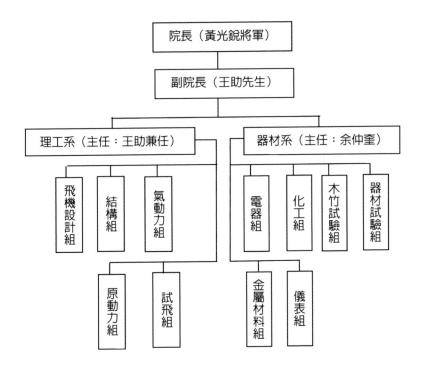

圖 3-4：1941 年 8 月，「航空研究院」組織圖

資料來源：筆者參考李適彰、傅海輝所著二文整理。

第三節　陳納德將軍的「飛虎隊」

中日抗戰後期，由美國陳納德將軍領導的「飛虎隊」——即「美國（航空）志願隊」（American Volunteer Group，簡稱 A.V.G.），以較精良的飛行戰術和飛行機群協助中國有效遏止日軍對中國的侵

略；[45]陳納德在中國航空史上所扮演的角色，包括 1937 年後在中國戰場的戰鬥機飛行員、1946 年運補「聯合國善後救濟總署」物資的「空運大隊」隊長、以及 1949 年以後臺灣民航公司負責人等（按：韓戰、越戰期間「美國中情局」（C.I.A）買下他的在臺公司，使得該公司獲得大量美方軍機維修訂單，為臺灣戰後航空工業注入生機。），簡單地說，雖然陳納德對中國抗戰時期的貢獻在空戰與救濟運輸，但因為戰爭結束後，他於臺灣註冊的「亞洲航空公司」是臺灣航空工業在 40～60 年代重要的機構，此機構又頗複雜地牽涉軍事政治問題，所以，本節內容先交代陳納德在中國時期的背景。

目前關於陳納德的研究著作，大多數集中在抗戰時期的「飛虎隊」事蹟，[46]1949 年陳納德曾口述在中國的過往而出版回憶錄《Way of a Fighter》，此書頗能交代其與蔣中正先生、蔣夫人、宋子文的互動關係。本文先介紹陳納德在中日抗戰時期來華的事蹟，之後吾人才得嘗試延伸 1945 年以後他與臺灣航空工業發展的背景關係，筆者希望能對陳納德的歷史定位提出不同面向的觀點。

---

[45] 「飛虎隊」稱號始自 1941 年 12 月 A.V.G.進駐昆明後，昆明各界對其屢次與日軍空中交戰所向披靡而傳頌，又有一說，認為「飛虎隊」是來自宋子文的建議，冠以「如虎添翼」之意。筆者倒認為「飛虎」之名或許亦與中國人傳頌「雲從龍，風從虎，虎而能飛，其猛無比」的一段話有關。人民網：http://www.people.com.cn/GB/junshi/1077/2150899.html。

[46] 書籍例如《一千個春天》、《往事知多少》、《陳納德將軍與我》，及近期的《陳香梅回憶錄》等作品；另外、美國加州史丹福大學的「胡佛研究中心」近年公開與蔣宋美齡、宋子文等相關之私人檔案，相信對中國現代史研究將有重要突破。

一、在中國遇見蔣宋美齡

　　陳納德先生出生於 1893 年 9 月 6 日的美國德州，祖父來自法國，18 歲大學畢業後曾任學校教師（入學時謊報年齡 15 歲報 18 歲），[47]一次大戰期間至陸軍通信備役部隊航空部門工作，1919 年獲得「戰鬥機飛行員」（Fighter Pilot）資格；1920 年榮退，但三個月後又回陸軍，隨後並進入維吉尼亞州蘭萊基地（Langley Fueld）的陸軍航空隊戰術學校深造，畢業後留校擔任驅逐戰術資深教官；[48]1932～36 年間曾領導過一個空中特技表演團（又稱「三人飛行馬戲班」），1937 年因為耳疾獲美國空軍少校官階退役，因此至中國時他並非美軍人員。[49]

　　陳納德到中國來，先後遇見兩位重要的女性──蔣宋美齡（蔣夫人）與陳香梅，前者支撐他在中國的事業，後者成為他生命最後十年的愛侶。

　　蔣夫人於 1936 年受命為「航空委員會」的秘書長，因為蔣中正先生當時不僅需要強大的空軍對抗舊軍閥和日軍，同時也需要一位擁有外語能力的親信能和外國政府溝通，蔣夫人在擔任此職期間，確實也花了許多的功夫研讀軍購相關資料，但此職務所需要的航空專業素養卻只能仰賴其身邊的中外顧問；[50]抗戰前夕，蔣夫人

---

[47] 陳香梅，《往事知多少》（臺北：時報出版社，民 68），頁 323。

[48] Grant, Rebecca 著，楊紫函譯〈飛虎英雄陳納德（Clair Lee Chennault）將軍〉《軍事史評論》，頁 215。陳香梅說陳納德在 1918 年 3 月就完成驅逐機駕駛員的基本訓練，不知道和 Rebecca 說的是否為同一事？陳香梅，前揭書，頁 168。

[49] 陳香梅，前揭書，頁 168-169。一說陳納德至中國時官階為上尉，此事尚待詳查。

[50] 實際負責空軍指揮調度的是周至柔將軍；王豐，《宋美齡──美麗與哀愁》，

見中國空軍戰力薄弱將不足抵抗日軍，便委託其兄──宋子文於美
國幫忙尋找美國空軍頂尖的人才，來華組織空軍並訓練空軍戰鬥人
員。宋子文先生畢業於美國哈佛大學經濟系，多次擔任國民政府時
期財經部門主管，1931 年曾受命協助組織國民政府的空軍戰力；
那時中國有兩處主要培訓飛行員的學校：一是位於洛陽由義大利人
培訓的飛行學校，一是位於杭州筧橋由美國人培訓的飛行學校，後
來因義大利教官讓每一位學生都畢業而不考慮他的訓練成績與能
力如何，並且在財務上也需索過度，此情況下中國空軍的訓練最後
交由美國人負責。[51]

　　宋子文嫻熟於美國事務，蔣夫人擔任「航空委員會」秘書長時，
他已在華府負責接洽中美，軍、經援助事宜，「航空委員會」急需
召募美國軍機飛行員，1936 年宋氏顧問──美籍律師懷特‧魏勞
爾（Whiting Willauer）向他推薦由陳納德到中國訓練飛行員，陳氏
才有機緣來到中國。魏勞爾和宋子文的關係密切，抗戰末期曾擔任
宋的顧問，協助籌劃戰後復原建設事宜，陳納德也對宋子文推崇有
加，他形容宋在 1940 年代現代中國的角色，像是棒球比賽中的候
補投手，當危機發生時他就會以確定的手、敏捷的思考、堅決的心
被召喚來，這樣的形容特別是針對在中美外交互動中宋的角色，
1940～42 年宋子文是國民政府駐美代表，他和孔祥熙、毛邦初等
人當時都在美國進行爭取軍經援華工作。[52]

　　1937 年 6 月陳納德到中國，當時陳氏認為要改造、訓練中國
空軍緩不濟急，不如他回美國徵召空軍夥伴成立志願軍來打擊日
軍，此建議得到蔣夫人鼓勵，陳氏便返美運用各種關係得到羅斯福

　　（臺北：書華出版，民 83），頁 229－230。

[51] 美國人在筧橋的訓練較嚴格，只要早期未通過訓練課程評定者，就會被退
　　學。Robert Hotz ed.Way of a Fighter,（N.Y.:G.P.Putnam's Sons,1949）p.p.36-37.

[52] Robert Hotz ed IdIb.pp.92-95.

總統的批准，並在美國招募飛行和機械修護人員共約 200 人，先到緬、印接受訓練，然後於 1941 年回到中國成立「中國空軍美國志願大隊」。[53]「志願隊」的成員雖經過美國政府的首肯，但仍需要從軍中志願退役，如此美國政府方便能對外宣稱，這一批協助中國作戰者不具官方色彩，中國方面則是由「中央杭州製造廠」的名義招募他們，當時招募員額約 350 人，實際報到 317 人，其後中途辭職者 65 人。[54]

「中國航空委員會」最初給陳納德月薪 1,000 美元，外加津貼、汽車、司機和翻譯等，其餘志願參加者簽一年期合約月薪為其軍中本薪三倍（平均 600 美元），飛行員每擊落一架日本軍機及一名日本飛行員再加 500 美元獎金！[55]為了能訓練領導新的航空大隊，蔣夫人也拔昇陳納德為中國空軍上校，她二人私誼甚好，蔣夫人常和陳納德一起打橋牌，她一直以「上校」稱呼陳納德（即使他後來升任將軍），陳氏則常稱蔣夫人為「美麗的女人」或「我的公主」，後來陳納德與陳香梅的兩個女兒也成為蔣夫人的乾女兒。[56]

---

[53] 陳廣沅〈回憶民航空運隊〉，《中外雜誌》34：1，民 72，頁 197。Ron Heiferman 原著，彭啟峰譯，《飛虎隊——陳納德在中國》，（臺北：星光，1996 年），頁 15-27。

[54] 錢昌祚，《浮生百記》，前揭書，頁 66。

[55] 楊耀健著，《虎！虎！虎！－陳納德和他的第十四航空隊》，（北京：中國青年出版社，1989 年），頁 13。楊紫函譯，前揭文，頁 220。

[56] 《宋美齡——美麗與哀愁》，前揭書，頁 253；陳香梅，《陳納德將軍與我》，（臺北：傳記文學，民 67 年），頁 177。

表 3-2：陳納德在華期間領導之空軍組織

日期	組織名稱	職稱	備註
1937.8	第十四志願轟炸機中隊	「中國航空委員會」顧問	
1941.8.1	中國空軍美國志願大隊	中國空軍上校指揮官	
1941.12.	「飛虎隊」（又稱「中國戰區別動隊」）		
1942.2	隸屬美國陸軍第十航空隊	準將	
1942.7.3	中國空軍駐華特遣隊	司令	
1943.3.10	美國陸軍第十四航空隊	少將司令（後受命為「中國空軍參謀長」）	
1943.11.4	中美空軍混合大隊	少將指揮官	
1945.7.6			陳氏提出辭呈
1946.10	組織「民航空運隊」		
1950	組織「亞洲航空公司」		
1958		美軍空軍中將	7月27日辭世

＊作者整理

　　陳納德在擔任美國「陸軍航空戰術學校」五年教職期間，專注推展戰鬥機戰術現代化工作，這與二戰時期制空戰術上普遍強調轟炸機轟炸的主流思想迥異；1940 年 5 月英國空軍首先發難轟炸德國，德國隨後也跨越英吉利海峽轟炸英國，一時之間「戰略轟炸」成為二戰期的恐怖戰術，交戰國政府相繼投入大量物資生產轟炸機而非戰鬥機，「後方」成為戰爭的第一線，老弱婦孺成為最早被毀滅的目標，「轟炸機」的出現確實改變人類傳統的戰爭型態，但「轟炸機」不能保證戰爭的優勢！[57]陳氏並不否認轟炸機的價值，但是

---

[57] 李尚仁著，〈科技使用、軍火工業與英國沒落論的批判〉《當代》176 期，頁 16～17。

他更堅信只有受過訓練、有能力摧毀「具有敵意的敵軍飛機」的驅逐戰鬥機才能贏得制空權，轟炸機在執行任務時也應有驅逐機護航！同時，大戰期間德國王牌飛行員波爾克（Oswald Boelcke）發展「兩架飛機組成共同作戰機動小組」的夾擊戰術也讓他印象深刻，後來此戰術常被利用在中國戰場上。[58]

1941 年底羅斯福總統批准提供中國 100 架 P-40 型戰機給志願隊，12 月 23 日，這群機首漆鯊魚牙齒的軍機首度在昆明上空與日軍三菱 KI-21 型雙引擎轟炸機相遇，結果日機被擊落 7 架，受重創 2 架，志願隊則損失 3 架，這樣的成績對中國空軍來說已是一大鼓舞。[59]之後，陳納德不僅深入研究各種空軍戰術，協助建立預警系統，他那沉默寡言，倔強果斷的性格也讓志願隊空、地勤人員無不戰戰兢兢地遵守他所立的種種訓練要求，這些志願隊成員年齡在 21～43 歲間，開始訓練時每天有 72 小時課程，從早上 6 點開始，之後不同階段有不同的飛行時數及技能要求；[60]約略統計至戰爭結束，美國第 14 航空隊以損失 500 架飛機的代價，共擊落日機 2600 架，擊沉或重創日商船 223 萬噸，軍艦 44 艘，日軍官兵 66,700 名。[61]1942 年 2 月 28 日蔣中正先生與夫人在昆明宴請陳納德及「飛虎隊」成員時，蔣夫人說了一段相當感性的話：「在中國國運最嚴重的關頭，你們帶著希望和信仰飛越了太平洋來到中國。……」「當你們翱翔天空時，你們無異是用火焰在空中寫出一些永恆的真理，給世界都看到……。」[62]

---

[58] 楊紫函譯，前揭文，頁 216。

[59] 顧學稼、姚波著〈美國在華空軍與中國的抗日戰爭〉，頁 4，網路資料：http://mil.jschina.com.cn/afwing/combat/USAAF@CHINA/l.htm

[60] 楊紫函譯，前揭文，頁 221。

[61] 正源著，〈記美國志願援華飛虎隊長：陳納德將軍〉，頁 5，網路資料：http://www.epochtimes.com.tw/bt/5/4/28/n903206p.htm

[62] 引自新浪讀書，〈「中國空軍之母」陳納德「永遠的公主」〉，頁 3，網路資

二、抗戰時期的美國援華

　　陳納德能夠順利來到中國成立志願隊，固然直接導因於中國政府的求才及其個人的信念與努力，但無可否認，當時美國對華政策的改變才是決定性的因素，以下筆者對此議題再作討論。

　　1928 年，蔣中正委員長領導的國民革命軍粗略完成中國自 1911 年革命以來第一次全國統一局面，美國此後也才正式承認國民政府代表中華民國；雖然大家耳熟能詳二十世紀初，美國在列強瓜分中國時曾提出門戶開放政策，但有學者指出，這是當使用武力一途不可能時，美國仍想對中國現狀有所影響的企圖，事實上那時中國也並非美國遠東政策中的主要利益地區。

　　長久以來，美國的對華政策主要是以兩種利益為核心：（一）平等的商業機會；（二）執行傳教活動的權利，她通常以保守的、不介入紛爭的外交態度來維持這種利益，即使 1931 年九一八事變爆發，美國羅斯福總統曾發表一篇後來被稱為「檢疫隔離」之演說試探美國大眾的反應（所謂「檢疫隔離」演說，是形容羅斯福總統當時曾說：「全世界愛好和平的國家，可能被迫對侵略者進行檢疫隔離，就向衛生當局隔離傳染病人那樣。」），但也還是難抵孤立主義瀰漫當時社會，結果也是不了了之；[63]此情況到 1937 年 12 月 13 日日本軍機擊沉美國海軍砲艇「帕奈號」，美國大眾與官員才警覺她的在華利益問題。

　　「帕奈號」（U.S.S.Panay）主要任務在護航美國美孚石油公司（Standard Vacuum Oil Company）的油輪，1937 年 12 月 13 日下午

料：http://book.sina.com.cn/songmeiling/2003-10-24/3/21369.shtml
[63] M.沙勒著，郭濟祖譯《美利堅在中國》（臺北：南方叢書出版社，民 76 年）頁 19。

日本海軍航空隊在追擊從長江後退的國軍同時，也對有明顯美國國旗標誌的「帕奈號」炸射，最後「帕奈號」被擊沉，造成數名美軍喪生；也許1937～1941年間，日本把衝突擴張到中國之外，並與歐洲軸心聯盟產生關聯也是影響美國重新評估對華政策的重要原因之一。[64]1941年12月7日日軍轟炸美國珍珠港之前，美方並不希望直接軍事介入，但如何讓中國擁有足夠的力量牽制日本百萬大軍，使其在太平洋其他地區相對弱勢是美國願意思考的對策。1938年12月15日美國進出口銀行正式宣布貸款給中國駐紐約的「世界貿易公司」2500萬美元，合同於1939年2月正式簽訂，年息4.5釐，期限5年，中國的「復興商務公司」負責5年內運送22萬桶桐油給「世界貿易公司」，後者將之在美國出售，所得款項半數償還此項借款本息，這筆「桐油借款」是抗戰時期美國對中國的第一筆援助性貸款。[65]

　　綜整美國經援中國的主要方案包括：

1938.12　　　「桐油借款」二千五百萬美元。（蘇聯在同年 3
　　　　　　　月提供二億五千萬美元給中國政府）

1940.04　　　「華錫借款」合約二千萬美元。

1940.06　　　「鎢砂合同」二千五百萬美元。

1941.04　　　提供二千六百萬美元貸款及軍事援華。

1942年春　　 五億美元貸款。

1942～1944　 陸續提供戰爭所需資源

　　美方以「租借法案」為基礎，提供中國的金額總計 US$ 1,548,794,966元整。[66]

---

[64] 楊凡逸，《美日「帕奈號」(U.S.S.Panay）事件與中美關係（1937-1938)》（臺北：國立政治大學歷史系，2002年）頁169～170。

[65] 王綱領，〈抗戰時期的美國對華軍事援助〉，《中華軍史學會會刊》第8期，（臺北：中華軍史學會，民92年）頁346。

[66] 引自〈抗戰時期的美國對華軍事援助〉，前揭文，頁368。

　　太平洋戰爭爆發美國正式對日宣戰，同時，羅斯福總統委請蔣中正先生擔任中國戰區最高統帥，並派遣史迪威將軍（Gen. Joseph Stilwell）來華出任中國戰區參謀長兼美軍駐華軍事代表，史氏同時也擔任美國對華租借物資管理者及在華美國空軍指揮官等職務。[67] 美國派史氏來華除了希望能在滇緬公路運輸線上協調中、美、英合作空間，更重要的，因為美國是中英兩方戰爭物資的主要供應者，她必須對此有所控管與監督；但眾所週知，美國國會 1941 年 3 月通過的「租借法案」在執行時總是明顯「重歐輕亞」、「先英後中」，這種結果導致蔣中正先生後來和史迪威將軍不合，連陳納德將軍也捲入這場紛爭中。中國政府對史迪威的管控相當不滿，美國政府也常以「租借」物資的額度多寡作為要求中國軍隊支援滇緬戰爭，甚至訓練中國軍隊「現代化」的交換條件！1942 年 6 月、1943 年 12 月、1944 年 7 月中美兩國便為此發生過三次盟友間衝突危機。[68]

　　同樣是經過美國官方批准來華軍事援助的軍人，為何陳納德被認為立場上是支持蔣中正先生而與史迪威對立？筆者認為這種「非黑即白」的說法值得商榷，理由一：史迪威在美國國內的軍階（中將）遠高於陳納德（一說上尉，一說少校），陳納德當時的官階是因為在中國戰區屢建軍功，獲得蔣中正先生越級拔擢或向美方推薦而來，根據軍中倫理，兩者實在沒有互別苗頭的立場。理由二：蔣中正先生與史迪威將軍嚴重爭議之一，是在對延安中國共產黨運送救濟物資的問題上，前者極力反對，後者認為應該救濟，陳納德的立場是只認定日軍為敵人，國共問題他不想介入，曾經他也接受過史迪威安排讓飛行員運送租借物資；因此，外人以為史氏與陳氏自始至終水火不容恐非事實。[69]

---

[67] 〈抗戰時期的美國對華軍事援助〉，前揭文，頁 351。
[68] 〈抗戰時期的美國對華軍事援助〉，前揭文，頁 352～357。梁敬錞，《史迪威事件》（臺北：臺灣商務，民 62 年）有較完整紀錄，可參考。
[69] 郭濟祖譯，前揭書，頁 166～191。

　　「史迪威事件」中陳納德面臨的困擾，主要來自他和史氏對中日抗戰的戰略／戰術歧見，以及蔣中正先生希望他能取代史氏所造成的心結；史迪威出身「西點軍校」，來到中國後，他認為此時陸軍是滇緬作戰的主力，當時的中國陸軍無論在裝備或官兵素質上都太差需要再訓練與改善，於是美國的援華物資很大部分就放在這一區塊，1943 年 3 月新一軍也因此成立（孫立人將軍擔任所屬新 38 師師長）；但陳納德認為空軍才是致勝的關鍵，他認為戰鬥機可以阻止日軍空襲，中程轟炸機能摧毀日軍運輸線，甚至延續麥克阿瑟自南太平洋的反攻，讓遠程轟炸機直接襲擊日本本土；[70]戰術上的分歧直接影響戰時物資的分配，美國軍方雖未全盤接受陳納德的意見，但羅斯福總統還是批准授與陳氏「中國空軍參謀長」的頭銜，也讓他脫離了史氏的節制，1944 年 10 月 21 日史迪威將軍終於被美國政府召回，正式離開他再也不願回首的中國。

　　戰爭終究結束，對身為飛行戰鬥員的陳納德來說，這似乎也象徵著軍旅生涯告一段落，[71]然而他心愛的女人──陳香梅還在中國，並且抗戰結束後的中國處處是荒田，曾被日本佔領過的城鎮往往豬、牛都看不見，因為早被日本軍隊宰殺加菜了，在水牛也難逃劫數的情況下，農民根本無法復耕，工廠、機關、城市又嚴重毀壞工作機會喪失，無收入的饑民越來越多，中國內地有時還會看到人民吃樹皮或煮過的雜草，巷弄內聽不到狗吠，因為被當作難得的桌上佳餚了，如何有效幫助中國儘速重建的念頭便浮上陳納德的心頭；1944 年「聯合國善後救濟總署」（UNRRA）決定援助中國，而其友人魏

---

[70] 〈抗戰時期的美國對華軍事援助〉，前揭文，頁 359～360。

[71] 陳香梅曾說陳納德到中國協助抗日前已辭去軍職，但從「十四航空隊」種種行動仍須經美國國防部同意，且陳氏也自稱 1945 年 10 月正式退役後才二度返中國，兩者說法頗為矛盾。陳香梅《繼往開來──陳香梅回憶錄 II》，（臺北：未來書城，2002 年），頁 229。

勞爾——這位引薦他來到中國的朋友向他提議何妨二人在中國創立一家航空公司，陳納德在種種考量下，終於決定第二度回到中國。

三、「民航空運隊」（C.A.T.）的成立

　　1943 年 11 月二次世界大戰結束前夕，在美國主導下，聯合國成立了「聯合國善後救濟總署」（UNRRA），此機構是希望針對戰後損失慘重的國家實施經濟與技術上的援助；1947 年 2 月 21 日至 6 月 5 日美國的「杜魯門主義」及「馬歇爾計畫」在這關鍵的「十五週」相繼公布，前者主要是美國國會通過的援助德國、希臘、土耳其案，目的在防堵共產勢力取得當地政權，後者則是希望以非軍事手段協助歐洲戰後重建，主要援助對象為德國、義大利，後來亞洲的中國、日本也被圈選在受援助國家名單中；「馬歇爾計畫」的主要起草者喬治・肯楠（George Kennan）當時認為，美國援歐的努力不應放在與共產主義的鬥爭，而是在歐洲社會經濟的復甦上，並且美國的角色只應包括在這歐洲經濟復甦計畫中的友好援助，以及日後在歐洲要求下對此計畫提供財政及其他方式的援助，也就是說主動積極的對象仍應為歐洲各國。[72]

　　懷特・魏勞爾是 UNRRA 駐華代表，此身分不僅讓他想到何彷在中國成立航空運輸公司，將中國的「行政院善後救濟總署」（CNRRA，簡稱「善總」或「行總」）救援物資交付給自己入股的公司運送獲取利潤，[73]更可以因為他的身分，讓中國政府在人情世

---

[72] 肯楠著，鄭緯民譯，《美國圍堵政策的回顧與檢討－肯楠回憶錄》，（臺北：世界文物出版社，民 62 年），頁 33。關於戰後美援的討論可參閱文馨瑩著，《經濟奇蹟的背後》，（臺北：自立晚報，民 79 年），頁 42〜81。

[73] 陳之邁，《蔣廷黻的志事與生平》，（臺北：傳記文學，民 56 年），頁 46。

故上少了不同意的理由。後來他就向陳納德——這位當初因魏勞爾引薦才來到中國的朋友，提議何妨二人在中國創立一家航空公司，陳納德沒有多少遲疑就同意再度來到中國並投入民航職場，此時他已是一介平民百姓了。[74]雖然如此打著如意算盤，陳、魏二人的初期計劃卻遭遇到來自中國政府交通部及民航業者的不滿；1946 年時，中國已有「中央航空」、「中國航空」兩家公司，大家認為沒有必要再增加第三個由外國人士成立的航空公司。其實二戰期間，負責中國西北地區民航業務的「歐亞航空公司」原是中德合辦，中德斷交後，中方終止合作契約，解僱該公司德籍人員，凍結德方資產，並於民國 32 年將該公司改組為國人自營的「中央航空運輸股份有限公司」，政府佔股 55%，其餘由國人自行認股，總資本為國幣 300 萬元。

　　「中國航空」創於民國 18 年，是中國政府與美國航空發展公司合作經營之民航機構，總資本國幣 1000 萬元，十幾年間美方投資人數度易手，民國 35 年由「汎美航空公司」最後接掌美方股權，1945 年中方股份增至 80%，其經營航線很廣包括青島、天津、香港、蘭州、昆明、長沙等，這兩家公司後來成為中國境內最具規模的兩大國營航空公司，這兩家航空公司無論在資本額、機隊、航線上似乎都有能力接下「行總」運送救援物資的工作，但最後還是無法獲得青睞。[75]1946 年 9 月 17 日「行總」與陳納德的空運隊獨排眾議簽下正式合約，其內容分 3 大項，18 條，要點節略如下：（※筆者按原合約條文節錄）

---

[74] 陳納德之後曾發表過數篇談空運可解決中國運輸問題的文章，參閱〈陳納德三十五年二月二十三日簽呈〉〈陳納德談空運可解決中國運輸困難〉《航空史料》（臺北：國史館印行，民 80 年），頁 598-600。

[75] 《航空史料》，貳、國內航空公司部份，前揭書。〈戰爭與航空——臺灣戰後航空事業發展初探（1949～1979）〉，前揭文，頁 42。

「(甲)「空運隊」同意承辦下列各項——

　　(一) 組織一約有 12 架運送力之運輸隊，內有 C-47 式及
　　　　 C-46 式飛機兩種；

　　(二) 設法籌措充足之業務資金，創立初期約需美金 25
　　　　 萬元，工作期間約需美金 75 萬元；

　　(三)「行總」或中國政府並不賦予「空運隊」在「行總」
　　　　 結束後繼續空運的權利。

　　(四) 給予「行總」物資及工作人員以最高之優先運輸，
　　　　 運費如下：每月最先 10% 之單程內地運量收取美
　　　　 金 46 分／每哩每噸，其餘美金 92 分／每哩／每
　　　　 噸，「行總」未使用之剩餘噸位得照當時市價公開
　　　　 售出。

(乙)「行總」同意承辦下列各項——

　　(一) 由「聯總」撥付美金兩百萬元用以購置飛機器材及
　　　　 設備，撥交「空運隊」使用；(※「空運隊」日後
　　　　 以分期付款方式收回所有權)。

　　(二) 職權範圍內盡力協助空運工作，如依照「行總」使
　　　　 用「空運隊」服役程度豁免中央或地方政府賦稅、
　　　　 關稅、及其他各項費用。

(丙)「行總」與「空運隊」雙方同意事項如下——

　　(一) 擬計中之定期航線，應包括下列地點，並經過航空
　　　　 效率上所需之其他任何各地點，廣州、漢口、衡陽、
　　　　 南昌、桂林、上海、柳州等。

　　(二) 在合約有效期間，「空運隊」得隨時價購所有收到
　　　　 之航運一切設備，以替代分期償付辦法。

(三) 此合約下發生任何爭議，提交由「行總」所選之一
　　人，「空運隊」所選之一人，以及上述兩人共同推
　　選之一人組織仲裁委員會解決之。」[76]

　　從上述內容看來，中國官方是相當禮遇「空運隊」的，之前，
行政院曾徵詢院內相關部會及民間業者對簽訂空運合約的意見（也
就是在合約必簽的先決條件下），反對者主要的理由可以下列引文
為代表：

簽呈　航政司將善總與陳納德所訂空運合約的研究所得簽
請核示
「……一、陳納德空運大隊似可無須設立，其理由如下：
1. 於行總下設置空運大隊之原則係在本年四月間核准成
　立，現已時隔五月，情勢變遷，……今則湘災已成過去，
　粵漢路已暢通，救濟物資經由陸路或水道運往已無困難。
　……
3. 陳納德空運大隊所擬飛航之地點載於合約上者計有：廣
　州、桂林、漢口、上海、衡陽、柳州、南昌等七處。……
　空運方面中國與中央兩航空公司班機甚頻，救濟物資如需
　空運，兩公司亦能充分擔任，……。
4. 查行總水運大隊前因吾國行業界反對經已撤消，所有船隻
　交由上海行業同業公會代為營運，水運主權方慶收回，而
　空運主權乃於此時割裂，其將引起吾航空業之不滿，紛紛
　責難，自無待言。

---

[76] 「善後救濟總署呈」（民國三十五年九月十七日）〈附件：行政院善後救濟
　總署／陳納德航空運輸隊合約〉《行政院檔》，國史館藏，收錄於《航空史
　料》，前揭書，頁 622-623。

> 5. 行總如能以此三百萬美元之資金扶植吾國現行基礎薄弱
> 之民航事業，……取消該項空運合約時為保護吾國商航與
> 杜絕空運走私之最有效方法……。
>
> ……航政司司長　李景潞　謹簽
民國三十五年九月三十日」[77]

　　雖然民間與官方內部有反對的聲音，陳、魏二人仍靠著與蔣夫人及美方高層良好的政商關係，再加上「中國航空公司」1946 年發生嚴重飛安事故，使得空運隊最後還是成立，它不但得到「行總」的豐厚商機和美金 300 萬元的設備費，並享有可在中國大多數民用機場降落、設立無線電台、有限度載客／貨的種種優惠權益。[78]民國 36 年底「行總」任務結束後，空運隊又與民航局定契約，以「交通部民用航空局直轄空運隊」（Civil Air Transport，簡稱「民航空運隊」C.A.T.）名義從事中國境內航空運輸業務。

　　總計空運隊在執行「行總」救濟物資運送的八個多月中，20 架 C-46 及 2 架 C-47 運輸機總共運載過 14,063,092 噸的物資，種類有農產品、機械設備、原料（如石油、棉、種子、煤）等，以及約 3000 位旅客，平心而論，姑且不看當初空運隊獲取運輸權的正當性如何，他們對中國物資缺乏地區的運補貢獻確實值得肯定。[79]不過，此事件也埋下日後 C.A.T.與「中國」、「中央」兩家民航公司的心結，並且給許多人負面的印象——認為陳納德等人獲得種種航空特權，是靠政治優勢取得在中國的好處，但「空運隊」有能力幫助

---

[77] 轉錄於《航空史料》，前揭書，頁 628-629。

[78] 民國 35 年 4 月，「中國航空」在同一天發生兩次飛安事故，其中一架飛機直撞南京紫金山，機毀人亡，機上乘客是戴笠先生及其同僚。參閱陳廣沅，前揭文，頁 662。

[79] 空運業務也有其危險性，好幾次在西北方，「空運隊」飛機遭到蘇聯戰鬥機的開火。Idib.pp.358-359.

國府擔任軍事運輸任務卻是事實,單憑此點,國府獨排眾議讓「空運隊」成立便容易理解了;不過,戰場與商場上所面對的挑戰極不相同,雖然兩者都在求勝,但前者只要擁有面對死亡的勇氣、純熟的技巧和精良的武器就擁有八成的勝算,而後者要達到成功的目標,現實上必須對如何籌措資金人力、如何建立內部管理制度,同時陳納德還要面對如何處理軍事與民間雙重任務的壓力,這課題到臺灣之後他還得繼續承擔。[80]

---

[80] 最近張興民君完成的碩士論文,深入探討陳納德的民航空運隊在戰後中國的活動,可資參考。張興民,《從復原救濟到內戰軍運─戰後中國變局下的民航空運隊(1946-1949)》,國立中央大學歷史所碩士論文,民99年8月。

第二部

戰後航空工業的
匯流與重整

第四章　三股航空資源的匯流
（1945～1949 年）

　　戰後臺灣航空工業是由三股不同資源的匯流方得以銜接再生：一是日軍遺留下的航空工廠和空軍修造器材；二是國民政府所轄撤遷來臺的各航空機構與工廠；三是陳納德將軍領導的「民航空運大隊」。1945 年 8 月 15 日，日本天皇頒佈投降詔書後，國民政府隨即於 10 月 6 日派遣葛敬恩將軍領導的「前進指揮所」先進駐臺灣總督府，之後臺灣地區的軍事接收任務交付「警備總部」，「警備總部」下設「臺灣省軍事接收委員會」，其中的「空軍組」自 11 月 1 日起負起航空接收工作，範圍包括「日本陸軍第 8 飛行師團及臺澎之日本海軍航空隊，併民用之航空飛機、武器、裝備、基地、場所、廠庫，常見設備器材物資文書等」。總計機場的接收，共有 54 座；日陸、海軍軍機共 983 架。

　　日軍在臺航空工廠及部隊基地遺留下的生產機器設備則超過千餘部，中國撤遷來臺的航空工業，迫於國共內戰，機具或者運送不便，因此主要能量是在航空人才與空軍相關學院，「民航空運大隊」雖然物資與人員規模少於上述兩者，但因為它的存在，臺灣40、50 年代民航運輸業才能運作起來。

　　本章第一節談國民政府在臺的軍事接收，戰爭時期臺灣航空發展掌控在日軍手中，所以談軍事接收可以瞭解接收的背景，尤其是空軍組在航空設施／設備的接收情況；第二節則深入探討臺籍技工收編問題，航空技術是較高的科學技術，雖然在殖民統治下臺籍技

工無法獲得如設計、實驗等高階的知識，但航空工廠裡中低階的機械、電氣與品管等技術，仍然讓在日本本土與臺灣地區的臺籍技工獲得紮實的知識、技藝基礎，可是戰爭結束後，卻僅有極少數的技工繼續待在航空工廠工作，是哪些因素造成該結果，筆者將有一番探討，同時呈現部分參與過航空工業的前輩在接受筆者訪談時，所言他們對當時接收的看法與感觸；第三節介紹「民航空運大隊」來臺的經過，陳納德將軍曾大力協助國民政府創下許多空戰勝捷，來到臺灣之初，他領導的「民航空運大隊」緊接著獨力擔負起臺灣民航運輸的業務，1950 年韓戰爆發後，美國政府為了圍堵國際共產主義的蔓延，改變對國民政府的消極態度，美國中情局更是在同年收購「民航空運大隊」，此隊並於 1954 年改為「亞洲航空股份有限公司」，比起 1946 年以後接收日軍遺產與國府航空廠來臺的技術銜接，「亞航」的角色在美援時期顯得較為突出與重要。

第一節　國民政府在臺軍事接收

　　1944 年 4 月 17 日，國民政府成立「臺灣調查委員會」時，大概沒想到 5 年後竟會失去大片中國江山，撤守此東南一隅彈丸之地；「臺灣調查委員會」是由蔣中正任命陸軍上將陳儀組成，成員共 12 位，大陸籍與臺籍人士各佔一半；整體而言，它所發揮的功能是為國民政府提供戰後收復臺灣，所作各項調查研究、資料收集、方案擬定和人才培訓等工作，[1]待隔年，日本政府宣布投降，國民政府正式接收臺灣後，此委員會才結束它階段性任務。

---

[1]　鄭梓，〈戰後臺灣行政體系的接收與重建〉《臺北市：玉山社，1996 年》，頁 235-36。

一、軍事接收組織與任務

　　1945 年 9 月在四川省重慶市，陳儀被任命為臺灣省行政長官兼警備總司令，領導「臺灣省行政長官公署」（以下簡稱「長官公署」）和「臺灣省警備總司令部」（以下簡稱「警備總部」）二單位，負責「收復」臺澎地區；為了安頓相關人員抵臺及了解臺灣的實際狀況，並監督空窗期在臺日軍的動態，陳儀先派遣葛敬恩將軍領導的「前進指揮所」於 10 月 6 日進駐總督府，指揮所職員有「長官公署」31 員及「警備總部」16 員共計 47 員，前者設置財政、金融、工礦、交通、農林、交通、市政、新聞事業、民政、教育等委員，後者有 5 位少將、4 位上校、3 位中校、少校、上尉、中尉和軍薦二階無線電電台長各 1 位。「警備總部」進駐臺灣後，逐日補足員額，最後計官佐屬共達 108 員。[2]

　　10 月 25 日，日本在臺最後一任總督兼第十方面軍司令官安藤利吉大將於臺北遞降書後，11 月 1 日「臺灣省接收委員會」成立，陳儀自兼主任委員，下設軍事、警務、交通、工礦、農林牧漁糧食、司法法制、民政、財政金融會計、教育、宣傳和總務等 11 個組，軍事部分由「警備總部」另外成立「臺灣地區軍事接收委員會」負責（陳儀仍兼主任委員，「警備總部」參謀長柯遠芬副之），其餘則由「長官公署」各主管兼任之，[3]「前進指揮所」任務完成即裁撤；

---

[2]　《臺灣警備總部接收總報告書》，前揭書，頁 1；另參閱「臺灣省行政長官公署令原總督府及其所屬機關文件、財產及事業等統歸該署接收 民國三十四年十月二十九日 署接字第一號」「臺灣省行政長官公署訓令抄附敵偽軍用物資接收處理補充辦法民國三十五年一月二十四日署秘字第六二九號」，轉錄自國史館印行《政府接收臺灣史料彙編》上冊，（臺北：國史館，民國 82 年再版），頁 123、232。

[3]　《臺灣軍事接收總報告書》，前揭書，序、頁 3-6。

1946 年 1 月，開始遣送日僑，因為日僑私人財產數量繁多，「臺灣省接收委員會」又在其下設置「日產處理委員會」，負責擬定審核日產處理方式，全臺 17 縣市皆有分會，「日產處理委員會」後來又設「日產清查委員會」和「日產標售委員會」，全部的日產處理工作持續到 1947 年 4 月告一段落，該會也結束裁撤。[4]

省的部分如此，地方的接收亦有類似組織。事實上，針對日軍在中國的戰敗撤退，國民政府早在 1945 年的 9 月 12 日即公布〈省（市）黨政接收委員會組織通則〉適行於全中國，其中規定各收復地區的黨政接收事宜，受中國陸軍總司令及該地區受降主官指揮監督，並該地區最高行政長官召集成立接收委員會，負責接收時的互相聯繫、資產造冊和暫行保管等任務；[5]「長官公署」依據此通則在臺灣成立 8 個「州廳接管委員會」：臺北州（不包括臺北市）、新竹州、臺中州、臺南州、高雄州、臺東廳、花蓮港廳等，各委員會受「長官公署」及「臺灣省接收委員會」的指揮監督，在組織方面，各委員會設主任委員 1 人，委員 2～6 人，專員 3～5 人，幹事若干人，預計 3 個月內完成接收事宜，整體而言，1947 年初日產處理大致完成後，臺灣地區的接收工作底定，因接收任務而成立的各種委員會則陸續裁撤，軍方的接收工作也在 1945 年底，以 4 個月的時間完成。[6]

日軍遺留的飛機、機場和航空工廠屬於軍事接收的部份。戰爭結束時，國民政府的「軍事委員會」將中國地區日本軍用物資接收的任務，交付給「陸軍總司令部」及「後方勤務總司令部」，臺灣部份則

[4] 薛化元，《抗戰與臺灣光復史料輯要：慶祝臺灣光復五十週年特刊》（南投縣：臺灣省文獻會，1995 年），頁 254。
[5] 臺灣省政府檔案：〈中國陸軍總司令部電頒發省（市）黨政接收委員會組織通則〉，何鳳嬌編輯，《政府接收臺灣史料彙編》上冊（臺北縣：國史館印行，1990 年），頁 122。
[6] 臺灣省政府檔案：〈臺灣省行政長官公署公布臺灣省州廳接管委員會組織通則〉《政府接收臺灣史料彙編》上冊，頁 124。

是由「警備總部」負責；當時「空軍總司令部」尚未成立（按：1946 年 6 月 1 日才成立），於是陸軍總司令何應欽指派空軍第一路司令張廷孟負責航空部分，其所屬範圍在「中國戰區（東三省除外）越南北緯十六度以北地區及臺灣、澎湖列島地區之日本航空、陸軍航空、海軍航空（除艦上機）、民航（即商航）各部門及一切配屬設施……。」。

　　張廷孟於 9 月 14 日飛抵臺北，並親自代表升上第一面中華民國國旗，[7]爾後「警備總部」又下設「臺灣省軍事接收委員會」，其中的「空軍組」就由空軍直接派員，並自 11 月 1 日起負責航空接收工作，範圍是「日本陸軍第 8 飛行師團及臺澎之日本海軍航空隊，併民用之航空飛機、武器、裝備、基地、場所、廠庫，常見設備器材物資文書等」。[8]「空軍組」分二小組：第一組由空軍第 23 地區司令林文奎主持（1945 年 12 月 31 日後併編入第 22 地區司令部，林文奎 1946 年辭去司令一職），負責濁水溪以北，該地區除飛機就地保管外，航空兵器與資財另集中在：1、宜蘭區，2、花蓮港區，3、臺北區，4、桃園區，5、新竹區，6、臺中區，7、公館區等 7 處指定倉庫；第二組由空軍第 22 地區司令張柏壽主持，負責濁水溪以南及澎湖，航空兵器與資財集中在：1、虎尾區。2、嘉義區。3、臺南區。4、岡山區。5、屏東區。6、臺東區等 6 處。[9]

　　空軍第 22、23 區司令部的先遣人員也在 1945 年的 9 月中旬分別抵達臺南與臺北，為了先解除日軍的武裝，接收小組按以下幾項實施要點進行：（一）除酌留少數飛機在一定時空下擔任通信聯絡外，其餘飛機皆須折卸其螺旋槳或取其汽化器，非有空軍各該區司令部命令不得裝配起飛；（二）所有飛機上之機炮及子彈一律折卸存

[7]　卓文義，〈中國空軍在臺接收與轉進臺灣〉《筧橋學報》第一期，（岡山：空軍軍官學校，1994），頁 6。
[8]　本報告書中第 252 頁將第 22、23 區司令錯置，及張柏壽司令誤寫為「張壽柏」，這些恐是當年撰稿者筆誤；《臺灣警備總部接收總報告書》，前揭書，頁 252。
[9]　《臺灣警備總部接收總報告書》，前揭書，頁 259。

庫，候命處置；(三)整備中之飛機非經核准，不得在地上試車；(四)
不論公私武器一律不准攜帶，並須集中存放，指定專人看管。解除
武裝、集中軍品之後，從 1946 年 1 月 7 日開始，「航委會」派「空
軍第三飛機製造廠」先遣人員接手空軍修造器材，第 22 區司令部便
移交相關工作了；該廠人員由中校廠長雲鐸領軍，以全數官佐 33
人，費時 1 個月又 14 天，終於將日本「陸軍第 5 野戰航空廠」總廠
1 座、分廠 4 座、獨立整備隊 13 隊，及「海軍第 61 空修廠」總廠 1
座、分廠 4 座、派遣隊 3 隊，共計大小 26 個單位全部接收完畢。[10]

　　提到國民政府來臺接收航空相關設施，筆者必須再補充當時的
重要背景。國民政府所屬的「航委會」考量航空工業延續問題，1946
年以後便將接收日本在中國各地航空設備及設施(與飛機修造相關
者)等任務另外劃分出來交給「航空工業局」，該局將接收地區分
臺灣、東北、廣州、海南島四個範圍，其中臺灣地區日軍陸、海航
空工廠由從四川成都遷來的「第三飛機製造廠」負責；[11]1946 年秋
天，國軍「徐蚌會戰」失利，該局接到準備遷臺的命令，當時「空
軍總司令部」的計劃是先從各訓練機關、軍事學校、航空工業之製
造和研究機構、作戰部隊及空運部隊之行政部門等先行遷移，地勤
機構依情勢演變再作機動遷移。[12]

　　「航空工業局」於 1948 年 11 月底才開始進行遷臺的工作，當
時所屬各單位遷徙處理原則是「保持航空工業發展之基礎及不妨礙
其主要生產能力」因此優秀技術員工和重要器材設備均可遷移，其
餘員工、士兵視當地情況就地資遣；[13]於是先從長江以北，後續平、

10　《臺灣警備總部接收總報告書》，前揭書，頁 260、21、252。
11　該廠於 1946 年 4 月遷至臺中水湳，利用現成的日軍營舍及所接收物資籌建
　　新廠，1954 年併編入空軍「第二供應部」；參閱李適彰〈我國航空工業
　　發展史拾零我國臺灣地區航空工業發展的關鍵機構－第三飛機製造廠〉《航
　　太工業通訊季刊》49 期，2003 年 9 月，頁 48。
12　〈中國空軍在臺接收與轉進臺灣〉，前揭文，頁 13。
13　國軍史政檔案，檔號 00025633,543.4/3010/1,：《空軍各機關學校部隊轉進臺

津、杭、漢、贛，最後滇、黔、粵各地，航空工業局分三批將人員、機械、器材運送臺灣，但或者運送不及，或者受內部親共人士干擾，該局大多數航空物資最後都留在原處了。[14]

二、復舊工作

　　除了接收之外，「復舊」是讓臺灣儘快從戰爭的斷垣殘壁中站起來的必要工作，而這些工作不僅需要在地臺灣人民的參與，因為語言、技術問題更需要日俘的加入。接收時期，「臺灣省接收委員會」曾要求日軍在繳械回國前，要從事復舊工作以補償臺灣的損失。說到損失，臺灣在中日戰爭期間受到戰爭波及較嚴重的時間，一是 1944 年 10 月 12 日～10 月 17 日，當時中美聯軍針對日軍在臺的軍事設施實施轟炸，以岡山「第 61 航空廠」為例，14 日～16 日就有 104 架美軍 B-29「超級堡壘」重轟炸機對準該廠投下 1,600 噸炸彈，造成廠內建築體 65 棟全毀，9 棟半毀，而當時在地下坑洞的發動機部員工，因為大水管被炸急水灌入，唯一逃生門又被炸得扭曲，阻礙通路而走避不及造成悲劇，當時死亡人數約 98～108 人；[15]另一是 1945 年 1 月 11 日～8 月 10 日，這短短 200 日，以美國陸軍第 5 航空軍為首的機群，對全臺投下近 10 萬顆炸彈，讓民眾死傷近萬，民宅毀壞 5 萬棟，此二時期即是臺灣歷史上不能被遺忘的「臺灣沖航空戰」！[16]

灣經過報告書》（國防部史政編譯局，1950 年），頁 31。
[14] 前航空研究院院長李家驤先生回憶道：「……我記得東北運來最好的一部機器就是瑞士製光學龍門型架鏜床，極為珍貴，稍加整修即可使用，可惜後來遷臺時，遭場內親共人士百般阻擾，終未能運至臺灣。當時人心渙散，可見一般。」；李家驤《八旬憶舊》（作者自印，1999），頁 36。
[15] MP01 先生訪談內容，2006 年 11 月 29 日，地點：岡山黃宅。另一說法是，遇難的為飛行機部工員，人數約數十人；受訪者 MP02 先生，時間地點同左。
[16] 參閱《臺灣航空決戰》，前揭書，頁 237-281。

　　在如此慘重的摧殘下，臺灣地區復舊工作混亂如麻，但也有最
先要處理的項目：（一）海運恢復；（二）空運恢復；（三）營建整
修；（四）修復陸上交通；（五）恢復工礦生產。其中空運恢復內容
有：1、修理飛機；2、恢復修造飛機之工廠；3、修理地上設備；4、
油彈器材之集中；5、修理空軍營建等。日軍第八飛行師團，1945
年 10 月就釋出 39,302 名工人數，來恢復屏東、嘉義、臺南、臺北各
飛機場的部分設施，11 月再釋出 39,471 名工人數，恢復嘉義、臺南、
屏東、小港及臺北各飛場相關設施，12 月釋出 47,350 名工人數，
恢復臺北、嘉義、屏東、小港及臺中各飛場相關設施，隔年 1 月再
釋出 6,154 名工人數，恢復臺灣各地陸軍機場和倉庫，總計全臺復
舊工作自 1945 年 10 月至 1946 年 1 月共釋出工人總數 366,433 人。[17]

　　近年來許多專家學者在討論「二二八事件」的歷史成因時，多
會把矛頭指向「長官公署」的行政長官陳儀，普遍的認知是他當年
集軍政大權於一身，但我們仔細探究，臺灣在戰爭結束後的接收工
作至少在軍事接收這一塊，他是沒有實權的，因為按軍階，在蔣中正
之下他還要聽命於陸軍總司令何應欽，因此我們看到，忽略海陸軍
不談，「臺灣省軍事接收委員會」裡的空軍組人員之任命、接收都是
直接由中國的「軍事委員會」派遣，所有命令措施只是藉「臺灣省
軍事接收委員會」之名發布，也就是說，「臺灣省軍事接收委員會」
只是中國中央與在臺日軍的轉介聯繫單位而已；又例如，臺灣地區
工、礦、電、輕、重各業，名義上由「長官公署」的對口單位分別負
責，但國民政府行政院經濟部的「戰時生產局」仍設置臺灣區特派員
辦公室，將「臺灣接收委員會」內各專任委員的人事權掌握在手，
諸如此類，要論定陳儀的功過如何，筆者認為實有再討論的空間。[18]

---

[17] 《臺灣警備總部接收總報告書》，前揭書，頁 327-350。
[18] 《政府接收臺灣史料彙編》，前揭書，頁 130。

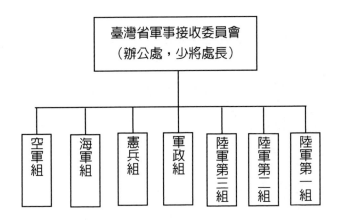

圖 4-1：「臺灣省軍事接收委員會」組織系統圖

資料來源：《臺灣警備總部接收總報告書》，頁 19。

　　吾人之所以要了解日軍遺留在臺灣的物資情況，是因為 1949
年後臺灣航空工業之所以能延續一絲命脈，除了人員因素外，日軍
的航空基地、廠房和機器設備也是很重要的基礎，因為集中在上
海、成都的大陸航空工業，當時根本無法轉運巨大的各型機具來
臺，能將相關人員和製圖、技術文件……等輕便重要物資及時帶出
就很不容易了。當然那也是一段混亂的日子，在臺灣，日軍遺留物
資萬千項，有基地、廠庫、眷舍、大小機器、武器、裝備、醫療器
材、馬騾……等，不同項目不同單位負責，軍方人手不足時，長官
公署還要電令各鄉鎮長協助保管該地軍用物資廠庫，多頭馬車再加
上業務繁瑣的情況下，失竊、帳目不清、任意佔用日產、人謀不臧
的事情層出不窮，以下再談接收日軍航空物資的情形。[19]

────────

[19]　《政府接收臺灣史料彙編》上冊，前揭書，頁 232-239。

三、航空機場與航空物資的接收

表 4-1：臺灣地區接收日軍各航空基地、航空工廠物資總表

項次	種類	名稱	數量	接收單位	備註
1	陸軍飛機	九七式重轟炸機二型	28 架		以下參閱《臺灣省軍事接收總報告書》頁 35、36
2	〃	百式重轟炸機	1 架		
3	〃	四式重轟炸機	19 架		
4	〃	九九式輕轟炸機	34 架		
5	〃	一式戰鬥機	163 架		
6	〃	二式複座戰鬥機	21 架		
7	〃	三式戰鬥機	59 架		
8	〃	四式戰鬥機	78 架		
9	〃	五式戰鬥機	11 架		
10	〃	九七式戰鬥機	45 架		
11	〃	四式襲擊機	2 架		
12	〃	百式司令部偵察機	19 架		
13	〃	九九式軍偵察機	57 架		
14	〃	九八式直協偵察機	7 架		
15	〃	一式雙發高等教練機	15 架		
16	〃	二式高等練習機	34 架		
17	〃	九九式高等教練機	22 架		
18	〃	百式輸送機	2 架		

以上共計 594 架，其中 553 架屬第 8 飛行師團（駐屏東），另 41 架是第 14 方面軍（菲律賓地區）所使用；屬甲級者（經 1～2 日修理後可能飛行）182 架，乙級者（須經短時日「10 日以內」之修理方能使用）213 架，丙級者（須經短時日「10 日以上」之修理方能使用）199 架。

19	海軍飛機	九六式艦上戰鬥機	11 架		
20		零式艦上戰鬥機	78 架		
21		雷電局地戰鬥機	2 架		
22		紫電局地戰鬥機	9 架		
23		月光雙發夜間戰鬥機	3 架		
24		九六式艦上爆擊機	11 架		
25		九六式陸上爆擊機	7 架		
26		彗星艦上爆擊機	8 架		
27		銀河陸上爆擊機	23 架		
28		九六式艦上攻擊機	9 架		
29		天山艦上攻擊機	7 架		
30		九六式雙發陸上攻擊機	1 架		
31		一式雙發陸上攻擊機	12 架		
32		零式水上彈著觀測機	8 架		
33		彩雲陸上偵察機	8 架		
34		九四式水上偵察機	4 架		
35		零式水上偵察機	3 架		
36		零式輸送機	5 架		
37		九三中式練習機	181 架		
以上共計 389 架，完好可用者 289 架，待修者 100 架。					
38	工廠設備	白鐵機器	100 餘部	第三飛機製造廠	參閱〈我國臺灣地區航空工業發展的關鍵機構－第三飛機製造廠〉，頁 48。
39	〃	焊接設備	10 餘套		
40	〃	木工設備	60 餘部		
41	〃	熱處理設備	20 餘部		
42	〃	鍛造設備	10 餘部		
43	〃	測試設備	100 餘套		
44	〃	其他設備	300 餘套		
45	〃	原料若干類			

46	〃	機工機器（包括車床、銑床、鑽床、刨床、磨床等）	800 餘部	

(一) 關於接收飛機的總數，官方檔案資料互有差異，例如 1946 年《空軍年鑑》顯示，臺灣地區接收日本軍機總數為 938 架，其中戰鬥機 461 架、轟炸機 105 架、偵察機 92 架、教練機 250 架、運輸機 30 架等，又，最後報廢 737 架，餘 201 架。[20]
(二) 空軍在中國大陸所擁有之飛機如轟炸機 B-24、B-25，驅逐機 P-38S、P-40、P-40N、P-43、P-47、P-51S、P-66，偵察機 P-48，運輸機 C-46、C-47，教練機 PT-17、T-6 等，幾乎都是美製飛機，有多少機種多少架飛抵臺灣目前筆者尚無確切資料可查。[21]

＊筆者整理。

　　以上是筆者整理「軍事接收委員會」所掌握到的接收日軍飛行器與航空工廠設備之資料，至於機場的接收，包括陸軍機場 35 座，海軍機場 19 座，共計 54 座，經接收人員勘查，其中狀況如下：

(一) 現況良好，排水容易者：松山、岡山、桃園、臺中、公館、宜蘭（南）；

(二) 跑道可用者：樹林口、新竹、小港（東）；

(三) 機場跑道為泥地者：彰化、花蓮（南）、恆春、臺東；

(四) 機場附近有障礙或排水不易者：虎尾、花蓮（北）、嘉義（西南有糖廠）、屏東機場（北有大河）、大崗山、臺北（南機場）；

(五) 機場跑道簡單者：龍潭、北斗；

(六) 水上機場：淡水；

---

[20] 轉引自〈中國空軍在臺接收與轉進臺灣〉，前揭文，頁 8-9。

[21] 國防部史政編譯局編《抗日戰史》（臺北：編者印行，1994 年），頁 66-67。卓文義〈台海戰役前我國空軍的建設（1949-1958）〉《筧橋學報》第五期，（岡山：空軍軍官學校，1998），頁 342。

(七) 其他未記載狀況者：東港水上機場、臺南仁德、臺南歸仁、永康、草屯。最後全臺機場淘汰 27 座，保留上述 27 座。[22]

國軍撤守臺灣接收日軍物資時的紀律問題一直為後世所詬病，雖然當時軍方確實三申五令不斷訓示各級單位要嚴守紀律，不可有偷竊、擾民等情事，但一紙命令仍抵不過人性裡不安的貪婪；換個角度看，對一個長期以戰爭、鬥爭為生存常態的蔣氏政權來說，不但那時沒有成熟的行政能力（1928 年～1938 年短暫十年的建設，並不足以培養有能力的行政團隊），八年中日戰爭方歇，國共內戰又起，前方忙著再戰，後方又得分撥精神物力處理各地繁雜的接收事宜，這些對他們來說確實是很艱鉅的挑戰！[23]

---

[22] 〈中國空軍在臺接收與轉進臺灣〉，前揭文，頁 7-8。

[23] 根據官方記載民國三十六年度，空軍在臺灣標賣航材廢料數量，飛機 121 架、發動機 2,019 具、五金及航材 49,149,410 噸，若再加上輪船 2,838 艘，總售得價款達國幣 29,538,311 元整（此處「國幣」應指民國 34 年發行的舊台幣）。這些航空機具材料大部分是日軍遺留下的，有多少如軍方所言不堪使用，或如臺籍技工言沒有多大損傷情況下被販售？已成為歷史公案。空軍總司令部編印，《空軍年鑑》（臺北：空軍總司令部印行，民國 36 年），頁 176。

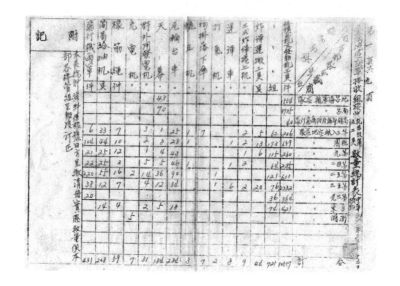

表 4-2：空軍接收組接收日軍在臺機械器材統計表

資料來源：國防部檔案，日本飛機器材接收案（1），附表四，總檔案號 030150。

第二節　臺籍技工的收編與中籍技工的轉進

一、臺籍技工的收編

　　1945 年年底「警備總部」在臺灣進行軍事接收時，對空軍提出兩點指示：一、堪以修理使用之飛機及有關兵器等，儘量利用日俘予以修理保管，並着日方將保管修理要領分別介紹給接收之

空軍人員；二、召集純臺籍之航空技工給予相當訓練，以備接替日俘離臺及對各種兵器物資之保管及使用工作，彌補人力不足。雖然後來日本海、陸軍遺留在臺灣的航空廠、飛機、航空設施、器材及相關人員的接收，統一由「航空工業局」負責，但上述接收原則仍然實施，並且 1946 年中國「第三飛機製造廠」撤退來臺，由於員工不足，設備又是以接收日本遺產為主，所以招募臺籍技工乃成為必要之需。

　　臺籍技工分臺灣島內與海外兩種，島內應募者主要是以日治時期曾在日本本土或臺灣的航空工廠工作過的技術人員——主要是「海軍第 61 航空廠」和「陸軍第 5 野戰空修廠」員工，根據統計，日軍解除武裝後二個航空廠的官兵人數，其中隸屬陸軍第八飛行師團的「第 5 野戰空修廠」有員工 5540 人（第 1、2 廠不在臺灣）；「第 61 航空廠」有員工 8879 人，但目前無法分辨當中有多少是臺籍技工。[24]日軍在戰爭結束前夕，展開島內航空工廠的疏開計劃，他們從 1944 年 10 月底開始向全臺各地分散開來，當時「第 5 野戰空修廠」總廠遷至臺北新店，第一分廠在日本沖繩縣的那霸市，臺灣還有新竹第二、嘉義第三、臺中第四、花蓮第五、屏東第六等分廠；[25]各分廠下配屬獨立整備隊若干，分駐主要航空基地；而「第 61 航空廠」總廠也遷至臺北士林，新竹、新

---

[24] 《臺灣省軍事接收總報告書》，前揭書，頁 266-268。另，根據《報告書》頁 270 記載，「第三飛機製造廠」於各地接收物資噸數大約是 56,000 噸，無物品品項但有地區別，李適彰先生之資料有說明品項，並詳載當時機器零件遺失者相當多，1946 年 1 月～5 月除該廠可用者外，撥交空軍其他單位及奉准標售者共計 5,189 噸；參閱李適彰〈我國臺灣地區航空工業發展的關鍵機構－第三飛機製造廠〉，頁 49。

[25] 那霸廠總員工數 674 人，分總務、整備、補給、經理、醫務室等 5 個部門，技術人員包括木工、板金、熔接、計器、發動機、電氣、鐵工、機體工、整備工……等；福原，《讀谷村史》「戰時記錄」下卷第六章，証言紀錄　男性の証言 網路資料 http://www.k0001.jp/sonsi/vo105b/chap06/content/docu121.html/。

社、員林、臺南也各都有分廠，臺南地區並配署三個派遣隊，分駐岡山、虎尾、東港等地。[26]戰爭結束，他們當中一部分人選擇就地解散自行回家，另一部分人則留下來接受國民政府的招募，協助保管維修各地機場、航空工廠內日軍遺留下的飛機和相關器材設施，國民政府暫將留下的臺籍技工以「技術軍士」的名義工作（這已經算是進入中華民國空軍的階段），後來他們進入「空軍第三飛機製造廠」時就正式擁有士官軍階了。[27]

因為這些在戰後仍從事各航空復舊工作的原日軍／軍屬身分的技術人員，1946 年後臺灣航空工業才有延續下去的基礎，[28]無論後來是否進入中華民國空軍繼續服務，他們在臺灣航空發展史上已經扮演銜接日治末期與戰後初期的角色，但之後他們的身影還是被淹沒在從中國大陸來台的航空工業下，日漸模糊而終至消失。[29]

---

[26] 《臺灣省軍事接收總報告書》，前揭書，頁 262-263。

[27] 《臺灣省軍事接收總報告書》，前揭書，頁 261。另，根據 MA01 先生的回憶「空軍第三飛機製造廠」後來約有 400 位的臺籍技工陸續進入該廠工作；與 MA01 先生之子的信件訪查。

[28] 一位當年的海軍工員的經歷或許可以代表其他有類似經歷的工員：「張相錦，日文名清河武次郎，1941 年 4 月志願當日本海軍工員，進入岡山「佐士保海軍工場航空機部高雄分場」接觸飛機修護，負責的是噴漆工作，1946年 4 月在臺中水湳空軍基地擔任中華民國空軍下士，共服役 28 年，最後以上士軍階退伍。」；轉引自《走過兩個時代的人－臺籍日本兵》，前揭書，頁315-329。另，「空軍航空發展中心」首任主任李永炤將軍亦曾回憶道：「臺灣省從光復，重返祖國懷抱一年以來（＊案，此指 1946 年），國內空軍派來了不少軍官和士官，接收日本空軍遺留下來的若干機具和器材。許多原先被日本征用的臺籍技工也紛紛投效空軍」……可證明確實有部分臺籍技工戰後繼續從事飛機工業；《航空，航空五十年》，前揭書，頁 66。

[29] 戰後初期許多國營企業都有類似的情況，學者洪紹洋在研究戰後「台船公司」的技術移轉時，也發現戰後初期台船公司主要管理與技術人員空缺是由中國大陸來的人員填補，第一線人員則仍有原臺灣船渠株式會社的臺及技工續任。洪紹洋，〈戰後臺灣造船公司的技術學習與養成〉《海洋文化學刊》第 4 期，2008.06，頁 163～165。

二、臺灣少年工返鄉

　　1945 年 8 月 15 日日本昭和天皇頒布投降詔書，日本各廣播電臺立即放送此消息，次日，臺灣的《臺灣新報》刊載全文於頭版頭條；日俘及臺籍日本兵、軍屬、軍夫分佈在海內外，他們的遣送問題成了國民政府與美國必須面對的問題。臺灣人被日軍徵召到海外參加戰爭，其身分有三種：軍夫、軍屬、軍人；軍夫者，如「白棒隊」、「高砂義勇隊」（後改為軍屬）、「臺灣農業義勇團」（軍農夫）、「臺灣特設勞務奉公團」、「特設勤勞團」、「特設農業團」；軍屬者：如海軍通辯、陸軍通譯、巡查、巡查補、陸海軍軍囑託、雇員、傭員、看護婦、看護助手、陸、海軍工員；軍人者：如陸、海軍特別志願兵、少年兵、學徒兵、及徵兵制實施後的義務軍人等；[30]戰後根據日本厚生省 1973 年發表的數據，上述臺灣人中軍人有 80,433 員，軍屬（含軍夫）126,750 員，共計 207,183 員，其中死亡人數 30,304 員。[31]

　　戰爭結束，對海外臺籍技工來說，國籍要變、語言要改等等的問題不是他們第一個關心的，浮上大家腦海的第一個念頭是——「回家」，流落海外的急著打聽回臺灣的船期消息，在臺灣本島的，也想辦法尋找返鄉的路。關於戰爭結束臺灣人的返鄉，還包括非參戰的旅外臺胞，他們或是 1895 年馬關條約簽訂後即離臺返回中國，或是二戰爆發前透過各種管道回中國或到南洋居住經商者；當 1943 年開羅會議宣示戰後中國將收回臺灣，及至日本宣布投降之時，這些長期海外營生有成，擁有在地資源與社會地位的旅外臺

---

[30] 《戰爭與臺灣人－殖民政府對臺灣的軍事人力動員》，前揭書，頁 221。
[31] 《海行兮的年代》，前揭書，頁 141。

胞，比較能無困難地找船、尋管道，運用同鄉會甚至求助國民政府所屬機構回到臺灣，但即便如此，過程仍常是一波三折。[32]

　　1944 年年底，美軍對日本本土的軍事基地進行大轟炸時，分佈在日本各主要飛機製造廠的臺灣少年工們，依「臺灣高座自治會」事後的統計，當時被炸死及少數病死的少年工計有 55 位，然生存者的命運也不好過，因為日本天皇發表「終戰詔書」後數月間，官方對這群臺灣少年工不聞不問，任他們在工廠裡挨餓無糧又不知所措，還好較年長的少年工挺身而出，組織大家向外求援，同時美軍也發現了他們，終於從 1946 年 1 月起美軍開始以軍艦和日本的「病院船」分批送他們回到臺灣。[33]正值青年且習得一技之長的這些少年工們，返臺後似乎沒有什麼人繼續從事與修造飛機相關的職業，根據拍攝臺灣少年工記錄片《綠的海平線》的導演郭亮吟對 48 位少年工的訪談，沒有任何一位在戰後進入臺灣航空界，但是，他們很多人都對臺灣的航空工業表現出熱切的關心，當有飛機失事時，他們會感慨地說，若是讓他們造飛機一定不會出現那樣的機械故障。[34]為什麼這些人沒有被國府招攬從事航空工業呢？——除了個人意願外，國府的「忠誠度」考量應是主因，因為他們赴日為日軍服務過，期間受過何種思想訓練讓國軍遲疑，也可能臺灣本島的技工人數已飽和，國軍在日後招募臺籍技工時，並未考慮他們，總而言之，這群臺灣少年工在臺灣戰後的航空舞台逐漸消失了！[35]

---

[32] 何鳳嬌，〈戰後接運旅外台胞返籍初探〉《臺灣風物》50：2，2000 年 6 月，頁 158-161。

[33] 《高座海軍工廠臺灣少年工寫真帖》，前揭書，頁 31。

[34] 此為筆者於 2006 年 5 月 22 日和郭導演談話內容。

[35] 開始時，「第三飛機製造廠」僅有 200 名員工，其中三分之二已是臺灣人，後來又陸續招考臺籍技工，〈中空軍第三飛機製造廠座談〉，雜報，1946 年 8 月 15 日，第三版。

三、中籍技工的轉進

　　如本文第三章所述，中日戰爭結束前，國民政府轄下至少擁有
3 座飛機製造廠，1 座發動機製造廠，1 座航空研究院（轄層板、
蒙皮、降落傘等研發生產單位），11 座飛機修理場，以及 8 家中外
合資民航運輸公司等，但 1949 年跟隨國民政府撤退來臺的中國航
空技術人員數量卻不多，這些留在大陸者除了不願離開家鄉與親人
的個人情感因素外，工廠廠房及物資無法完全遷移必須留守看顧，
以及臺灣腹地小，航空產業充滿不確定性，也是他們滯留大陸另外
原由。至於來臺者絕大部分是以「航空工業局」相關單位或空軍軍
事院校內的軍事編制人員身份隨部隊撤遷來的，[36]據文獻記載，從
1946 年～1949 年止，隨「航空工業局」遷臺者 400 餘人，[37]「空
軍訓練司令部」所轄之「空軍機械學校」來臺官生士兵共 767 人，
「空軍通信學校」官佐士兵共 696 員，「空軍供應司令部」官佐士
兵眷屬共 20,371 員。[38]

　　臺灣戰後初期航空工業的技術能量主要還是儲存在軍中，1950
年韓戰爆發後美國軍援臺灣，美方首先將臺灣軍用戰鬥機由原先螺
旋槳式換裝成噴射式，中間技術能量的移轉，是由美方從軍中挑選

---

[36] 訪談前第三飛機製造廠員工 MA02 先生內容，2008 年 12 月 29 日。

[37] 1946 年「第三飛機製造廠」先來 80 餘人，1949 年「航空工業局」再分三
批人員與物資；參酌《民報》民 35.08.15 日刊文；李適彰〈第一個彙整我
國航空工業的關鍵機構－航空工業局〉，前揭文。

[38] 「空軍供應司令部」的任務之一，是進行各空軍基地飛機一般性修護工作，
故也擁有專業的航空修護人才，另，一般說來眷屬人數會些微多出官佐士
兵，故可預估該部技術人員應不少於千人。參閱《空軍各機關學校部隊轉
進臺灣經過報告書》，國軍史政檔案：00025633/543.4/3010/1，1950 年。

受訓人員負責；又，早期民航空司如「復興航空」、「遠東航空」、「中華航空」等成立時，相關地勤修護人員也多是空軍退役者；1969年臺灣最重要的飛機研發單位「空軍航空發展中心」成立，組織成員也都是空軍官、機、通校及中正理工學校培育的現役空軍人員，即使至民國 80 年代該中心轉型為「漢翔航空工業股份有限公司」，其中高階層的技術人員仍以軍校出身者多，這是本書在討論 1979年之前臺灣航空工業發展時，諸多著墨在軍方部份的理由。關於此點，第五章將詳細介紹分析。

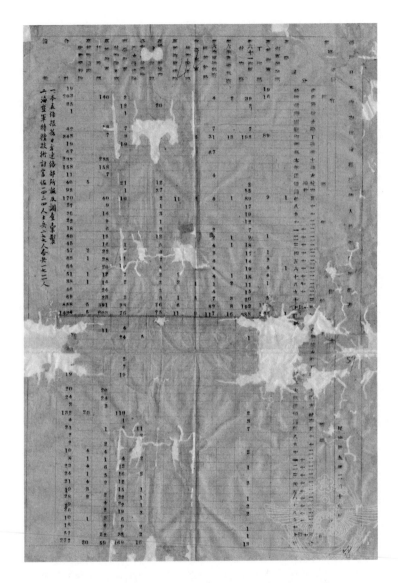

表 4-3：臺灣日本海空軍特種技術人員年齡統計表

資料來源：國防部檔案，日本航空隊資產接收處理案，總檔案號／空軍總部 030150。

表 4-4：三十八年空軍官兵撤免資遣人數統計表

資料來源：國防部檔案，《空軍各機關學校部隊轉進臺灣報告書》，總檔案號 0030045。

第三節　C.A.T.輾轉來臺

　　韓、越戰時期美國考量臺灣地理戰略優勢而軍援臺灣，也因此使得臺灣飛機工業出現第二次的高峰期，其中美軍航空技術的引進很大部分釋放在臺南的「亞洲航空公司」（以下簡稱「亞航」），其前身即「民航空運大隊」（CAT），CAT 是由美國「飛虎將軍」陳納

德所領導經營，戰後它經過「行總」國際救助計畫及交通部的指定，
包下大部分中國境內航空運輸業務。其下轄的機群多為運輸機如
C-46、C-47 及 P-40，維修該機群的技術是維持業務順暢運作必要，
他們無製造飛機方面的能量，但是 1950 年美國 CIA 將該公司收購
後，大量提供美軍各型軍援機種的維修技術，且引進美式管理，
創造了臺灣戰後航空工業維修技術的快速累積，比起 1946 年以後
接收日軍遺產與國府航空廠來臺的技術銜接，CAT 的角色要在美
援時期才顯得較為突出。

一、兩航資產的善後處理

至 1948 年 7 月止，「中國航空」、「中央航空」兩家民航公司已
擁有空地勤人員 6780 人，飛機 C-46、C-47、DC-3、DC-4 和 CV-240
型（又名「空中行宮」）近百架，同年年底，國府轉進臺灣之勢已
定，蔣中正先生召集軍事會議，要求「中國航空」總公司一部份遷
往臺南，一部份遷往香港，「中央航空」公司則全部遷往香港，此
時兩航的運輸業務已急劇緊縮。1949 年 11 月兩家公司員工基於臺
灣沒有發展市場，及先前和 C.A.T.的嫌隙未決而一起投共，先是
11 月 8 日晚上，10 架「中國航空」的飛機與 2 架「中央航空」所
屬「空中行宮」飛抵北京，另有 11 架飛機同日飛抵天津，之後兩
航員工在廣州、上海、天津者皆通電投共，1950 年年底，香港兩
航投共員工及親屬共計 4199 人。[39]

國府知道此事時，香港啟德機場尚有康維爾運輸機 71 架和大
量飛機配件、器材、機器滯留，國府不希望如此大批的飛機落入共

---

[39] 參考〈兩航起義〉一文，網路資料：http://www.caac.cn.net/zhxx/docs/riseup.htm

軍手中，此時有人建議，以非常手段先將兩航全部資產轉讓給在美國德拉瓦州註冊之「民航空運公司」（Civil Air Transport ,Inc.）接管，並向美方申請凍結兩航在美存款（額度約 350 萬美元），另國府再墊款 125 萬美元，請該公司代購回「汎美航空」所擁有的「中國航空」股票，如此兩航的股權在美國企業手上，北京政府就動不得了；——根據陳香梅的撰述，此計畫是蔣中正先生請當時總統府秘書長張群與外交部長葉公超遊說陳納德幫忙的，為此陳氏還賣掉自己在 C.A.T 的股票約 50 萬美金先代墊律師訴訟費，無論如何，最後國府是完全接受上述方案。[40]

然而此事仍不單純，美國這家公司的管理權是由 Thomas G. Corcoran、William S. Youngman、David M. Corcoran、James J. Brennan 等人所組集團所掌控，陳納德與魏勞爾二人持有 33.3%的股份，W.S.Youngman 和魏勞爾在中日抗戰期間同是宋子文在美國的律師，在他們及 Thomas G.Corcoran 的協助下，在同一州，宋子文還登記設立「中國國防供應公司」（China Defence Supply Co.），專門負責獲取或接收美國的援華軍事物資，它的掛名董事長為當時羅斯福總統的母舅 Delano。也就是說兩航轉讓的這批飛機和資產，應該還在國府高層的掌控中，至少「民航空運公司」與宋子文關係密切！陳、魏透過美國律師葛克倫及 Delano 向英國政府申請扣押此批飛機財產時，連續遭到香港法庭 13 次的敗訴，經過再上訴倫敦法庭，才獲得最後戲劇性的勝利，[41]然而此訴訟的勝利，卻是另一迷團的開始，因為當 1952 年兩航在港、在美的相關事務都獲解

---

[40] 陳香梅〈驚心動迫的兩航事件〉《傳記文學》第八十卷，第二期，（民 91 年 2 月）頁 39-40。

[41] 參考中央研究院檔案館李國鼎檔第 B241-25.1：我國航空公司之設立及發展。《宋美齡的美麗與哀愁》，前揭書，頁 250。陳香梅，《一千個春天》，（臺北：傳記文學，民 77 年），頁 171-172。

決時，國府竟然沒拿回任何一架飛機（全數運往美國），連兩航資產及代墊金都要不回來！[42]。

國府主管機關（如交通部民航局、財政部）對此事極不諒解，多次派員和 C.A.T.開會索討，雖然 C.A.T.曾列出解凍後兩航存款資金的運用出處，但經查核內容有部份不實，後來魏勞爾曾書面提出允還 125 萬美元代墊金，但要求國府不得再向其追索其他資產；此案爭議長達 4 年之久（從 1950 年美國解凍兩航銀行存款～1953 年）卻遲遲未能解決，當中重要的原因包括：1、兩航資產轉讓案是當時非常之政治手段，國府深恐一但被公開渲染，國際形象勢必受損；2、訟案在香港、倫敦纏訟甚久，滯港飛機尚未妥當處理，不宜打擊陳、魏等人；3、此案為高度機密，處理過程都是指定少數高級人員負責，不但重要文件由其自行經管，且行事多口頭接洽少行文，歷時既久，相關部門遂失銜接。[43]後來韓戰、越戰相繼爆發，國府與華府互相合作的空間再度出現，並且 C.A.T.與美國 C.I.A.在臺的「西方公司」關係密切，致使兩航財務問題最後不了了之，不過，此事讓國府主管機關對陳納德的信任度大打折扣，並開始思考如何培植國人自營的臺灣航空事業。[44]

---

[42] 李國鼎檔第 B241-4.1：民 42 年 11 月 16 日，行政院長陳誠上總統簽呈，抄本，隨發室字第 646 號簽呈。沈元壽投書認為陳納德將兩航運美修復的飛機，飛回臺灣替他的在台 C.A.T 賺錢，此語恐有誤，當時臺灣 CAT 的少數 C-46、C-47 應是 1948 年「中航」奉蔣中正先生之命飛到臺南的。沈元壽〈傳記文學:史料更正〉http://www.biographies.com.tw/newsl.asp?nu=756。

[43] 陳香梅曾暗批宋子文與蔣宋美齡在這一事件上恐有利用權勢圖利自己之嫌，筆者研究至此也有同感，但陳納德、魏勞爾應是否有分享其中的利益恐亦有爭議。關於兩航事件的描述亦可參閱劉文孝〈亞航 60 年大搜密〉《兵器戰術圖解》雙月刊，第 30 期,（臺北市:中國之翼出版社,2007.01），頁 50-67。

[44] 李國鼎檔第 B241-4.1，前揭文。

二、臺灣的「民航空運大隊」

　　兩航投共後，只有陳納德的「民航空運大隊」（C.A.T.）隨國
府來臺，臺灣當時無其它民航公司可用，再者，韓戰爆發促使美國
從欲放棄蔣政權到先採中立態度，最後美、臺站共同以蘇聯、中共
為假想敵進行圍堵共產國家政策；美國 C.I.A.還暗中收購 C.A.T，
在利益交換的原則下，C.I.A.希望國府准許 C.A.T.包攬臺灣主要的
國內外民航業務，並極力予以支持扶植，國府方面則要求獲得大陸
方面情報及美方必要的支援與承諾。[45]C.A.T.來臺之初，所有維修
設備、零件家當都集中放在一艘向海軍買來的大型登陸坦克上當作
流動廠庫，當初為躲避共軍南下，它從廣州、香港、流動到昆明、
海南島，最後停泊在高雄碼頭，隔年，陳納德在臺南向空軍租用機
場旁空地建築相關設施，展開在臺灣的營運事業。[46]

　　C.A.T.最初的營運項目有客、貨運兩種：客運方面國內固定航
線包括臺北－高雄線、臺北－花蓮線、臺北－臺中線，固定國際航
線包括臺北－漢城線、臺北－馬尼拉、曼谷－香港－臺北－東京
線、及中美航線等；[47]韓、越戰期間，C.A.T.更暗地裡支援非戰鬥
性的運補工作，如傷兵運送、氣象資料蒐集、夜間空投游擊隊員、
幫法國運送物資到越南等。此外，他們也維修美軍在太平洋地區的

---

[45] C.A.T.的營業活動一向軍、民航界線模糊，雖然民國 40 年 5 月國人自營的
「復興航空公司」成立，但因為資力無法與 C.A.T.相比，所以只能承包臺
北－高雄－馬公－金門和馬公－高雄－花蓮二條航線；民國 46 年 6 月「遠
東航空公司」成立，因資本額不足也只能經營不定期客貨業務。李國鼎檔
第 B241-25.1，前揭文。

[46] 陳香梅，前揭書，頁 170。

[47] 林玉萍，前揭文，頁 47-48。

各式軍機，如 BELL47G2、H-395、V17A、DO-28、C-45、C-46、DC-4、DC-6A、DC-6B、PBY-5 等軍機，美方常派顧問來指導臺灣的技術人員，就連公司的管理、福利制度也比照美國方式，因此C.A.T.很早就成立臺灣產業界少有的工會，也不足為奇了。工會，就此點論，公司裡的臺灣員工相當敬重陳納德，越戰期間臺灣的C.A.T.一度躍為世界第二大飛機維修廠。[48]

　　如前所述，C.A.T.是一個既為臺灣民航運輸服務，又為美國執行軍事任務的兩刃公司，雖然它從中獲取相當的利潤，但這份曖昧角色卻也造成往後發展上的不順利，終至人事全非。事實上，民國 38年國府撤臺之時，C.A.T.的中國合夥人即相繼退股，韓戰後美國紐約私人銀行集團入主美國德拉瓦州的C.A.T.，銀行團主要成員有Samuel S. Walker、W. A. Read、Roger Hyatt、Arthur Richardson 等，他們應該是替美國 C.I.A.作為人頭的，這樣安排的目的明顯地是為了方便國府與美國 C.I.A.的合作；「C.A.T. , Incorporated」後來任命一總經理來管理 C.A.T.資產，三年間該集團共計投資在臺 C.A.T.達美金 800 萬元，民國 39 年以後臺灣 C.A.T.已完全屬美國「C.A.T. , Incorporated」，陳納德與魏勞爾二人地位只是臺灣公司的保管人而已，此公司至此與宋子文到底還有無關係？實在很難再追查出來了。[49]

　　臺灣 C.A.T.完全成為外資公司之事，在進行階段似乎未向臺灣主管機關報准，結果造成民航局等單位的不滿，民國 41 年國內建議自組國營航空公司的聲浪四起，[50]民國 42 年 5 月 30 日，民航局

---

[48] 據筆者實際訪查當時員工 MP04 先生，他們說陳納德平等看待臺灣人和美國人，遇有糾紛不會偏袒，薪資方面也比照美國員工，因此當時臺南姑娘最喜歡嫁的對象除了醫生，就屬 C.A.T.的員工。林玉萍，前揭文，頁 47-48。

[49] 李國鼎檔案第 B241-25.1，前揭文。翁台生先生則認為，此時臺灣的 C. A. T.已被 C.I.A.收買，前揭書。

[50] 見當時民航局長鄭遜岩先生及牛天文先生的建議書，李國鼎檔第 B241-25.1，附件 8。

　　基於民航事業的重要，並依照國際民航公約原則公布「民用航空法」，該法第十五條規定：「外籍人民除依本法第十七條之規定外，不得在中華民國境內經營航空事業，與自備航空器」；第十七條規定：「外籍民用航空器及外籍民航業，經雙邊協定在中華民國境內指定地區內飛航或裝卸客貨者，其管理依照本法之規定，未經規定之事項，得參照國際民用航空公約及協定辦理之」。[51]

　　過去 C.A.T.所享之特殊權利僅以契約為依據，且一年一簽，自民航法公布後，它勢必於同年 12 月 31 日期滿後無法再營運下去，這是民航局第一次對 C.A.T.採取主動管理的態度，雖然如此，經過一連串談判及 C.A.T.直接與政府高層接洽後，國府終究還是同意延長契約至民國 43 年 7 月 14 日「外國人投資條例」之公布，並讓 C.A.T.成立「亞洲航空股份有限公司」（以下簡稱「亞航」），由陳納德任董事長，其中美國 C.A.T. ,Inc.購 1585 股，美籍人士杜爾等四人各 45 股；[52]同時 C.A.T. Inc.另成立「民航空運股份有限公司」（以下簡稱「民航」），由華籍人士王文山（任董事長）、朱一成、陳延炯各認購 800 股，C.A.T. , Inc.購 1585 股，陳納德 15 股。C.A.T. , Inc.後來要求「民航」與「亞航」簽約，條約中規定「民航」全權委託「亞航」為代理人，「民航」以委託人身份行使在臺之航空業務，也就是說「民航」只是為符合臺灣的法令而設，事權仍在美資「亞航」手上。[53]

　　這一段時間，陳納德及夫人陳香梅常往返於美國、臺灣之間，陳納德對「亞航」業務經營頗為認真，但他的身體日漸衰弱並染肺癌，最後終於在 1958 年 7 月以三星中將位階，病逝於美國路易斯安那州，享年 64 歲。[54]陳納德走完了自己人生的路，他在臺灣所

---

[51] 民國 42 年 5 月 30 日總統公布施行之「民用航空法」。
[52] 陳納德是否有股份，資料不足，不可得知。
[53] 李國鼎檔第 B241-25.1，前揭文。
[54] 陳納德的過世，也象徵 C.A.T.的光芒在此地的日漸消失，國府高層不再給

建立的航空事業似乎也隨著他的辭世而命運多舛，1964年，一架編號928的「民航」C-46客機在臺中上空墜毀，56人喪生，「民航」自此元氣大傷，1969年，另一架波音七二七客機再次在林口附近撞山失事，有21人罹難，民航局終於決定將國際航線交給「華航」，[55] 同年，C.A.T., Inc.更名為「美國航空公司」（Air America, Inc.）（以下簡稱「美航」），並將擁有的「民航」股份賣給德拉瓦州的「太平洋公司」（The Pacific Co.），之後再因經營不善，「民航」於民國64年7月宣布解散，從此臺灣民航運輸業才完全由國人自營。民國63年9月「美航」又將「亞航」賣給德州怡新系統股份有限公司（E-Systems, Inc.），此時公司的營業範圍侷限在「專營航空器及其有關裝備之修護、製造、裝配業務」，之後，「亞航」股權數次易手，直到民國83年「台翔航空股份有限公司」買下大部分「亞航」股份為止，至今，此「亞航」與陳納德及國府的層疊糾葛關係已雲煙縹緲，不知所蹤矣。[56]

　　交通運輸是國家發展中極為重要的一環，臺灣海島型地理尤其需要靠航空運輸作為與外界聯繫的重要管道，因為經濟環境、技術能力不足的限制，臺灣航空界初期也只能讓C.A.T.予取予求，但爭取自己天空的努力仍不斷湧現，1951年「復興航空」成立、1953年國人建議成立國營航空、1957年「遠東航空」、1959年「中華航空」都陸續成立了……這些都是大家努力的足跡；綜觀世界多數國家，航空建設的道路總是篳路藍縷，它需要大資本、高科技、效益回收期長且角色敏感（因為它常跨越到國防工業的領域），但它也

該公司有利的後盾；民國55年，「民航」便申請停飛，國府就開始大力扶持民國48年成立國營的「中華航空公司」。

[55] 翁台生，前揭書，頁223-224。

[56] 李國鼎檔第B241-25.1，前揭文。「台翔」雖登記為民營，實際上官股比例不少，可以說他的主要經營權最終又回到政府手中。

是國家經濟／軍事強盛與否的指標，臺灣航空發展至今，雖然未展現出應有的大氣勢，但它已與島國人民生活密不可分，看見這一段曾走過的歷史，吾人不禁因對它多一份了解而感慨萬千。

　　陳納德於中日抗戰期間的英雄形象是無人否認的，大眾也看見陳氏與蔣中正先生及蔣夫人的公、私情誼，所為他帶來的榮耀與特權，但特權往往也會回過頭來腐蝕了英雄的基座；從得到「行總」空運物資商機、兩航資產 475 萬美元不知去向，到獨攬臺灣戰後初期的國內外空中航線，種種現實，不得不讓眾人在此質疑陳納德與魏勞爾，除了抗戰後期在沙場上護衛敵我正義之外，他們是否也在國府與美國官方複雜的政治交手中，得到了少為人知的利益？傳統歷史研究往往會明顯釐清軍事史、經濟史、文化史……的個別領域，但人的歷史就像人的生活一樣，總是錯綜複雜環環相扣的，透過對陳納德將軍在中國航空事業的研究，吾人不僅看到抗戰時期中、美兩國在軍事方面的互動發展，更從此脈絡看見臺灣在 1940 年代末期航空事業的初貌，這也是此研究企圖呈現的目的。

第五章　美國軍援航空發展

　　1948 年，美國依據〈美國援外法案〉對中國展開援助計畫，其中約有 1,000 萬美元被撥用在援助臺灣的戰後重建工作，但這非戰後影響臺灣社會發展甚鉅的「美援時代」的開始，——「美援時代」是指國民政府撤守臺灣初期，接受美國政府軍事與經濟長期援助的階段，軍事援助從 1951 年 5 月起至 1979 年 3 月止，經濟援助則從韓戰結束後持續 15 年；縱觀戰後臺灣航空工業的發展，美援時代是為高峰，尤其因為韓、越戰先後爆發，使得相關技術的引進與市場拓展二方面蓬勃非常。1951 年「中美共同互助協定」簽署，「美軍在華援助顧問團」（U.S. Military Assistance Advisory Group，簡稱「MAAG」）在臺成立，並維持 28 年的運作，其任務大致來說，以監督軍援預算及款項的執行、改善臺灣國軍的體質為目標，中華民國空軍在軍援期間，透過美方的軍機贈與、人員訓練及技術移轉，快速提升了對美國軍機的熟悉及在戰鬥飛行、飛機維修等方面的技術提升，但同時，美方也透過對空軍組織、管理制度的修正與監督，讓空軍單位無法建立設計、自製生產飛機的能量，也就是說，雖然美方給予優渥的軍事援助，但她也實質控制國軍戰略、戰術的主導權。

　　本章第一節先詳細介紹「MAAG」在臺組織與工作，第二節則以空軍「噴射機巡迴訓練派遣小組，簡稱『MTD』小組」為案例，介紹美軍如何透過戰機的換裝，引進相關航空技術給臺灣，但也同時箝制了臺灣航空技術的發展範圍與方向。除了軍事航空，美援時代臺灣的民航建設也有明顯改善，1950～1973 年間，民航局使用

美援金額於航空建設者約新台幣 3 億 6 千 7 百 15 萬 1 千元，佔該
時期額度的 36.6%。韓戰與越戰的相繼爆發，是另一波促動臺灣航
空發展高峰的因子，「復興航空」、「遠東航空」、「中華航空」等民
航公司此期紛紛成立，由陳納德將軍的「民航空運隊」改組，美國
中情局（CIA）收購的「亞洲航空公司」（簡稱「亞航」），更擁有
強大的美國軍機修護能量，它是臺灣當時重要的航空工廠。越戰末
期美方逐年縮減軍援，1969 年當我空軍向美方提出購買 F-4 戰鬥
機案被拒時，國民政府乃擬定「航空工業發展計畫」，以「技術合
作」的方式，逐步完成國防自給自足目的，此背景下，「空軍航空
發展中心」（簡稱「航發中心」）成立，擔負起國人自行研發軍機的
責任，本章第三節將詳述相關背景與發展情況。

　　第四節筆者約略比較同時期亞洲地區受美國援助的臺灣與南
韓的軍援經驗，1969 年尼克森總統發表尼克森主義後，臺灣與南
韓同樣出現國家安全危機意識，隨後兩國也同樣企圖發展自我依賴
的國防工業，但是，由於政治文化與現實環境的不同，兩國採取的
自我依賴的方式有別，這也使得兩國後來國防工業發展的面貌各不
相同。

第一節　美國軍事援華顧問團（U.S. Military Assistance Advisory Group, MAAG.）

　　1948 年 4 月 3 日美國總統杜魯門簽署生效「美國援外法案」，
依據該法案第 4 章對華援助內容，同年 7 月，中美兩國在南京簽署
「中美經濟援助協定」，簡稱「中美雙邊協定」；美方第一期核撥的
27,500 萬美元中，約有 1,000 萬美元用來提供臺灣的經濟建設，這

是二戰後臺灣首次接受的美國援助，[1]但對航空工業而言，戰後 20
餘年美國對臺軍援，才是實質影響其發展的推手。

一、軍援的背景

　　除了從中國大陸來臺的航空工業及國軍接收日軍的相關航空
資源外，1950 年代美國軍援臺灣各型軍機，建設機場，訓練維修
人才等作為，確實將臺灣航空工業帶入另一個不同的階段。二戰後
美國最早實施軍事援助的國家是希臘和土耳其，因為兩國在大戰後
發生嚴重的內部動亂，震撼了地中海地區國家，美國為安定東歐，
1947 年 7 月成立援希土法案，並組織美軍顧問機構協助其軍事安
定及建設工作；事實上美國政府此刻已感受到蘇聯積極擴張共產國
際聯盟的威脅，1949 年春天，北大西洋公約組織也在美國的推動
下成立，美國的對外援助至此從單純經援變為軍、經雙管齊下政
策，同年國會通過的聯防互助法案（Mutual Defense Assistance
Program）更將中國、伊朗、韓國、菲律賓等國列入援助國家。[2]雖
然國共內戰失利後美國停止對華援助，但 1950 年後美國又重新開
啟對臺軍援，一般說法是，因為韓戰爆發讓和蘇聯已展開「冷戰」
對立，並讓採肯楠（George F. Kennan）圍堵政策的美國政府，重
新審視臺灣在圍堵中國共產政權時的戰略地位。

---

[1] 周琇環編《臺灣光復後美援史料》第一冊軍協計畫（一），農復會檔：中美
合作經原發展概況（臺北：國史館印行，1995 年），頁 69。另參閱文馨瑩
《經濟奇蹟的背後－臺灣美援經驗的政經分析（1951～1965）》（臺北：自
立晚報社，1990 年），頁 85。
[2] 國防部史政編譯局編印《美軍在華工作紀實（顧問團之部）》（臺北：編者
印行，1981 年），頁 306-307。

　　軍援之前，美國官方對臺灣戰略地位及價值的評估在國共內戰末期已進行多次，[3]當時主要參與討論的單位包括「國務院」、「國家安全會議」、「國防部」、「中央情報局」及「參謀首長聯席會議」等，初期美方認為，臺灣角色主要是附屬在日本和東南亞，只要美國運用適當外交和經濟手段（非軍事援助）讓臺灣不落入共黨統治，就可確保對菲律賓和琉球的掌控；之後，雖然認為「臺灣戰略價值非直接關鍵」的想法未變，但 1949 年 2 月代表軍方的「參謀首長聯席會議」卻出現了微妙轉折，他們建議給予臺灣某些形式的軍事支持，例如在適當的港口停駐少數軍艦或沿岸活動，以便維持空中交通和人員休閒，那樣可以在臺灣建立一個友好美國的局面，對美國國家安全也是有益的；[4]但國務院對採取任何軍事行動都站在懷疑和反對的立場，它認為軍事行動將有損美國的外交彈性，至於如何確定臺灣問題，各相關單位在杜魯門總統要求下仍持續討論，即使國務院於 8 月 5 日發布《中國白皮書》，啟動國務卿艾奇遜（Dean Acheson）「等待塵埃落定」的政策，停止對華軍經援助。[5]

---

[3] 臺灣地理位置上溯韓、日，下延東南亞，西屏中國大陸，是環西太平洋帶不可忽視的中間點，其軍事戰略位置的重要性已是目前普遍的共識，1941 年臺灣總督長谷川清大將還提出「臺灣為不沉航空母艦」一說，《日本據台末期（1930~1945）戰爭動員體系之研究》，前揭書，頁 240。

[4] 吳崑財〈1949 年的臺灣：以《美國外交文件》（Foreign Relations of the United States）為論述主軸〉《中華人文社會學報》第二期（新竹市：中華大學出版，2005 年 3 月），頁 14～17。

[5] 艾奇遜在 1949 年年初國府明顯失利時，就說「森林裡的一株大樹倒下，需等待塵埃落定，才能看清其造成的後果」，這些話也是美方準備放手不管國府的前兆。另，美國軍方和國務院對臺灣問題的意見經常相左，這在國務院公佈的「國家安全會議第三十七號」文件及其附件中可詳知，〈1949 年的臺灣：以《美國外交文件》（Foreign Relations of the United States）為論述主軸〉，前揭文；林炳炎《保衛大臺灣的美援》（臺北：臺灣電力株式會社資料中心，2004 年），頁 32～55。

　　杜魯門總統於 1950 年 1 月 5 日再次宣示放棄臺灣和國府，巧合的是，1 月 9 日清晨一艘美國商船「火箭號」駛近長江外海水域，因為它非常接近國軍在長江口的佈雷區，海軍屢次警告該船卻不予理會，結果海軍「武陵艦」發射數十發砲彈擊中該船船尾，當時船上有水手 43 位，乘客 12 位，附近的英國船艦見狀緊急救援，無人傷亡，這一事件被視為是國軍的報復行動，美國官方並未立即對此事發表立場，但 3 天後國務卿在華盛頓「全國新聞俱樂部」（National Press Club）演講，將臺灣與南韓排除在美軍西太平洋圍堵防線之外。[6]

　　同年 6 月 25 日韓戰爆發，27 日美方又隨即宣佈「臺海中立化」，派遣太平洋第七艦隊巡防臺灣，防止海峽兩岸任一方的軍事挑釁，當時美國遠東軍總司令為麥克阿瑟將軍，7 月底他和一軍事調查團訪臺，針對國軍能否參與韓戰及其防衛能力、後勤補給能力等作廣泛評估，8 月 17 日麥帥於全美「退伍軍人協會」51 週年紀念日上，發表對遠東戰略的意見，首度提出「新國防第一線」觀點，建議美國修正二戰後太平洋第一線原則，將臺灣加入——形成阿留申群島—日本—琉球—臺灣—菲律賓島鏈，使太平洋成為「和平湖」的新戰略；[7]但此舉引發英國猜疑，美國國務院對麥帥未預先報告討論內容也極反感，況且他們正企圖請印度方面協助透過外交手段與中共對話，8 月 31 日杜魯門總統表示「韓戰結束後，美將撤退駐臺灣海峽執行中立化任務之第七艦隊」，[8]至此，吾人可以了解美方仍未有長期「防衛臺灣」的計畫，直到 11 月中共發動「抗美援朝」運動，美方才放棄對中共的期望，轉而決心支持臺灣。[9]

---

[6]　關於轟炸美國商船一事，狄縱橫文中是以較情緒的角度陳述：「憤怒的中華民國海、空軍不甘示弱地派出軍艦、飛機若干攻擊行經大陸沿海的美國商船」，參閱狄縱橫〈駐臺美軍三十年〉《亞洲人》第 1 卷第 1 期，1969 年 2 月號，頁 82；另參閱《中央日報》民國 39 年 1 月 10 日，第一版。

[7]　《韓戰輯要》，前揭書，頁 33～34。

[8]　《韓戰輯要》，前揭書，頁 69。

[9]　學者張淑雅曾將美國官方檔案及學者們研究成果加以檢視，她認為杜魯門

抗美援朝後不久，美國重新檢討 1949 年的「中美共同互助協定草案」，經臺美雙方多次外交照會換文後，以美國第 82 屆國會通過第 165 號法案中第 511 節規定為基準，1952 年正式簽署了〈中美共同互助協定〉，先行處理韓戰期間海峽兩岸問題，韓戰結束後才另簽〈中美共同防禦條約〉。[10]「中美共同防禦條約」的簽訂是日後臺灣安定發展的定心丸，也是美國軍援政策的指導原則。如前所述，韓戰結束之際美國第七艦隊協防臺灣的任務必須依據先前的總統命令有所調整，當時美、英、法、澳、紐、菲、泰、巴基斯坦等 8 國已簽署「東南亞集團防衛條約」（SEATO），美國也與南韓簽署防衛協定，北京方面擔心美國會再與臺灣簽訂類似協定，因此1954 年 8 月 1 日由解放軍總司令朱德在其建軍 27 週年紀念會上發布「解放臺灣公告」，9 月 3 日更對金門展開大規模砲擊。[11]

臺灣方面當然也有強烈的不安，當時的外交部長葉公超代表國府向美方提出幾點說帖：1、輿論界有許多人認為即將召開的日內瓦會議，將是中共進入聯合國的第一步，若能在此刻簽訂共同防禦條約，將是美國不會使自由中國失望的強力保證；2、美國已經承認防衛臺灣及澎湖，條約只是存在狀況的確認；3、美國已與東南亞國家簽署防衛條約，「中國人民難以理解」為何美國略過他們的國家。經過國家安全會議的討論美國總統艾森豪也準備同意與臺灣簽約，但真正的問題是

總統原只打算韓戰期間暫時凍結臺海現狀，甚至必要之際犧牲臺灣以換取停火，戰局稍緩後，美國才想到可以利用臺灣圍堵中共，這才逐漸賦予臺灣的政治與軍事價值，但這不表示「韓戰救了臺灣」，中共並未嘗試攻擊臺灣，國府在臺灣也做了有效控制，才是主要原因；參閱張淑雅〈近二十年來韓戰研究概況〉《近代中國：韓戰五十年學術座談會專輯》137 期，（臺北：近代中國雜誌社，2000 年 6 月），頁 108。

[10] 國防部始政編譯局編印，《國民革命建軍史 第四部：復興基地整軍備戰（三）》（臺北：編者印行，1987 年），頁 1909。

[11] 李明峻，〈中美共同防禦條約與臺灣地位未定論〉「中國近代史的再思考」國際學術研討會論文。

如何斟酌條約內容，既要保留中華民國政府對中共之自由行動，又不必使美國承諾採取未必合乎其最佳利益的行動，金門炮戰加速雙方的協商，蔣中正也首次表明，如果簽訂條約他將承諾非經美國認可，不對大陸採取重大軍事行動，最後，美國一再強調此條約是純防衛性質，也不把防衛外島列入條約的堅持下，才完成此防禦條約的簽署。[12]

雖然美國在軍援臺灣與否的過程上一波三折，但上述條約簽訂之前，1951 年 1 月 30 日美國駐華代辦藍欽（Karl L. Rankin）已轉知中華民國外交部軍援照會，5 月 1 日 MAAG 成立，對臺軍援正式開始。[13]美國軍援政策有幾項基本原則：1、在符合美國外交政策及安全目標下，援助友好國家及其他國際性組織；2、配合美國戰略目標與計畫，實施軍援方案；3、供應受援國之裝備力求節約，以使美國負擔減輕；4、所供應之裝備不得用於除防衛之外的其他用途，且未經美國同意，不得出售轉讓，美國得依需要情形得自行收回。[14]

二、軍援的內容與執行

臺灣從 1951 年 5 月至 1979 年 3 月接受美國軍援期間，經歷贈予、軍售、信用貸款、易貨、外匯援助和價格分擔等軍援方式，大致來說，1968 年之前主要是接受贈予，對美國來說，受贈國還須具備以下條件：1、受援國家本身資源雖無支援，但具有使用及維

[12] 王景弘，《採訪歷史－從華府檔案看臺灣》（臺北：遠流出版公司，2000 年），頁 18-21。

[13] 當時軍援換文要點包括：1.供給中華民國軍事物資用以防衛臺灣，抵抗可能之攻擊。2.中國政府須將援助物資用於保持其內部安全或正常防衛。3.中國接受美國政府人員在華履行美政府之責任。4.軍援物資未經美國政府之同意，不得轉讓或出售。《美軍在華工作紀實（顧問團之部）》，前揭書，頁 108。

[14] 《美軍在華工作紀實（顧問團之部）》，前揭書，頁 100。

護能力者；2、援助範圍悉依美國自身之安全目標及受援國擔任之任務而定；3、受援國亦應貢獻其資源於防衛用途；4、受援國須能提供配合運用軍援所需之人力、技術及經費。雖然戰後初期臺灣未能完全符合美方的條件，但韓、越戰突顯臺灣戰略的價值及高配合度，讓美國願意持續贈予軍備十餘年，此期總計費用為 24 億 2 千 2 百萬美元；之後，美方認為臺灣在經濟、社會方面自足能力提升，而減少贈與開始採信用貸款方式，此種方式是當受援國無力一次付清購款時，可經由美方同意，由美國政府先行墊付，再由受援國分期償還本息，至 1978 年止，此部分總計約有 5 億 4 千 5 百 6 拾萬美元，之後，臺美軍武交易就以軍售為主了。[15]

國軍對美方的軍援也並非表現得處處奴顏婢膝，至少「役人而不役於人，主權始終在我」的觀念是國軍極力宣導的政策，針對接受軍援，國軍有如下幾項原則宣示：1、國軍對軍援之態度為爭取而不依賴；2、國軍對中美間所訂有關援助之各項規定，忠實履行，認真從事；3、國軍對軍援運用之目標在於加強國軍戰備，提高國軍戰力，促進國軍現代化；4、國軍對軍援之爭取，以裝備為主，補給品次之，消耗品儘量減少，以使軍援之運用經濟有效；5、國軍對軍援之運用，係秉自助人助之精神，盡其在我，以國家資源作為經濟有效之運用為主，以軍援適切配合之。[16]

1968 年美國新上任的總統尼克森和中共展開乒乓外交，隔年駐臺美軍協防司令部宣佈第 72 臺海巡邏支隊停止海峽偵巡，1971 年此支隊被裁撤，美軍顧問團亦縮減人數，[17]1978 年 12 月 16 日臺

[15] 《美軍在華工作紀實（顧問團之部）》，前揭書，頁 103。但美國國務院另一數據統計 1951~73 年間對臺軍援費用總計 25.7 億美金，1974 年以後保留軍援訓練費約 50 萬美元，其餘終止，參閱〈戰後美國軍援與我國軍機的發展〉，前揭文，頁 64。
[16] 《美軍在華工作紀實（顧問團之部）》，前揭書，頁 109。
[17] 〈駐台美軍三十年〉，前揭文，頁 87-88。

美斷交，美國政府也正式宣佈終止「中美防禦條約」，美國對臺軍援算是正式結束了。美國對臺軍援歷時 27 年又 10 個月，國軍的「政戰」、「人事」、「情報」、「作戰」、「教育」、「訓練」、「後勤」、「計畫」、「主計」、「通信電子」、「軍法教育」、「軍醫」等系統都受到美方的建議與修正，同時陸海空的主要裝備幾乎也都是美製，專業軍士官的管理／技術訓練不是赴美，就是美籍顧問來臺訓練，因此，吾人看到一方面國軍整體戰力已大幅提升，但另一方面，臺灣對美國無論在心態或裝備上已然深深烙下對其軍事依賴，即使距離軍援結束達多年後的今天。

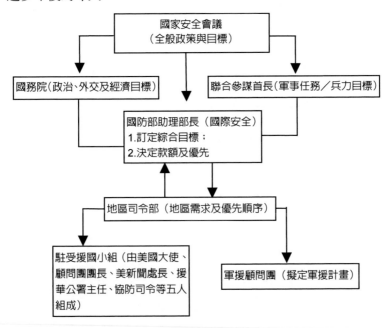

圖 5-1：美國軍援計畫之策訂程序

資料來源：《美軍在華工作紀實（顧問團之部），第五篇附表三》

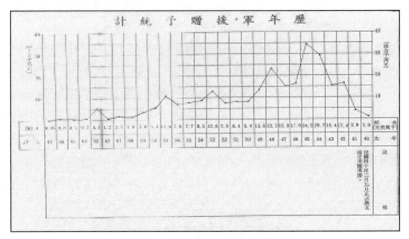

表 5-1：歷年軍援贈予統計表

資料來源：《美軍在華工作紀實》（顧問團之部），第五篇附表十

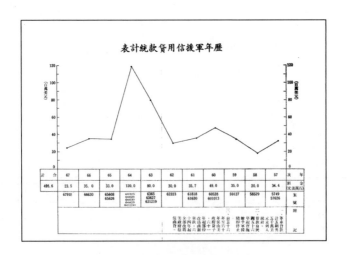

表 5-2：歷年軍援信用貸款統計表

資料來源：《美軍在華工作紀實》（顧問團之部），第五篇附表一

表 5-3：軍援時期空軍主要裝備接收表

類別	項目	數量
飛機	噴射機	1000 餘架（*目前尚屬機密）
	螺旋槳機	451 架
飛彈	響尾蛇	2000 餘枚（*目前尚屬機密）
	犢犬	500 餘枚（*目前尚屬機密）
武器	四〇砲	488 門
	九〇砲	177 門
車輛	通用	2665 輛
	特種	469 輛
通材	無線	5812 部
	有線	22076 部
雷達	雷達	200 部（*目前尚屬機密）
工程機械	工程機械	250 部

資料來源：《美軍在華工作紀實（顧問團之部）》，第五篇附表六

　　1978 年 12 月美國宣布與臺灣斷交後，當時參謀總長宋長志上將數度召見美軍協防司令林德少將及顧問團團長湯普遜上校，商詢有關斷交後臺灣國防部與顧問團在業務上應如何推廣的問題，1979年 2 月 22 日湯普遜上校正式致函宋總長內容如下：

　一、如閣下所知，顧問團自一九七九年三月一日起，其名稱即不存在，本人職務改為美軍協防臺灣司令安全助理事項之特別助理，然單位之工作處理與功能仍保不變，此項安排，將維持到一九七九年四月三十日，自一九七九年五月一日起，指派美國在台協會之非政府文職人員將負責與顧問團人員相同之任務，將來任務之確定方法迄未定案，但本人認為美國在台協會之文職人員將與其相對單位北美事務協調委員會之同僚合作，同樣北美事務協調委員會之人員亦將與適當權責單位聯繫。

二、一俟本團接獲一九七九年四月三十日以後有關作業之進一步指示，當即奉告閣下。

三、根據此項資料，敬請採取必要措施，刪除本人「顧問團長」之名稱在一九七九年二月二十八日以後官方函件內不使用顧問團之簡稱「MAAG」對本人用「安全援助事項特別助理」。[18]

三、「美國軍事援華顧問團」

與隨後到的經援對照，經援中各項工業發展、交通建設的經費審定及技術引進是由美國「懷特工程公司」（J.G. White Engineering Corporation）主導，軍援的主要執行機構則為「美軍在華援助顧問團」（U.S. Military Assistance Advisory Group）；[19]1951 年中美共同互助協定簽署後，同年 5 月 1 日 MAAG 正式在臺成立，這一組織屬美軍太平洋總部所轄，開始時臺美雙方都同意 MAAG 主要任務在國府諮詢、協助訓練軍隊及配備軍援器材，臺灣還希望 MAAG 應參加臺灣陸海空軍之各級部隊作戰並對防衛臺灣所需一切物資有建議之責，但都遭到美國務院回絕。

近 28 年 MAAG 的任務洋洋灑灑，大致來說，監督軍援預算及款項的執行、改善臺灣國軍的體質是其前期目標，因此與美國相關駐臺單位協調合作，擬定對臺軍援計畫，提供包括技術援助、物資接收、人員訓練等業務的具體建議，另外深入國軍系統，有效監視

---

[18] 《美軍在華工作紀實（顧問團之部）》，前揭書，頁 233。

[19] 早在 1950 年 11 月 23 日美方就緊急援臺彈藥 4,700 噸了，《臺灣光復後美援史料》第一冊軍協計畫（一），前揭書，緒論。關於「懷特公司」研究，可參閱《保衛大臺灣的美援》，前揭書。

臺灣方面不能進行「反攻大陸」的計畫等成為其常態性的工作任務，後期（尤其是越戰結束後）基於美國外交政策的轉變，軍援即將結束，MAAG 則不再協助訓練，各駐基地部隊顧問小組收編亦不參加作戰，連軍援事宜都只提出建議不再管支配。[20]

MAAG 組織隨軍援業務增減而更迭，歷任團長共計 14 位，包括 11 位少將 1 位准將 2 位上校，人員編制方面以 1979 年裁撤前的 6 位最少，1955 年約有 2400 名為最多，顧問團團長除了本團業務外，也要負責指揮來臺美國陸軍部隊，包括任務指派之計畫作為，共同防衛計畫之運用及訓練演習，各所屬參謀單位對駐臺美國陸軍亦負有聯合參謀之責，因此 MAAG 在臺期間臺灣陸海空三軍各聯隊、基地，甚至連基層「營」單位都可以看到隨營的美軍顧問人員。[21]

表 5-4：MAAG 各時期人員編制數

團長	官職別數額年度	軍官	士官	合計（位）	備註
陸軍少將 蔡斯 （William C. Chase） 1951.4.23～1955.6.27	1951	11		11	此期無細部資料。

---

[20] 臺灣地區另一美軍駐臺組織是「美軍協防臺灣司令部」，也隸屬於美軍太平洋總部，其與顧問團任務不同，專責協助國軍防禦臺灣、澎湖，協防司令由第七艦隊司令兼任之。《國民革命建軍史－第四部 復興基地整軍備戰（三）》，前揭書，頁 1913。

[21] 《美軍在華工作紀實（顧問團之部）》，前揭書，頁 9。

陸軍少將　史邁斯 （George W.Smythe） 1955.6.28～1956.9.17	1955			約 2400	團長曾因病返美就醫，由包加特准將代理。
	1956	833	1514	2347	
陸軍少將　鮑恩 （Frank S.Bowan Jr.） 1956.9.18～1958.7.1	1957	715	1187	1902	
	1958	598	699	1297	
陸軍少將　杜安 （Leander L.Doan） 1958.7.14～1960.8.21	1959	567	850	1417	
	1960	546	835	1381	
陸軍少將　戴倫 （Chester A.Dahlen） 1960.8.22～1962.8.19	1961	562	854	1416	
	1962	454	501	955	
空軍少將　桑鵬 （Kenneth O. Sanborn） 1962.8.20～1965.8.19	1963	440	453	893	
	1964	376	415	791	
	1965	376	408	775	
陸軍少將　江森 （Dwright B.Johnson） 1965.8.19～1967.6.20	1966	366	377	743	
	1967	302	284	586	
陸軍少將　威烈拉 （Richard G. Ciccolella） 1967.6.15～1970.3.1	1968	272	244	516	
	1969	218	179	397	
陸軍少將　泰萊 （Livingston N.Taylor） 1970.3.1～1971.12.15	1970	192	150	342	
	1971	128	81	209	
陸軍少將　巴恩斯 （John W. Barnes） 1971.12.16～1973.12.1	1972	187	28	215	此時期軍官欄為官兵數，士兵欄為聘僱人數。
	1973	156	49	205	

空軍少將　那水德	1974	95	46	141	
（Slad Nash）1973.12.1～	1975	159	272	431	此時期士兵欄為眷屬人數。
1976.6.3	1976	46	101	147	
陸軍准將　馮納					
（Leslie R.Forney）	1977	43	10	53	
1976.5.26～1977.9.16					
海軍上校　崔仕克					
（Ace F.Trask）	1978	5	1	6	
1977.9.16～1978.7.15					
空軍上校　湯普遜					士兵欄為聘雇人員。
（Hadley N.Thompson）	1979	4	2	6	
1978.7.17～1979.2.28					

筆者整理，資料參考：《美軍在華工作紀實（顧問團之部）》

　　1956 會計年度起臺灣的國防部才負起美援項目中「防衛支助」與「直接軍協」二項作業全責（之前是「美援會」統籌），「防衛支助」（Defense Support）—旨在提供有助於受援國家國防建設之資源及服務，藉以加強其軍事潛力，並改善其國民生計，援助範圍包括建築道路、橋樑、堤壩、電廠及天然資源之開發，因此，此項援助也會對社會經濟產生效益，軍、經援助在此處出現重疊現象；[22]「直接軍協」則是根據美方「軍援計畫」（MAP）所列標準清單，讓受援國獲得如以下列六大類的軍援：1、裝備；2、訓練；3、發展；4、行政；5、運輸；6、未行歸類的軍援計畫。[23]若以戰略政策來看，MAAG 前期較重視陸軍部分，後期則轉向海、空軍，這也是 MAAG 團長前期多

[22]　《臺灣光復後美援史料》第一冊軍協計畫（一），前揭書，頁 70。
[23]　〈駐臺美軍三十年〉，前揭文，頁 85。

為陸軍少將，後期派任多了海、空軍的緣故，因為本書研究以航空
工業為核心，因此以下只就 MAAG 與空軍發展關係為探討對象。

四、MAAG 與中華民國空軍

　　MAAG 評估臺灣空軍戰力的依據是「防衛準備」，從使用飛機
的數量、其他裝備與編制額定數量之百分比、現有人員之百分比、
戰士所受訓練、維護工作人員和行政人員之訓練等標準來評估，結
果 MAAG 認為我空軍持續力無法超過 7 天，其中主要原因是缺乏零
件與飛機，因為維持戰鬥所需之戰鬥耗損與維護需要，將使戰鬥力之
持續不受嚴重限制，所以 MAAG 提出在共同安全法案計畫下撥運飛
機和零件，對空軍作重大改善，當然，相對在修護的組織與制度上也
比照美軍。[24]航空工業局在 1954 年改組為空軍技術局之前，幾個飛機
製造廠、發動機製造廠及降落傘製造廠都先行改隸空軍供應司令部成
為修護單位，以加強美援軍機的裝備養護能量。[25]MAAG 建議的新修
護制度也讓空軍行之多年。簡單說此制度分三個部份：（一）擇要檢
修（Inspection Repair as Necessary,IRAN）──這是一種預防修護的概
念，飛機無論好壞，要定期飛到工廠執行大檢查，因為工廠的修護能
量較完備，檢修項目較多且能徹底執行；（二）計畫修理制度──彈
性依情況需要擬定修護計畫，增進工作效率；（三）檢查站制──將
專業人員及裝備儘量集中，並以計畫優先順序派遣支援，以有效運

---

[24] 《美軍在華工作紀實（顧問團之部）》，前揭書，頁 35。美國空軍負責各種
　　航空武器系統後勤補給、修護任務的是空軍後勤司令部，其所轄空軍供應
　　區部所負任務與我空軍相似；國防部編譯局譯印《美國空軍》（臺北：編者
　　印行，1972 年），頁 144。
[25] 空軍技術局的部份，留待下一節深入討論。

用修護機具與人力。為了協助修護美軍各型飛機、發動機及地面裝備，提高修護人員作業技術，自 1955 年至 1978 年間，還陸續選送臺灣空軍飛機修護人員赴美訓練，共計軍官 34 員、士官 32 員。[26]

　　當年空軍總部軍援業務的對口單位是 MAAG 的空軍組，而空軍組的組長歷年皆由美國空軍第 13 航空隊臨時特遣隊（位於臺南空軍基地）的上校隊長兼任之，此隊隸屬駐紮菲律賓呂宋島的第 13 航空兵團，該兵團受美國五角大廈在太平洋總部的空軍司令部所管轄。[27]如前所述，MAAG 派遣軍事顧問到各基地、聯隊，他們的訓練情形是如何呢？以飛行訓練為例，1950 年代空軍噴射機換裝訓練是由臺南聯隊負責各部隊種子教官的訓練，顧問小組裡的飛行作戰官，要訓練從空軍官校畢業且戰鬥機飛行時數超過 500 小時以上的臺灣飛行員（後來此規定取消），有的種子教官則是被直接送到美國空軍基地訓練，無論是何種方式，飛行員們以前都飛螺旋槳機現在改成噴射機，在專業學理、飛行實務上要重新學習的部分很多，因此，上課、上場飛行、檢討……等日常行程都很緊湊，正常狀況是每兩週休一次假，當然飛行員的福利比地勤人員好很多，並且美籍顧問的生活方式有時會感染給臺灣的飛行員，幾句溜口的英文、美式飛行墨鏡、飛行夾克，這些行頭走在整體社會經濟尚未發達的臺灣大街小巷，總是引人羨慕！[28]至於，地勤修護的訓練因為屬飛機工業技術養成的內涵，筆者特別以空軍「MTD 小組」為例在下一節深入討論之。[29]

26　《美軍在華工作紀實（顧問團之部）》，前揭書，頁 131。

27　《美國空軍》，前揭書，頁 127。

28　范里〈楊信寧在臺灣與空軍共度的歲月〉《中國的空軍》第 671 期，1996 年 4 月。MAAG 駐華人員生活上的優渥及外交豁免權，也曾造成與臺灣社會的隔閡，1957 年 5 月 24 日第一次臺灣大規模反美示威「劉自然事件」，就是當時嚴重的中美外交事件。參閱維基百科網頁：http://zh.wikipedia.org/。

29　1950 年代開始，美、臺還曾進行一連串對中國大陸的秘密情搜工作，我空

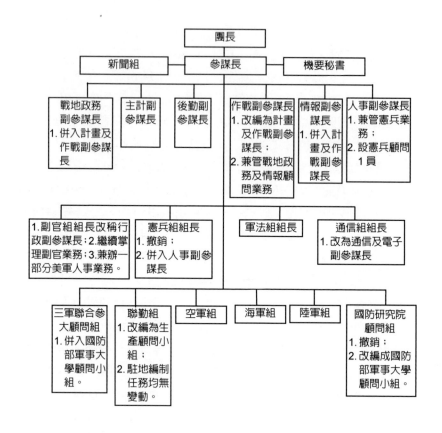

圖 5-2：MAAG 於 1950 年代改組前後組織圖

資料來源：《美軍在華工作紀實（顧問團之部），表二》。

軍方面提供優秀的飛行與技勤人員，美軍則支援先進戰機，並負責訓練臺籍專業人才，這就是空軍史上著名的「黑貓中隊」與「黑蝙蝠中隊」，這也是美援時期美軍進行技術移轉的途徑之一，不過，此種方式的訓練擴展效益不大，口述訪談「黑蝙蝠中隊」成員 MA03 先生，民國 98 年 7 月 19 日。另參閱傅鏡平，《空軍特種作戰秘史》（臺北市：高手專業出版社，2006.10）。

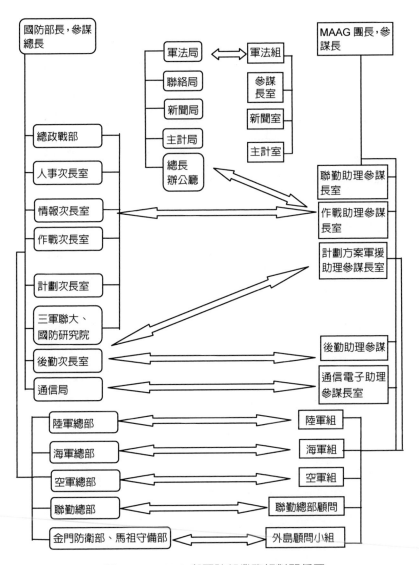

圖 5-3：MAAG 與國防部業務相對關係圖

資料來源：《美軍在華工作紀實（顧問團之部），表五》

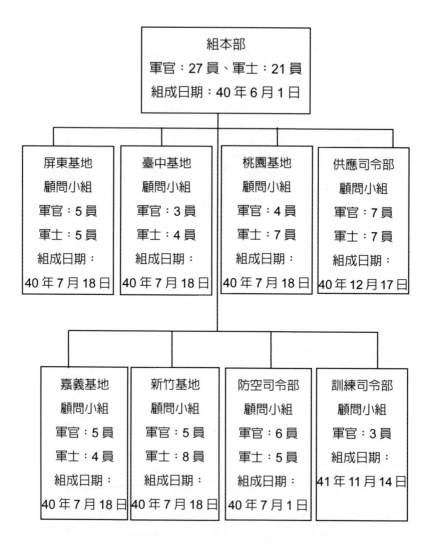

圖 5-4：1951 年美軍顧問團空軍組人員組織概況

資料來源：空軍總司令部編印，《空軍年鑑》民國 41 年，第 9 篇附件一

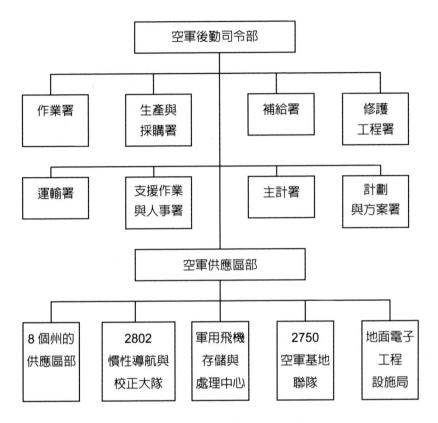

圖 5-5：1960 年代美國空軍後勤令部組織圖

資料來源：《美國空軍》，頁 145。

第二節　美軍的技術引進和政策箝制

　　為了維持臺灣海峽的和平穩定，美國政府一方面要提供資源，強化國軍「不能反攻大陸，卻可遏止共軍侵略」的國防實力，一方面又得控制不影響本國軍事財政及增兵的壓力；所以雖然中華民國空軍接受軍援期間（1951 年～1979 年），透過美方的軍機贈與、人員訓練及技術移轉快速提升了對美國軍機的熟悉及在戰鬥飛行、飛機維修等方面的技術，但同時美方也透過對空軍組織、管理制度的修正，讓空軍單位無法建立設計、自製生產飛機的能量。以下筆者以美軍協助我空軍精進飛修技術的典範：MTD 小組（Mobile Training Detachment，噴射機巡迴訓練派遣小組）為例，概述美國軍援下技術引進的模式，再以「空軍技術局」的成立為例，說明美方企圖以組織改造，監控臺灣技術研發的糙略。[30]

一、「噴射機巡迴訓練派遣小組」（Mobile Training Detachment，MTD 小組）的成立

　　空軍建軍初期的飛機，均是以活塞式發動機為動力之螺旋槳飛機，1953 年 6 月，美軍以 F-84G 噴射戰鬥機援助我國空軍，方開啟空軍噴射戰鬥機的時代，與此同時，美軍也派遣 MTT 小組

---

[30] 雖然 1949 年～1979 年間，臺灣已成立數家民航公司，但民航公司主要業務在客／貨運，飛機的維修只佔少數，且此期最大的「華航」公司內部維修人員主要也來自空軍退役者，故本章節不談民航部份。

（Mobile Tour Training，機動巡迴訓練小組）來臺協助，當時由少校顧問凱納迪（Maj. Keinady）率領美方教官 9 員，會同空軍翻譯人員至臺南、嘉義基地實施為期 5 個月，針對 1,939 名空軍相關專業人員作換裝訓練之任務，空軍認為美國 MTT 小組的功能，有助於部隊任務的有效推行，為縮短訓練差距，減少學年教育訓練負擔，也比照美軍成立同名對口單位，開始時，MTT 小組駐點於臺南空軍基地，但因該基地翻譯人員專業能力不足，而轉向由岡山「空軍機械學校」（以下簡稱「空軍機校」）招考翻譯教官，同年該小組變遷往「空軍機校」長期駐點。[31]

　　初期 MTT 小組屬空軍總部之後勤署管轄，它與總部之下的後勤司令部及訓練司令部（於民國 74 年裁撤）任務有別，後者負責各聯隊基地的後勤支援、維修技術和訓練等；MTT 小組則是擔負各基地噴射機巡迴訓練及在「空軍機械學校」教授噴射機維護訓練課程，1956 年 2 月因為工作量過大，不再負責學校學年教育訓練，該小組並改名 MTD 小組（Mobile Training Detachment，噴射機巡迴訓練派遣小組），專責於各基地的修護訓練，重要工作有：種子教官之培訓、技令與教材資料的獲得、訓練裝備的籌補、MTD 教室的設計規劃、訓練計畫擬定及經費申請等，民國 60、70 年代還陸續代訓約旦和新加坡等友邦空軍人員。[32]1994 年二代戰機時代來臨，新政策及新戰機修護制的改變使得 MTD 小組先縮編且更名為 CTS 小組（Conversion Training Section，簡稱「換裝訓練小組」），最後于 1996 年正式被裁撤。

---

[31] 林玉萍〈80 年代空軍後勤技術單位的生存發展問題－從 CTS 小組被裁撤談起〉《空軍學術月刊》第 537 期，頁 68~69。
[32] MTD 小組成員 MA04 先生口述，民 89 年 10 月 5 日。

表 5-5：美國軍援下我空軍主要換裝機種及架數

年代（西元）	換裝機種	架數	備註
1952	F-47、PB4Y	未明	
1953	F-84G	78（其中 3 架為備份機）	我空軍正式進入噴射機時代
	T-33A	7	
1954	F-84G	81	
	F-86F	25	
	RT-33A	2	
	T-33A	18	
	P4Y	7	
	PBY5A	7	
1955	F-84F	104	
	F-84G	11	
	RF-86F	5	
	RT-33	7	
	T-33A	4	
	P4Y	6	
	PBY5A	4	
	H19B	4	
1956	F-86F	51	
	RF-86F	2	
	RF-84F	18	
	HU-16A／B	6	
1957	F-86F	89	
	F-84F	46	
	RF-84F	2	
	T-33A	16	
	SA-16A／B	2	
1958	F-100F	6	
	F-86F	111	

	F-84G	31	
	RF-84F	5	
	RB-57D	2	
	T-33A	22	
	C-119	16	
1959	RF-100A	未明	
	F-86D	〃	
	C-119G	〃	
1960	F-100A	〃	
	F-104A／B	〃	
	T-28	26	
1963	F-104G	未明	
1965	F-5A／B	〃	
	F-5E	〃	
1974	F-5E	〃	
1979	F-5F	〃	
1984	AT-3	〃	
1986	C-130H	〃	
1994～	IDF、F-16、幻象 2000	〃	二代戰機換裝

資料來源：國防部史政編譯局編印《中國戰史大辭典——兵器之部》下冊

　　美軍每次贈與各型飛機給空軍時，都會派遣專業顧問來 MTD
小組負責將該機種飛機之一般測試、維修的技術移轉給我軍方人
員，然後 MTD 小組的教官再將所學傳授給包括各基地的飛行軍
官、停機線維護人員、一般維護、發動機、電器、儀表、液壓、飛
操、通信、導航、電戰、軍械、軍雷、逃生、地裝等系統專業人員
等。飛機是一種相當龐大、複雜、又價格昂貴的高科技裝置，如何
訓練維修人員能夠在一百多萬個大小零組件中找出發生故障的原
因，並不容易，早期電腦技術尚未改變飛機結構前，對人員施行長
期、重複的學、術科訓練是絕對必要的。

二、「MTD 小組」的技術引進與訓練

　　同時為了經濟與空間上的效益，MTD 小組只能利用實體與模擬器交互教學的方式，訓練飛行與後勤技術人員相關專業技術，實體訓練主要針對發動機進行拆解／組裝以了解其完整的原理與實際修護，模擬訓練則是以模擬器配合投影片、書籍教材、操作技令（T.O.）模擬各種飛機運作狀況，模擬器（simulator）主要是仿效真實存在的一系統及其功能之裝置，它可以有效滿足該類訓練需求，建立個人基本技能與學科知識，常見者如電腦輔助模擬器、座艙程序訓練模擬器、維修勤模擬器等。

　　MTD 小組成員多來自空軍官、機、通校，及中正理工學院畢業軍士官，其中一段時期，機、通校與成功大學有「科學軍官」的培訓（成大給一些名額讓軍官們修畢大學學歷），所以軍官部份很早就擁有多位專業的學士學位以上者，士官則是自民國 54 年開始選拔有經驗或優秀的士官加入；一般說來，從準備到訓練完成，小組的工作內容有：派員至原廠接受技術移轉（約費 3 個月～1 年）、取得及熟讀技術命令與教學資料（2 個月）、實際演練操作程序（1 個月）、培訓種子教官或至使用單位施訓（3 個月～1 年）、籌補訓練用模擬或實體裝備、設計規劃訓練教室、編撰教材（1 個月）、擬定訓練計畫（1 個月）、有時也會接受命令，出國協助友邦施以相關訓練；小組成員不但英文能力要好，各不同專業者的學識能力也要強，因為他們的知識不只是 know how，也要 know why，不只會 reading（如技術命令 T.O.），也要會 doing（拆裝複雜的發動機）。並且安排持續性的訓練課程也是 MTD 小組的常態性工作，各基地都有所謂的「標訓室」，「標訓室」負責對來基地的新手（軍官／士）實施基地的各

項專長及維修訓練，這些工作初期及部份教材常由 MTD 小組支援，有時基地遇到無法解決的技術維修問題也會向 MTD 小組請益。[33]

　　MTD 小組的技術內涵傾向於一種技藝（skill）特質，它大部分屬於身體經驗的、完整的、有時間感、沒有量產壓力，例如負責發動機的教官，他對液壓系統、燃油系統要有專精的學、術識能力，對飛機整體結構也要有起碼的知識，這和麵包師父不只知道如何揉麵粉、如何發酵、控溫等各個片段工作，更知道如何從無到有地創造出令人垂涎的香甜麵包一樣，如此的 skill 能夠讓人對自己長期以來的付出及非凡的經驗感到光榮，進而對所從事的職業或職場有一份認同和歸屬感。[34]

　　運作達 41 年的 MTD 小組在空軍修護技術的傳承上有不可撼動的地位，這樣的成就一半要歸功於供應者——美國的給予，但同時，軍援時期不只我空軍單位的一般作業和作戰部隊飛行訓練均須參照美軍制度，連飛機用燃油和零附件等補給也由美方供應，在此情況下，技術訓練的方式及目標就不得不受供應者主導，美國只希望臺灣方面能嫻熟如何使用和一般修護美軍汰換轉贈的軍機，研發較高層次的修護技術如噴射機的電子儀表系統則不予鼓勵；[35]從技術移轉的項目控制技術生根發展的方向外，MAAG 也從航空工業組織的變更上著力監督相關資源的運用，筆者以下再剖析「空軍技術局」的案例，說明當時美方技術控制的手法。

---

[33] 〈80 年代空軍後勤技術單位的生存發展問題－從 CTS 小組被裁撤談起〉，前揭文，頁 70。

[34] Shoshana Zuboff 認為：技術的演變會將身體的、經驗的 skill，移轉到機械的、理性的（或稱智識的）technology，決策者透過新技術改變管理方式與組織，工作者也對工作的認同與歸屬感產生變化。Shoshana Zuboff,In the Age of Smart Marchine:The Future of Work and Power（U.S.A.:Basic Books, Inc., 1988）p.p.17-19。

[35] 《台海戰役前我國空軍的建設（1949～1958）》，前揭文，頁 358。

三、「航空工業局」改制為「空軍技術局」

　　中日戰爭結束後，國府的「空軍總司令部」（以下簡稱「空軍總部」）決定整頓鬆散的各航空工業機構，採集中管理並大力發展航空工業，於是 1946 年 9 月「航空工業局」在「空軍總司令部」之下成立，其組織與當時所擁有的技術能量已於第二章敘述，此處不贅言；1948 年年底「航空工業局」奉令遷臺，所屬單位相繼裁撤或改隸，美國軍援開始後一年，「空軍總部」將「航空工業局」的「飛機製造廠」劃歸「空軍供應司令部」管轄，「航空研究所」與「裝備修理及實驗工廠」各改編為「航空研究院」、「實驗工廠」，「空軍航空實驗研究團」改隸「航空工業局」；至 1954 年 6 月前該局內有 1 部 5 室 1 科 1 股 1 所，並管轄上述 3 個獨立單位。[36]雖然筆者目前沒有直接證據顯示美方後來要求變更負責航空工業任務的機構，但從許多退役空軍人員及當年相關機構員工的著述或訪談中，可知「航空工業局」於該年 7 月 1 日被改組為「空軍技術局」，確實是因為美方要求，目的在讓臺灣航空工業走向維修美軍軍機的方向。

> 「……四十四年當修護處長的時候，我了解兩年前接受美援的同時，美方要求我們空軍改組航空工業局為技術局，把它所屬的臺中飛機製造廠、清水發動機製造廠，和岡山第一飛機製造廠劃歸供應司令部，改組為修理機構。……使我理解到美方不支持我國發展航空工業，而力求修護補給力量的完備。」
> ——李永炤《航空，航空五十年》，頁 81。[37]

---

[36] 〈第一個彙整我國航空工業的關鍵機構—航空工業局〉，前揭文，頁 35；另參閱空軍技術局編〈空軍技術局歷史〉（臺北：國防部史政編譯室典藏，1954 年）。

[37] 李永炤當時擔任「臺南供應司令部」修護處上校處長，後來成為「空軍航

　　「空軍技術局」成立之際被賦予的任務包括：1、對本軍所有修護及補給機構作維護上之技術輔導；2、申請、分發、編審、譯印技令規範；3、督導實施品質管制及供給標準等，以支持本軍後勤業務。該局設 1 部、5 室、3 處（下屬 13 科 1 所）、1 科（下屬 1 班），編額官長 143 員，士兵 98 員，共計 241 員，管轄「航空研究院」、「屏東空軍試驗所」、「航空實驗研究團」三個獨立單位，局雖然陸續有內部單位及員額上的變動，但仍運作至 1969 年 1 月，時間長達 15 年。[38]過去研究航空史的專家或參與航空工業的朋友們都認為「空軍技術局」存在的 15 年是臺灣航空工業發展的「停滯期」，因為在其改組之前「空軍飛機製造廠」才完成美國波音公司斯德曼（Stearman）PT-17 初教一型教練機共 104 架，同時「航空研究院」也與該廠開始製造引擎的工具和鈑金零件，之後，引擎的研發及飛機製造工作皆停頓下來。[39]

四、技術「停滯期」的爭議

　　但是這裡有兩個問題需要討論。首先，「修護技術及制度」的發展算不算是航空工業技術的成長？若如第一章之定義「航空器製造維修業」屬「航空工業」的範疇，那麼「空軍技術局」和「MTD

空工業發展中心」首任主任，中將退役。筆者訪問過當時在「實驗工廠」任職的 MA05 先生，也有類似的說法，訪談日期：2001.05.15，地點：臺中市范宅。

[38]　〈空軍技術局歷史〉，前揭文，頁 4。

[39]　李適彰先生認為臺灣戰後航空工業發展可分三個階段：1.（1949 年～1968 年）為「停頓階段」；2.（1969 年～1988 年）為「恢復階段」；3.1989 年至今為「發展階段」。參閱〈我國早年航空發展簡介〉，前揭文，頁 158。另，前航發中心主任華錫鈞將軍也認為「空軍技術局」時期，臺灣航空工業因此停滯。華錫鈞《雲漢的故事－IDF 戰機引擎研發過程剖析》（臺北：聯經出版社，1997 年），頁 3。

小組」在軍援時期接受美方移轉各型噴射軍機的飛機修護技術及其
制度，因而在此建立厚實的技術經驗，應被正視為是航空工業修護
技術「生根期」而非「停滯期」，飛機的設計製造確實與修護所需的
知識／技術有流程及深度上的差別，但修護技術也是須經過學理和
經驗培育的專業技術，它的成長應被等同視為航空工業技術的成長。

再者，美方除了希望我加強對其贈與飛機的使用和「修護技術」
外，更希望培養我方足夠的「自我防衛能力」，因此還協助臺灣進行
火箭研究；根據「空軍技術局」歷年執行的業務來看，1958 年 4 月「航
空研究院」與「聯勤兵工研究院」曾成立「紫電小組」，從事火箭推進、
導引控制、氣動力、結構、推進劑、材料等研究工作，先後 8 年間也
進行過「探空」一、二、三、四型、「凌霄」一、二型及「心戰」三型
等火箭試射，1966 年才將那些成果移交給國防部所屬「中山科學研究
院」，這當中美國專家多次來臺技術指導。[40]所以依此事實，筆者不贊
成先進們認為「空軍技術局」時期是航空工業的「停滯期」之說法。

另外衍生出的問題是，對美國來說臺灣的火箭研究是很大的風
險，因為火箭是一種載具，其技術成熟之後可以往飛彈的方向發
展，形成軍事攻擊的力量，（事實上「中科院」成立後就這麼作了），
美國當時如何拿捏這恐怖平衡的線？還是我國防部並不是全然讓
美國牽著鼻子走？「空軍技術局」鑒於噴射機電子系統的日趨複雜
與重要一直想要成立一座「電子軍械廠」，精進包括軍械、雷達等
方面的修護任務，但美軍顧問組卻不同意，1955 年王叔銘將軍擔
任空軍總司令，知道這件事後，不顧 MAAG 的反對限令 3 個月內
成立該廠，電子系統在當時是很先進的技術；同樣地，1950 年被
美國 CIA 收購卻以民航公司名義運作的 CAT 也有類似情形，他們
在維修美軍噴射機時，美方另闢一間似維修電子系統的密室，只准

---

[40] 參閱〈空軍技術局歷史〉，前揭文。

美籍人員進出，相關技術並不教授給臺灣專業人員，但它在飛機維修技術上仍獲得美軍最多的移轉，可見臺灣航空技術在「空軍技術局」時期，雖被壓抑，卻仍持續地厚實己力。[41]

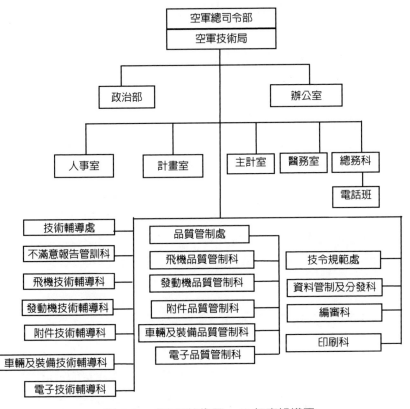

圖 5-6：「空軍技術局」43 年度組織圖

資料來源：空軍技術局編〈空軍技術局歷史〉（臺北：國防部史政編譯室典藏，1954 年）

---

[41] 數年前筆者訪談在 CAT 工作 30 餘年的老員工 MP04 先生，他口述此狀況。
訪談時間：1998 年 5 月 22 日，地點：臺南市「亞航」總廠鉗工區。

第三節　韓、越戰時期的「亞航」與「航發中心」

　　國民政府來臺初期面臨三大困境：一、內政方面，百廢待舉，除了重建遭戰火破壞的一切設施外，各機關的接管、經濟重整、新移民與在地人省籍情結等問題，都需要花費極大的力量處理；二、國防方面，國府有效領地除臺、澎、金、馬外，長江口以南的大陳島、一江山島、海南島等大陸沿海少數島嶼尚有國軍駐守，共軍不斷地以砲火攻擊這些地區，對國軍造成莫大的威脅；[42]三、外交方面，美國在臺灣問題上先採取不干涉立場，韓戰爆發之際轉而中立，後來恢復援華；中美關係如此高低轉折，相當地影響臺灣的生存發展，其中臺灣航空／飛機工業一方面開始得到實質技術與設備上的援助，另一方面卻也陷入被控制發展的局面。

一、韓、越戰下的臺灣航空工業

　　本章第一節中，筆者已詳述韓戰後美國對臺灣軍援的情形，韓戰於 1953 年達成停戰協定，但美國並未終止對臺灣的援助，主要原因是共產主義在亞洲的氣焰依舊威脅美國，尤其寮國、越南地區；1954 年國際日內瓦會議決議以北緯 17 度線分隔南北越，並應於 1956 年舉行普選，結束越南戰爭，當時北越由共產主義者胡志明所領導，南越則由親美的吳廷琰擔任總統，胡志明希望能將南北

---

[42] 徐焰，《台海大戰》上編，（臺北市：風雲時代出版社，1992 年），頁 55。

越早日統一，但美國與吳廷琰擔心胡志明當選，反對普選，雙方無法達到共識，北越在 1957 年之後開始滲透南越，美國則於 1960 年開始派遣軍事顧問團協助南越，1961 年美軍特種部隊赴越，1962 年中共介入，泰緬山區的李彌游擊隊，也接受臺灣國府的支援，協助美軍對抗越共，多國政府在此地區糾葛長達 10 年，至 1973 年巴黎停火協定簽署美軍才大量從越南戰場撤離。表面上，臺灣與越戰雖無直接關係，但美國以臺灣為軍事中繼站，軍機起落、維修，人員休憩、轉運都在此地進行，較無戰鬥任務的運補任務，也交給臺灣方面執行，所以事實上亞航、復興、遠東、華航等民航公司正是利用不可多得的戰爭商機在此期紛紛成立。

　　事實上，在美國經費與技術的大量挹注下，臺灣的民航建設也有明顯的改善；1950～1973 年間，各交通事業接受美援貸款 35 億 4 千餘萬美元，贈與金額 3 千 2 百 60 餘萬美元，其中民航局用於航空建設額度佔 36.6%，約新台幣 3 億 6 千 7 百 15 萬 1 千元，這些援款主要用在延長機場跑道、建立多項導航臺、指揮塔臺、航空大廈、交通大道、庫房、修理廠、停機坪、候機室、購置助航設備、電子設備等，如臺北松山機場原有跑道僅 1000 公尺，至民國 52 年已有符合國際標準之水泥混凝土長 2,600 公尺，寬 60 公尺之跑道。[43]

　　1949～1951 年間臺灣地區的民航事業，幾乎由 CAT 包辦，國內航線有臺北－高雄線、臺北－花蓮線、臺北－臺中線，國際線包括臺北－漢城、臺北－馬尼拉、曼谷－香港－臺北－東京及中美航線等。[44]1951 年，國府集資成立「復興航空公司」，除了臺－岷（馬尼拉）航線，CAT 支援李彌游擊隊的全盛期，CIA 也曾委託「復興航空公司」作過運補任務。[45]越戰給臺灣的航空公司帶來不定期的包機業

[43] 趙既昌，《美援的運用》（臺北市：聯經出版社，1985 年），頁 165、175。

[44] 沈海涵，《我國空運航權的研究》（臺北市：黎明出版社，1994 年），附錄五。

[45] 翁台生，《CIA 在臺活動秘辛》（臺北市：聯經出版社，1994 年），頁 252。

務，後來因為業務量過多 CAT 無法全攬，而需要臺灣的空軍飛行員支援，然軍方角色又顯尷尬，所以國府決定將一些飛行員釋出成立民航公司，一方面解決敏感的軍方問題，二方面擺脫美資掌控臺灣空運的窘態，於是臺灣第一家民營國際航空公司「中華航空公司」就成立了。

1959 年 12 月 16 日《中央日報》轉發軍聞社簡訊：【軍聞社訊】退役空軍軍官多人（案：約 26 名）所組成的「中華航空公司」（以下簡稱「華航」、「CAL」）訂於今日在臺北市博愛路 150 號正式開張營業，為社會服務。該公司總經理楊道古，曾任空軍總部後勤署副署長，楊氏言，公司擁有五架飛機，包括兩架 PBY 水陸兩用機、兩架 C-46、一架 PC-3，目前僅作客貨包機業務，視需要不定期飛航環島、中美、中泰、中菲、中日、中韓、臺港等地，公司股東及飛行員都是曾服務空軍多年的退役軍官，對飛行及飛機保養都有熟練技能和豐富經驗……。田曦、胡白錫、王立序、楊道古皆是股東，周照麟將軍夫人亦在該公司服務。[46]

「華航」成立背景是為了方便支援滇緬游擊隊，臺灣軍方飛越泰、寮、越南、緬甸之飛機需借民航的名義作掩護；華航其它業務還有：1、承接國防部馬祖軍運包機，一趟 600 美元；2、美國海軍後勤通訊中心（NACC）外島包機；3、運送魚苗或賽鴿到蘭嶼施放。華航營運初期困難重重常借調或借用空軍人力及維修資源，並且很難與當時的 CAT 競爭。1960 年聖誕節前夕，CAT 美籍飛行員返美渡假未歸，CIA 將一批補給待送寮國物資轉包給華航（案：包機全程 8000 美金，CAT 抽成 4000），解決了華航燃眉之急，當時負責此任務的任歌樵先生，又在當地接一些包機業務，三天內帶 3 萬多美元回臺北，啟發華航向外開展包機業務的構想。[47]

---

[46] 《CIA 在臺活動秘辛》，前揭書，頁 248。

[47] 華航沿革史編輯委員會編，《華航沿革史》（臺北市：編者自印，出版日不詳），頁 212。。

　　真正攸關華航存亡的是「北辰計畫」（1961），即華航人員到寮國接當地空運，暗中也負責支援李彌游擊隊的任務，當時華航負責此任務者為烏鉞將軍。約 2 年時光，華航在永珍賺大筆美金回臺灣，並在松山機場蓋一座飛機棚廠，至此總算在財務上站穩腳步。1962 年華航又在越南西貢成立「南星辦事處」，接手 CIA 在越南叢林空投運補的特種任務，之後華航開始走向獨立自主的階段。華航員工由 1959 年初創期的 26 員，到 1970 年已超過 2000 員，尤其是越戰爆發後的 5 年之間，松山機場修護廠人員與設備均呈等比級數的成長，規模僅次於 CIA 屬下的亞航。[48]

　　再以「遠東航空公司」（以下簡稱「遠航」）為例，早「華航」兩年，「遠航」於 1957 年成立，當時由胡侗清先生領導一批由空軍退役飛行與維修人員駕 C-45 及 BEECII 輕型機 9 架開航，初期以東南亞不定期的包機業務為主，另外也接受國內民航局、省政府委託空中照相、森林防護、海上搜索、支援石油鑽探等工作。[49]越戰時期，國內民航公司直接承包東南亞戰區包機業務的有：1、中華出租飛機給寮國皇家航空、越南航空、泛美航空，並擔任美大使館運送人員與物資補給或空投任務；2、遠東航空自 1965 年始租機給越航，執行越南國內各種包機、各大小城鎮之客貨運班機業務；3、「永安航空」與「臺灣航空」也都租機給「越南航空」，以上各公司租機合約都包含駕駛員與維修人員在內；另外，CAT 在西貢設一辦事處，代理美國「環球航空」、「南方航空」即美軍包機票務等業務。[50]

　　民航局在 1953 年 5 月公佈「民用航空法」，不但表示政府意識到拓展國際飛航線的必要，同時也為培植國人自營的航空公司作事

---

[48] 《華航沿革史》，前揭書，頁 232。
[49] 民航局檔案第 6856 號：遠東航空公司〈呈報與越航租機合約〉、〈附錄：遠東航空公司駐越機構業務簡報〉，1965 年。
[50] 民航局檔案，同上註〈永安航空公司包機合約〉〈越南航空公司包機合約〉。

先的規劃。越戰發生，使緬甸、寮國、越南等國的正規軍絕大多數
投入戰場執行戰鬥任務，後勤補給和國內外民航運輸亟需其他人力
物力支援，臺灣的幾架轉租飛機並非承租國最必要的（他們可也直
接向美國申請），重要的是飛機駕駛員及維修人員的經驗技術，可
以說越戰帶給民航公司的各項商機，是靠當年那些有膽識與超高技
術，甘冒生命危險的工作人員為各公司，甚至為國府積極爭取來的。

二、「亞航」：美軍在遠東重要的軍機維修廠

　　如前所述，由陳納德創建的 CAT 在韓戰期間，曾支援非戰鬥
性的運補工作，如傷兵運送、氣象資料蒐集、夜間空投游擊隊員與
物資等，1955 年 CAT 改組登記為兩家公司：一是民航空運股份有
限公司（Civil Air Transport Company Limited），二是亞洲航空公司
（以下簡稱「亞航」，Air Asia Company Limited），前者負責經營定
期國內外航線業務，後者為美航（Air Aericam）在亞洲的主要飛機
維修公司（Air Asia，1992），可以說，當時「亞航」是太平洋地區
美軍飛機和美國民航局在遠東地區作業飛機的主要修護廠。[51]

　　1950、60 年代，CIA 在臺活動頻繁，他們除訓練空軍飛行員
駕駛 U2 偵察機，監視中共軍事活動外還收編 CAT，希望藉此公司，
拓展美國在遠東地區的活動空間，譬如幫忙法國運送物資到越南，
抵抗共黨威脅之類的事；[52]至於亞航，幾乎都在維修美軍的飛機，
1953 年以後，美式噴射戰鬥機到臺灣，除空軍自身有培養 O、I、
D（Organ、Intermediate、Depot）三級維修能力外、亞航因為爭取

---

[51] 亞洲航空股份有限公司《亞航公司簡介》（臺南市：編者印行，日期不詳），
　　頁 1-2。
[52] 《CIA 在臺活動秘辛》，前揭書，頁 45。

到美國空軍、民航機構、及其他遠東地區接受美軍援國家等的長期合同，所以修護能量更是齊備。從 1966 年開始至 1979 年共 13 年間，亞航與美軍共簽訂 69 件維修合約，維修過戰鬥機如 F-100、F-4、F-105 等 11 種機型，5,077 架次，運輸機如 C-119、偵察機、轟炸機 63 種機型，3502 架次，翻修過 7900 具活塞式和渦輪式引擎 30 餘種；印尼空軍也與其簽訂 C130 飛機修護合約，越戰時支援美國國務院援助緬甸空軍之 FH227 型飛機設計改裝大型貨艙門，同時擔任中華民國總統座機及重要政府官員機隊之定期修護工作。[53]

越戰時期的亞航經營規模與維修技術已是亞洲第一，世界第二，僅次於瑞典，[54]鼎盛期臺南總公司員工有 3、4 千人。據亞航資深員工口述，公司員工大部分是本國人，民國 40 年代臺灣學校教育尚無航空科系，故多半找機械或電子、電機等科的人進來（按：因地緣之便，很多都畢業自臺南高工），後來臺南高工還特別成立「飛機修護科」為「亞航」培育技術人才，新進人員需再經過公司訓練班 6 個月的訓練，請外籍工程師、資深技術軍官，或本國已受訓過的工程師上課，吃住免費，還有零佣金，之後，通過考試拿到證照，才可以到線上維修，或者空軍轉職者，直接考證照上線工作。[55]

美軍在太平洋地區的飛機到達前，英文維修技令（T.O.）會先到，相關儀器設備也由美方提供，但是美軍軍機中高科技或極機密部份卻不准臺灣人接觸，他們在廠房另有一維修室，皆是美籍維修師，稱「美軍維護小組」，[56]由此可見美方並不準備將高技術移轉給臺灣（按：當時軍機維修的高技術部份指如「航電」、「控制」等

[53] 亞航公司，（1992 年）；亞航企劃處，〈蓄勢待發－亞航擁有五十年維修經驗與技術〉《航太工業通訊》第 30 期，1998 年，頁 9-10。

[54] 《CIA 在臺活動秘辛》，前揭書，頁 225。

[55] MP04 先生口述，1998 年 5 月 22 日於臺南市「亞航公司」本廠，先生為「亞航公司」資深員工。

[56] MP04 先生口述。

部份）；美軍不願意和中華民國空軍有太密切的合作，一方面是因外交上留些與中蘇談判的空間，二方面也不願將太多關鍵性技術移轉給國軍。[57]值得一提的是，1949 年～1962 年 MAAG 的「空軍顧問組」上校組長雷克多（Edward Franklin Rector），是當年陳納德領導「飛虎隊」裡的飛行員，這一層人脈關係可想而知又增添 CAT 與美軍在軍事互動上的方便性。

亞航對員工的福利與照顧很好，不但成立工會，員工薪資也比照美軍技術人員，所以在當時來講是屬高薪階級了（按：民國 44 年以後），那時臺南人嫁女兒，最希望是找醫生或亞航員工。美式管理、優渥的員工福利、先進維修技術，使亞航在當時臺灣工業界堪稱翹楚。

1968 年以後美國國內反越戰聲浪高漲，「巴黎和談」已在詹森總統任內進行，美國此時在越南戰費已逾 450 億美元，50 萬美軍的每天開銷超過 7000 萬美元，此年美國總統大選，共和黨候選人尼克森，以提出保證退出越戰的政見，擊敗對手，以後美國便陸續自越南撤軍，1969～1972 年間，美軍在越兵力由 54 萬 9 千人，銳減至 17 萬 1 千人，1975 年後美軍在越南就毫無可力量可言了。[58]美國對越南外交政策的改變，影響到臺灣的航空事業，最明顯的是亞航公司的維修營運，另外，尼克森於 1972 年 2 月 28 日與中共簽訂「上海聯合公報」，也影響了美國對臺灣的軍經援助，凡此種種，對臺灣整體發展有一定的挫折，但國府與大部分臺灣人民仍在這一次的危機中另闢生存之道，以航空業而言，如「航發中心」成立，

---

[57] 筆者曾拜訪新竹「黑蝙蝠中隊」成員 MA03 先生，據他口述，當年新竹空軍基地內有一間大型的電子偵搜維修工廠，極其機密，它專門維修飛機上電子相關儀器，不准美軍之外的技術人員進出。訪談時間：2009.07.19，地點：新竹市眷村文化館。

[58] 陳企，〈越南戰史－美越戰爭篇〉《軍事家雜誌》（臺北市：全球防衛雜誌社，1990），頁 96。

建立國人自行研發的能量、民航公司積極拓展國際航線、亞航員工將技術擴散到其他民營公司等，都是一種危機變轉機的具體表現。

亞航於韓、越戰時期，以維修美軍在太平洋地區軍機為主，例如 70 年代清泉崗基地大批的 C-130 運輸機、F-4 戰鬥機等的維修保養工作即由亞航負責，越戰的結束標示美國對亞洲外交政策的改變，根據「上海聯合公報」內容，雙方同意美國撤離在臺所有軍事武裝與設施：

> 「……美國方面聲明：美國認識到，在臺灣海峽兩邊的所有中國人都認為只有一個中國，臺灣是中國的一部份。美國政府對這一立場提出異議，它重申它對由中國人自己和平解決臺灣問題的關心。考慮到這一前景，它確認從臺灣撤出全部美國武裝力量和軍事設施的最終目標，在此時間，它將隨著這個地區緊張局勢的緩和，逐步減少它在臺灣的武裝力量或軍事設備……。」[59]

至此，美國逐年減少軍援，並展開撤離行動到 1979 年結束。與美國軍方關係密切的亞航，從 1973 年以後業務就開始萎縮，不久美航（A.A.）就將亞航轉讓給美國德州「怡新系統公司」（E-SYSTEM）。

1979 年中美斷交，亞航工作僅持續一年，當最後一架美軍機完工，美軍所有地面裝備及器材都被遷去韓國或美國，1987 年亞航又轉讓給美國專修飛機引勤和組件的「精密空用動力公司」（PRECISION AIRMO－TIVE），[60]此時員工面臨裁員解散問題，後來新加坡航空公司到臺南，在【中華日報】上幾次刊登徵才廣告，結果約有幾百位亞航員工以簽合約方式到新加坡，協助當地

---

[59] 〈中美上海聯合公報〉（1972.2.28）
[60] 《亞航公司簡介》，前揭書。

飛航維修技術，這才紓解部份裁員壓力（按：伊朗也有）。另外也有不少人到國內其他航空公司或「中鋼」、「中船」，這些公司很歡迎亞航人，亞航因為越戰的結束，員工人數從極盛時期的 3、4 仟人，萎縮到數百人的谷底，1980～1987 年是亞航技術停滯時期。[61]1988 年亞航才開始轉由國人經營，其間並多次易主，但公司財務及營運每況愈下，1994 年臺翔公司正式入主亞航，該公司目前與台糖簽訂「臺南航太工業專用區合作開發協議書」，正式展開「新亞航計畫」，[62]我們希望這一個五十年「高齡」的臺灣飛機維修公司能再創造另一個春天。韓、越戰的結束雖然嚴重打擊像亞航飛機維修廠，但這次的危機卻也喚起了臺灣沈寂已久的航空研發製造能力。

三、「空軍航空發展中心」的成立

40、50 年代臺灣航空能量之所以停留在軍機維修上，美方佔了絕對的主導角色，因為經濟補助、技術移轉皆控制在美方，美國主要考慮到中共的反應及兩岸關係的平衡，當然臺灣在戰後初期，人力物力的現實環境，也還無能力發展高科技。鑑於美方自 1965 年以後逐年縮減軍援，1969 年空軍向美方提出購買 F-4 戰鬥機案又被拒，臺灣因而擬定「航空工業發展計畫」，計畫以「技術合作」的方式，由小至大，由簡至繁，達到最終自給自足的目的，[63]這一

---

[61] MP04 先生口述。
[62] 《亞航公司簡介》，前揭書。
[63] 林麗香〈從依賴理論探討臺灣航太工業發展〉，國防部 87 年度金像獎參選著作，1998 年，頁 8。

年「空軍航空發展中心」（簡稱「航發中心」）正式成立，擔負起國人自行研發軍機的責任。

　　由原先「空軍技術局」改制後的「航發中心」，將兩個幕僚單位：「品管技輔處」、「技令處」，及兩個下屬單位「臺中品管所」、「屏東品管所」撥交給空軍供應司令部，「航空研究院」則升格為一級單位，並成立「飛機製造籌備處」，此刻起，國府展現脫離美國主導與限制，重新建立軍機研發、自製能力的企圖。[64]「航發中心」獲取研發能力的主要方式，從與國外公司（主要是美國）合作生產開始，逐步建立設計能量；例如它於 1969 年獲得美國「貝爾公司」簽約合作，生產 UH-1H 直昇機及 T53-L-13B 型發動機，合約內容中包括可派員赴美實習的項目，這讓「航發中心」因此取得部份技術與管理上的經驗，等技術成熟進入生產線，短短數年，臺灣在直升機機體部份自製率很快就達到 60%，發動機達到 27%，這也是臺灣飛機製造第一個授權生產的案例。[65]

　　接著 1973 年與美國「諾司羅普公司」簽約，合作生產 F-5E、F-5F，1976 年再與「諾司羅普公司」簽訂代製 F-5E 前機身合約，首開我航空產品外銷之先河，1978 年開始自行研製中型運輸機，1980 年 AT-3 噴射高級教練機、1988 年 IDF 經國號戰機等，總計自 1972 年～1979 年，美國以各種可能的方式移轉了 11 億 6 千 7 百萬美元軍品給臺灣。1996 年「航發中心」為配合國家航太政策，從軍方所屬單位改制為隸屬經濟部之國營事業「漢翔航空工業股份有限公司」，並於 1999 年完成民營化。[66]「航發中心」或現在的「漢翔航空工業股份有限公司」是目前臺灣唯一具有較完整飛機研發、製造能量的航空工業公司，它的成立與最初發展可以說

---

[64] 《空軍航空工業發展中心歷史（1991 年）》，前揭書，頁 3。
[65] 《空軍航空工業發展中心歷史（1991 年）》，前揭書，頁 10。
[66] 《空軍航空工業發展中心歷史（1991 年）》，前揭書，頁 17。

是在越戰結束美國軍援減少的危機中，為臺灣航空創造出來的一種轉機。

　　臺灣民營的航太產業在「航發中心」成立之初也開始建立，該中心將部份零組件外包給少數有現成機器及成熟技術的廠商，主要項目是機身零組件，如派龍、起落架、……等部份，因為臺灣機械業技術早在日治時期開始形成並有很好的基礎。航空人才的培育在1970 年代也陸續展開，民國 57 年國防部「中正理工學院」開設航空工程系、59 年「臺南高工」飛機維修科、61 年國立「成功大學」機械研究航工組、私立「淡江大學」航太工程系、64 年私立「逢甲大學」航空系、65 年「成功大學」航太工程系成立，加上民國38 年遷臺的「空軍官校」、「空軍機械學校」、「空軍通信電子學校」等，總計 1970 年代臺灣的航太科系共 9 所，雖然當時學生人數不多，師資方面少數聘請國外學人，大多數是本國軍職轉任者，但政府為未來航太工業培育人才的政策是值得肯定。

　　1960 年代中期美國授權各主要盟國生產製造美式武器裝備，讓美國海外基地可就地獲得標準化、制式化或共通性軍品的後勤支援，70 年代又積極協助各盟國以合作生產方式提供技術移轉，以達到建立當地國防工業的水準。[67]美援期間，臺灣獲得國防安全與技術上保障，對航空事業而言其影響是，我國軍事航空能量得以跟隨如美國這樣的高科技國家之後，不致於停滯不前，但美方也因此導控臺灣航空發展，臺灣的航空界的軍／工／學各方面，必須多處配合美方，這也是受美國援助盟國普遍面臨的困擾。

---

[67] 熊培霖，〈武器採購與國防工業自主〉《航太工業通訊》第 26 期，1997 年10 月，頁 47。

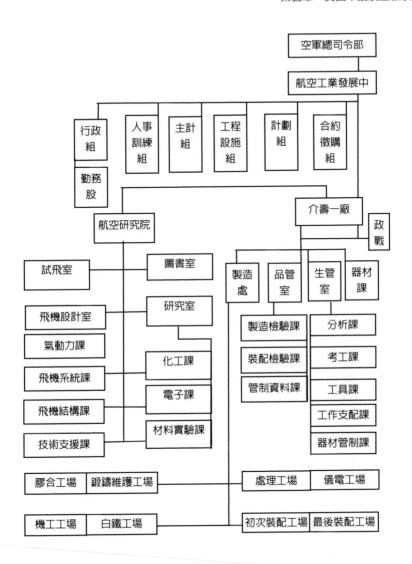

圖 5-7：「航發中心」組織系統圖（民國 58 年 9 月編制）

資料來源：空軍航空工業發展中心編《空軍航空工業發展中心歷史》（臺中
　　　　　市：編者自印，民 59 年）

第四節　軍事受援國經驗的比較
——臺灣與南韓

　　冷戰時期美、蘇兩大強權各自以軍備援助的方式拉籠盟邦遂行資本主義與共產主義的陣營對立，[68]台灣與南韓因為國家安全的互利原則，冷戰時期同樣接受美國大量的軍經援助，形成對美長期依賴的共同經驗；在 1969 年尼克森主義發表後，兩國決策階層也同樣出現國家安全上的危機意識，而企圖發展自我依賴的國防工業，但是，由於彼此政治文化的不同，所採取自我依賴的方式有別，使得後來兩國在國防工業發展的面貌各不相同。

一、戰後美國對南韓軍援

　　南韓從 19 世紀末成為日本殖民地開始到二戰後美援時期，有著和台灣相當類似的歷史經驗，例如在二戰後經歷過軍事威權及數次的計劃經濟；1948 年大韓民國首任大統領李承晚是個強烈的反共主義者，他在位 12 年間「南北統一」是最重要的政策目標，也因此和臺灣的蔣中正領導時期一樣，「一切發展都是為強化軍事」。二戰後美國對韓國的軍援比台灣早，1948 年 8 月李承晚大統領建

---

[68] 1947 年 2 月 21 日～6 月 5 日美國總統杜魯門發表援助土耳其、希臘的「杜魯門主義」，因為這是美國戰後圍堵政策的開始，故「杜魯門主義」又被稱為「冷戰宣言」，該時段在美援史上被稱作「關鍵十五週」，參閱《經濟奇蹟的背後》，前揭書，頁 45。

立「大韓民國」時，隨即與美國簽署了五個軍事協定：《美韓暫行軍事協定》、《美韓關於移交財政及財產的協定》、《美韓軍事援助協定》、《美韓軍事顧問協定》、《美韓共同防衛援助協定》等，[69]同年韓國國家航空公司（Korean National Airlines, KNA）正式成立；當時的南韓國防軍，以美軍體制為模式，建立並擴充陸海空三軍，快速發展軍力的結果，到 1950 年 6 月朝鮮戰爭爆發前夕，南韓軍隊已擴充到 10 萬多人。

韓戰爆發初期，南韓軍隊無力抵抗北韓軍的攻勢，潰敗至半島南端的釜山附近，為了借助美國的力量挽救戰局，李承晚將軍隊的作戰指揮權交給當時「聯合國軍」總司令、駐遠東美軍總司令麥克阿瑟，從此，美軍掌握了對南韓軍隊的指揮大權。韓戰結束，美國加強在亞洲的圍堵政策，同時提高對南韓的經濟援助和軍事援助，南韓對美國的安全依賴程度也因此明顯提高；1953 年，南韓政府與美國政府簽署了無限期有效的《美韓共同防衛條約》，該條約內容規定「……大韓民國給予美利堅合眾國在雙方共同商定的大韓民國領土以內及其周圍部署美國陸、空、海軍部隊的權利」，美國從此永久性地獲得了在南韓的合法駐軍權，1954 年《美韓合意議事錄》規定南韓軍隊的作戰指揮權歸實際由美國控制的「聯合國軍」司令部掌握。

韓戰結束後的 1954-1960 年間，美國提供給南韓無償經濟援助17.7 億美元，無償軍援 21.5 億美元，韓軍在美國的大力扶持下，同樣獲得許多軍備武器、設施建設與人才訓練，1968 年南韓陸軍已擁有 19 個步兵師，兵力規模達 59 萬人。雖然美國的援助使南韓國內快速復甦且開始工業化，但是真正讓其重工業包括國防工業起飛

---

[69] 隔月，北方由金正日領導成立「朝鮮民主主義人民共和國」。

的，是 1961 年軍事政變獲權的朴正熙時代。[70]朴正熙是接受日本士官教育出身者，歷史學者認為其所執政的南韓當時是處在「威權體制」下，但不可否認，他統治期間「先建設、後統一」的基本路線，及幾次透過「經濟企劃院」實施的經濟計劃，確實將南韓帶向現代化的基礎。[71]

　　1965 年～1972 年越戰時期，南韓應美國要求，先後派遣首都師、第九師等部隊約 30 萬名軍人赴越南南方參戰，以此美國再提供 15.96 億美元的軍援，韓軍不但能夠熟悉運用美軍武器，同時也累積戰場實際經驗，這一點上，台灣就沒有類似的機會，[72]因為對中共的顧忌，美方選擇只讓臺灣提供後勤支援及軍機的維修。事實上美國真正的態度是希望維持南北韓的和平狀態，在提升南韓軍力時並不希望南韓有更進一步攻擊性的軍事能力。

二、「尼克森主義」

　　1968 年美國國內反越戰聲浪高漲，使得同年美國總統大選，共和黨候選人尼克森提出保證退出越戰的政見，擊敗對手現任總統詹森。1969 年 7 月尼克森在關島提出「尼克森主義」（Nixon Doctrine），其要點有三：1.「總體力計劃」（total force planning）：暗指美國要付諸「所有可用的資源」，讓美國成為友好聯盟的「推

---

[70] 1953 年南韓就業人口 70%從事農業，礦工業部門占國民總生產毛額的 6%而已，後來透過美援物資發展紡織、製粉、精糖等三種食品加工的「三白產業」，才開始導向輕工業。鶴蒔靖夫《第 2 の奇跡はあるか！台灣 VS 韓國》（東京：IN 通信社，1991 年），頁 60。

[71] 馬穎、周劍麟著〈政府威權與戰後韓國的經濟發展〉，中國社會科學院世界經濟與政治研究所網站：http://www.iwep.org.cn/。

[72] 參考新浪軍事網：http://203.84.199.31/search/，2005 年 6 月 9 日。

動者」，而非「領導者」，也就是說包括亞洲的和平與安全，今後應由亞洲國家自行負責；2.「區域主義」（regionalism）：鼓勵區域合作及第三世界國家聯盟，美國雖仍信守條約義務，但不再介入區域對抗；3.「自我依賴」（self-reliance）：修改軍援政策，將目標放在提升受援國自主性防衛能力上，而非對美國在區域角色的需要。[73]

　　1970 年代以後美國開始實施尼克森主義，亞洲外交政策明顯的轉變，此際受衝擊最大的是臺灣與南韓，這可分為兩方面談，一、因為美軍開始撤兵，台灣與南韓產生深切的危機感，因而各自發展國防工業；以航空工業為例，南韓在 1969 年將 KNA 民營化改組為「大韓航空公司」（Korean Air, KAL），1970 年代起南韓空軍快速累積了維護翻修美製軍機的能量，包括戰鬥機 F-4、F-5、F-15、F-16、教練機 A-10、偵察機 P-3、運輸機 C-130 等，越戰後南韓更取得美軍在亞洲 F-4 軍機的所有維修訂單；[74]1972 年南韓空軍以授權方式試裝成功第一架美國帕斯馬尼（PAZMANY）公司的 PZ-2 輕型飛機，1976 年 KAL 成立航太部門，是為南韓最早的航空製造公司，他們先以購買美國休斯公司 500MD 武裝直升機作為協議，另一部份正式生產飛機。

　　此前數年，美國與南韓已經在洽談飛彈與戰鬥機的維修／製造合作案，1970 年代中期有許多的民間公司參與零件的生產，包括已擁有渦輪引擎的組合及零件生產技術的「三星精密工業」（Samsung Precision Industries）。[75]二、為了讓各區域聯盟國家負擔自己國家安全的責任，美國在軍備及技術移轉上允許更自由化的出

---

[73] Janne E. Nolan,Military Industry in Taiwan and South Korea (Hampshire: T he Macmillan Press LTD,1986) p.p.24-25。

[74] 原先台灣的亞航是維修此型飛機的重鎮，越戰後美軍縮手轉移給南韓。

[75] Ibid. ,p.73。張之東〈韓國航空工業發展概況〉《航太通訊》第 51 期，2004 年 3 月，頁 24。

口，促使南韓與台灣有機會藉技術移轉來提升發展自主性國防（武器）的能力，這對兩國而言，不啻是「塞翁失馬，焉知非福」。[76]南韓最初透過授權生產的方式引進美製飛機，再加上後來積極爭取製造歐洲商業飛機零附件的訂單，使得 1980 年代中期以後南韓航空工業逐步建立自主研製的能量，近年更是嘗試自行研發軍機有成。

三、軍援後臺灣與南韓航空工業的比較

　　臺灣在韓、越戰時期受美方軍援的情形已如前幾節所述。經援方面美方對臺灣航空工業的發展也有所貢獻，以民航局接受美援的情況為例，自民國 43 年起至經援停止，凡贈與、美金貸款、及相對基金貸款合計新臺幣 367,151,000 元，它們多被用在擴建機場跑道、增建各項航空設施、購置助航儀器及電子設備上，因此臺灣民航運輸有了長足發展，如民國 41 年總航空線里程為 3,694 公里，民國 64 年則增至 377,994 公里，其中國際航線達 48 條 376,122 公里，總里程增加 100 餘倍，該年，載運旅客人數成長 21,524%，貨運噸數成長 4,254%。[77]經援中對各工業的資助與技術引進，直／間接助益了航空工業發展，如「臺鋁」提供質量好的鋁錠來製造飛機機身、「中油」提供國防軍需用油（但不包括航空燃油的提煉）、「唐榮鐵工廠」、「大同機械公司」、「裕隆汽車公司」等補充「聯勤」或其他國防單位不足之鐵、鋼料或機械零件……等；但即便如此，飛機的製造維修能量長期以來都掌控在國防部，因此，直接軍援及相關的技術訓練，還是影響臺灣航空工業發展的主要因素。

---

[76] 〈戰爭與航空──台灣戰後航空發展初探（1949 年～1979 年）〉，前揭文，頁 48-49。

[77] 《美援的應用》，前揭文，頁 174-176。

　　韓戰、越戰是軍援政策的重要支力點，韓戰後美國感受到共產主義在亞洲的氣焰不減，於是同意 1954 年 12 月 2 日與臺灣簽訂中美共同防禦條約，1965 年經援停止時，因為越戰接著開打，美方必須持續以臺灣為中繼站，故軍援繼續，直到美國總統尼克森發表「尼克森文件」後才急速縮手，1979 年臺美斷交，5 月，中美共同防禦條約終止，美援至此才正式劃下句點。美國介入越戰（1963 年～1975 年）的背景及過程雖不是本文所欲討論，但與韓戰不同的是，美國此次願意透過秘密行動尋求我空軍的後勤協助，同時，也讓 CIA 轄下的亞航負責維修美國軍機，這使得臺灣在飛機維修方面累積了強大的實力；越戰也給臺灣的航空公司帶來不定期的包機業務，1980 年之前臺灣最大的國際航空公司「中華航空公司」的成立，就是因為那時 CAT 無法全攬美軍過量的運輸需求才有成立民航公司的契機。但越戰結束後，尼克森政府外交策略的大轉變，不但裁撤駐台美軍，連美國軍機的維修任務也一併轉到日本與南韓，這使得台灣的「亞航」維修營運直接因此大幅萎縮，甚至面臨關廠危機，不過 1969 年「航發中心」的成立及時挽回臺灣航空工業沒落的危機。

　　吾人比較臺灣與南韓航空工業發展，可看出一個很大的差異點，那就是南韓從 1970 年代發展重工業起，就分散飛機組裝和零件製造等關鍵技術給民間廠商，真正落實國防工業軍民雙向發展的策略，而臺灣則是一直掌控在軍方所轄的機構裡。南韓第一階段實施公營企業民營化是在 1968 年～1978 年，當時有「大韓通運」、「大韓航空」、「大韓造船」……等 10 餘家公營機構民營化，其中「大韓航空」是朴正熙親自請因越戰發大財的趙重勳購買該公司，才順利民營化的。

　　航空工業民營化優劣的問題相當複雜，本文無法一一討論，但有部分經濟學者提出不應忽略國防與國家發展的關聯性，因為對工

業/類工業國而言，防衛自足率多寡對國家自主性的維持很重要，但是要在武器生產上獲得自主，有時還需加入「國家威望」考量的刺激。對小國而言，許多重工業（屬資本密集產業）會和市場規模、私人資金及人力發生牽連，在這種情況下往往政府資金會被捲入，尤其是國防工業，政府部門輔助國防工業可能面臨以下幾個問題：1.加劇通貨膨脹，抑制該工業的競爭力；2.國防工業比其他工業所需勞工少，其技術也過於專業無法應用於它部門產業，又因為強調精密與革新，所以開銷特別大，其結果，易造成國防技術人才的失業或離開；3.又若教育資源被用在為培育技術密集或與國防相關產業的人才上，那這些費用很容易被短期必須的技藝取代，如現代農業技術；4.對小國而言，生產小型軍需品無太大困難，但生產複雜武器如戰鬥機則必須依賴關鍵技術的輸入，因此這些國家仍屬邊緣性發展；5.持續進口發展性武器會帶來沉重負擔，進而剝奪針對進口所可能進行的財稅現代化的種種計劃。[78]

　　航空工業直接由國家經營是各國早期發展共有的經驗，但隨著社會經濟的變遷，大資本與產業網絡的複雜化，許多工業化國家對包括航空工業在內的國防相關工業已有大幅度的調整，如採軍工複合或軍轉民營，當然，地理條件、國家安全及經濟策略的不同考量會讓各國採取不同的經營策略；臺灣的亞航在美國 CIA 抽手後數度轉賣，公司內部營運管理及人才出走問題重挫其航空維修能量多年，航發中心則要到很晚近的時候才轉型民營，戰後 30 年因為特殊的歷史背景與政治氛圍，讓臺灣航空工業與南韓的航空工業展現不同的營運風貌，如何評量兩者恐需更多的資訊與研究方得完全。

---

[78] Janne E.Nolan, Military Industry in Taiwan and South Korea.（Hampshire：The Macmillan Press LTD, 1986），p.p..5-11。

1914 年野島銀藏駕駛雙翼螺旋槳複葉座機「隼鷹號」來臺。

資料來源：國家圖書館／臺灣記憶系統

位於屏東的警察航空班

資料來源：國家圖書館「臺灣記憶」系統

屏東日軍第八飛行團大門。
此基地旁即「日本陸軍第 5 野戰航空修理廠屏東分廠」所在地。

資料來源：國家圖書館「臺灣記憶」系統）

日本海軍第六十一航空廠兵器部電氣工場員工合影。

資料來源：捐贈者杜進金先生授權，國家文化資料庫轉出

航空廠疏開至新竹南寮時員工的合影。

資料來源：捐贈者杜進金先生授權，國家文化資料庫轉出

被美軍轟炸後的日本海軍第六十一航空廠，
後由「空軍通信學校」接收並命名為「明教樓」。

資料來源：空軍航空技術學院校史館

「空軍通信學校」整建完成的明教樓。

資料來源：空軍航空技術學院校史館

屏東大鵬灣國家風景區內，原日本海軍第六十一航空廠屏東支廠辦公廳

資料來源：筆者提供

空軍機械學校在高雄岡山復校後仍繼續研發飛機。

資料來源：楊模先生提供

1960 年代美軍顧問團到空軍通信電子學校視導

資料來源：空軍航空技術學院/校史館

民國 50 年代空軍噴射機換訓小組（MTD 小組）於空軍機校的所在地。

資料來源：筆者提供

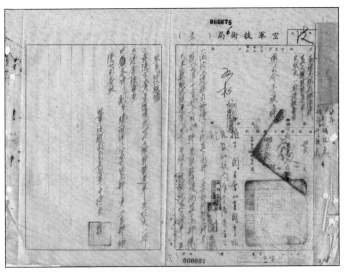

「空軍技術局」」租借閒置機器給
台北「裕隆機器股份有限公司」公文與部分機器

資料來源：日本航空隊資產接收處理案,總檔案號：空軍總部 030150

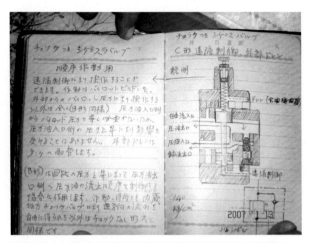

臺籍技工在戰後初期繼續學習飛機液壓系統的筆記本。

資料來源：筆者提供，徐永華先生之筆記簿

蚊式偵察機修護士。

資料來源：楊模先生提供

第三部

技術與社會

第六章　臺灣航空工業裡的技術與社會

　　技術的本質是什麼？傳統上大家接受「工具性」是技術基本特徵的觀念，它是人的行動與目的的手段；德國哲學家海德格（Martin Heidegger）指出，現代技術的另一基本特徵是它被支配、被強求，它從隱藏在大自然中的能量中被開發，開發出來的東西被轉換，轉換後的東西被儲存，儲存的東西被分配，分配的東西重新被轉換。[1] 並且，「技術」脫離不了與人及社會的密切關係，俱工具性、被強求的「技術」，看似與人有上下從屬的階級關係，但一社會中，「技術」被產生、使用及規範的過程，是會回過頭來影響人的思考判斷與生活習慣。「技術」具備「社會建構」的特質，[2] 此建構並不能抹殺技術在生成與運用過程中有其政治性的觀點，它有時又是特定權力、族群、階級或意識型態的強化力量，[3]「技術」也會影響個人對社會國家的認同。

　　臺灣社會對日本技術的肯定是有目共睹的，尤其歷經過日治時期的長輩們，每談起日本人的技術訓練，幾乎就是「嚴厲」、「精實」的一貫評語，這樣的印象又常被長輩們拿來責難時下社會某些技術物的劣質，或批評年輕一輩從事相關技術時輕浮的態度；到底日本政府在臺灣實施技術教育與訓練的特色有哪些？是什麼樣的東西

[1]　Martin Heidegger 著，宋祖良譯，《海德格爾的技術問題及其他文章》（臺北市：七略出版社，1996年），頁10、16、18、20。

[2]　陳瑞麟，《科學與世界之間－科學哲學論文集》（臺北市：學富文化，2003年），頁271-272。

[3]　Langdon Winner 著，方俊育、林崇熙譯，〈技術物有政治性嗎？〉，收錄於《科技渴望性別》，前揭書，頁133。

能如此鑲嵌入人的意識裡，甚至影響他／她的文化認同？本章第一節首先探討日治時期臺灣及中日八年抗戰後中國的實業教育，透過同時代兩不同政治空間的技術教育實施情況，來說明之後習得航空技術的人員如何產生他們不同的文化甚至國族上的認同。

　　第二節則討論臺灣航空工業的「軍工複合體」特質；航空工業有其軍需工業的屬性，因此它擁有龐大的財力與人力資源，同時它的發展政策也會受制於國家公部門的意志，臺灣航空工業無論是二戰時期或戰後，此特質一直存在，從此角度看，明顯呼應前文「技術」是特定權力、族群、階級或意識型態的強化力量之觀點。本章第三節將更細緻地探討戰後臺灣航空工廠裡的階級衝突問題；因為軍方總是臺灣航空工業發展的主要掌控者，1980 年代以前，航空工廠裡的人員軍民參半，但軍職多佔高層主管，階級與管理認知的差異對航空工業發展是加分或減分呢？本節會深入討論。

第一節　實業／職業教育訓練與技術認同

　　在民族國家或公民社會裡，「認同」是持續出現的重要課題，諸如「國家認同」、「文化認同」、「身分認同」、「性別認同」……等；在集體記憶的追尋或建構中，尋求認同者希望獲得廣大的支持基礎，遂行某種目標的完成，同時，被認同者也能透過團體的氛圍，強化自我的認同與自信心或……某些權力。長期以來學界對「認同」議題的研究與討論相當豐富，本書則希望從技術的角度，探討從技術教育的養成、職業訓練及工廠生活形塑出來的「認同」，如何影響個人對國家或文化的認同。過去在口述訪談過程中，筆者發現，曾在日治時期航空廠工作的老先生們，異口同聲地對自己受日式技

術訓練的經驗感到榮耀（相對於戰後臺灣的技術訓練，或中國撤守來臺的航空廠技術員），同時，透過對技術優劣的認同，隱約表達了對日本文化／中國文化的認同差異，甚至包括國家認同！這是有趣的現象，值得探討。

一、技術與社會

　　技術是人的行動，是為生產目的行使的手段，包括製造與被製造整體；德國哲學家海德格還指出，現代技術的另一基本特徵是它亦為被支配、強求的一種展現方式，這與早期農民的耕作或古代風車的利用有很大的不同，當農民把種子交託給土地，他是在大自然條件的限定下，看守著種子的成長發育；而古風車的葉片直接聽任風的吹動，但它並不開發氣流中的能量加以儲存。現代技術則是讓隱藏在大自然中的能量被開發，開發出來的東西被轉換，轉換後的東西被儲存，儲存的東西被分配，分配的東西重新被轉換，這種開發、轉換、儲存、分配、再轉換的模式是現代技術的重要內涵。[4]

　　「技術」脫離不了與人及社會的密切關係，但這樣的關係有上下從屬的階級性嗎？「技術」受人的支配與強求，看似臣屬於人，但「技術」在被產生、使用及規範的過程中，是否會回過頭來影響人的思考判斷與生活習慣呢？女性主義學者魯‧史瓦茲‧柯望（Ruth Schwarz Cowan）研究 20 世紀美國中產階級婦女的家庭勞務議題時發現，這些在城市生活的家庭主婦，接受新式家務操作工具後，其家庭勞務的型態發生戲劇性變化；柯望指出，當家庭裡煮飯燃料從煤炭變成煤油與瓦斯，洗衣方式由人力變為電力，從幫浦挑水換成

---

[4]　宋祖良譯，《海德格爾的技術問題及其他文章》頁 10、16、18、20。

轉動自來水龍頭時，這些家務科技的革命，不但改變家務勞動人口
的結構，新科技增加新需求，甚至引發家務勞動者新的意識形態。[5]

　　「技術」也因為受社會的不同需要、約定與磋商，而具備「社
會建構」的特質，[6]但此建構並不能抹殺技術在生成與運用過程中有
其政治性的觀點，尤其技術在設計上的考量，技術產品在使用時的配
置，往往是特定權力、族群、階級或意識型態的強化力量。[7]以越戰
時期美國陸軍使用的 M-16 步槍為例，一份調查 1965 年～1969 年間，
致使越南戰場上超過 29 萬名美軍傷亡的研究報告顯示，美國陸軍要
求他們的士兵使用 M-16 步槍是其中影響至鉅的因素。[8]M-16 步槍是
由美國「陸軍軍需司令部」（Army Materiel Command）兵工署生產製
造，此款步槍比其前身 M-14 步槍更輕便、後座力更小及近距離射準
度更高，但它卻有致命性的缺點，卡彈！造成卡彈的重要原因有二：
槍管纏度過多和使用球火藥（ball powder），這兩樣技術的設計是「陸
軍軍需司令部」當初違背原型設計者本意，強力介入修改的結果，調
查還發現，陸軍之所以這麼作，隱藏了背後廠商利益與意識形態的問

5　例如 1920 年代晚期，因為洗衣服的煩瑣耗時，一般家庭主婦習慣一星期選一天
　　洗衣，所以有「憂鬱星期一」的說法，但自從洗衣機、洗衣粉及電熨斗上市後，
　　家庭主婦可以比較輕鬆的洗全家人衣服，因此，洗衣服不再只限一星期一次，
　　後來「讓家人每天穿著乾淨筆挺的衣服，是家庭主婦愛家人表現」的觀念開始
　　普及，在此觀念下，頻繁地打掃浴室、去超市買號稱有營養成分的罐頭食品、
　　接送兒童去學舞蹈……等新需求產生，這非但沒減少家庭主婦的勞務時間，甚
　　至以前有女傭或家人幫忙的情形，也因操作工具的便捷性，讓家庭主婦得擔負
　　起全部的工作。Ruth Schwartz Cowan 著，楊佳羚譯，〈家庭中的工業革命〉，收錄
　　於吳嘉苓等主編《科技渴望性別》（臺北市 群學出版社 2004 年），頁 107、111-112。
6　陳瑞麟，《科學與世界之間－科學哲學論文集》（臺北市：學富文化，2003
　　年），頁 271-272。
7　Langdon Winner 著，方俊育、林崇熙譯，〈技術物有政治性嗎？〉，收錄於
　　《科技渴望性別》，前揭書，頁 133。
8　James Fallows 著，葉書豪譯，〈美國陸軍與 M-16 步槍〉，臺灣 STS 虛擬社
　　群/STS 經典論文翻譯區，網址：http://sts.nthu.edu.tw/reading_files/M-16_
　　rifle_and_American_army.pdf；頁 1。

題，因為兵工署在技術理念上堅持狙擊手的觀點，不顧越南叢林戰的實際條件，並且置換長期合作廠商不適合的火藥到新型步槍上。[9]

　　上述兩個案例充分顯示，技術與人及社會的互動關係絕非單向從屬，他們是會相互影響的，既然如此，我們想再深入討論技術是否也會影響個人對社會國家的認同？臺灣社會對日本技術的肯定是有目共睹的，尤其歷經過日治時期的長輩們，每談起日本人的技術訓練，幾乎就是「嚴厲」、「精實」的一貫評語，這樣的印象又常被長輩們拿來責難時下社會某些技術物的劣質，或批評年輕一輩從事相關技術時輕浮的態度；到底日本政府在臺灣實施技術教育與訓練的特色有哪些？是什麼樣的東西能如此鑲嵌入人的意識裡，甚至影響他／她的文化認同？

二、日治時期臺灣的實業教育

　　日本政府對殖民地角色的定位一直是在「輔助母國」、「供應母國需求」上，因此日治時期臺灣教育的重心除母國語言—日文的學習外，「實業教育」是另外重要的一環；[10]1919 年臺灣總督府發布〈臺灣教育令〉，各州開始以農、工、商三類為主設置實業學校，[11]1922 年新「臺灣教育令」頒布後，根據「內臺共學」的精神，臺灣的實

9　「狙擊手觀點」主要是認為，步槍射擊在最好的情況下，須能讓狙擊手命中 400～600 碼外的標靶，因此子彈要以 3250 英呎／每秒的速度射出槍口；另外，「火藥球」是歐林‧馬西森公司（Olin-Mathieson Corp.）所提供，此公司從第二次世界大戰結束，就一直是美國陸軍使用「球火藥」的供應商。〈美國陸軍與 M-16 步槍〉，前揭文，頁 3-4。

10　周婉窈認為，臺灣總督府在開始實施公學校教育時，就已將道德教育和實學教育並為臺灣殖民地教育的目標，這是呼應日本本土自明治以後的教育方針。《海行兮的年代》，前揭書，頁 228-235。

11　臺灣省文獻會印行，《日據下之臺政》第一冊（臺中市：臺灣省文獻會，1977 年），頁 47。

業學校比照日本學制改為 5 年制，並以培訓中低階技術人員為目
的，「臺北工業學校」、「臺中商業學校」、「嘉義農林學校」是最先
成立的三所，屬甲種實業學校，[12]後來它們的修業年限有縮減為 4
年或 3 年的變化，入學資格以小（公）學校高等科畢業為主；另實
業補習學校附於小學校或公學校，修業年限 2 年，入學資格以一般
小（公）學校畢業即可。1937 年後臺灣軍需工業積極展開，全臺
23 所甲種實業學校中有 17 所是在 1937 年後成立，[13]工業學校學生
數則從 1922 年的 447 位，擴增到 1944 年達 5,628 人。[14]

　　一般來說，實業學校與普通學校在課程設計上最大的差異是'
實習課'，實習課是將專業理論透過器材、工具的親自操作被實踐
出來，它也是一種以身體經驗記憶技術的過程。實業學校的實習課
佔總課程時數 1/3～1/2，學生們多在實習工廠或實驗教室進行
實務操作的練習，除校內實習外，有的學校還會安排校外實習，不
過這些學校技術教育的養成，如何讓學生產生「認同」意識？這可
從學習技術的態度、方法與國民精神教育並行兩方面談起。

　　中國傳統社會向來視從事技藝、勞動者為下階層人，即使現代
國家的公部門在人才選用制度上，也強化對技術勞動階層的壓抑，
各部門總是給予管理人才通暢優渥的升遷管道與福利，技術人員的

---

[12] 高雄市文獻委員會編印，《高雄市發展史》（高雄市：高雄市文獻委員會，
　　1995 年），頁 771。
[13] 例如「高雄工業學校」於 1942 年成立，此學校成立前，高雄州知事認為高雄
　　需要設立能教授精密機械與航空相關知識的工業學校，地方工商界也提出陳
　　情書認為，為完成大東亞共榮圈的勝戰，應該廢除由日本內地移入技術與人
　　力的政策，設立甲種工業學校（同 5 年制的「臺北工業學校」）培訓本地技術
　　人員，於是「高雄工業學校」成立初期先設機械、電氣、化學、土木、建築
　　五科，二戰末又設航空機械、金屬工業二科，可惜戰爭激烈後二科並未培訓
　　出多少學生。蘇曉倩，《身體與教育－以日治時期臺灣實業學校的身體規訓為
　　例（1919～1945）》，國立暨南國際大學歷史系碩士論文，2003 年 6 月，頁 45。
[14] 臺灣省政府主計處重印，《臺灣省五十一年來統計提要》（臺中市：臺灣省
　　政府，1994 年），頁 1224-6。

薪資、升遷則相對貧乏與受限，長此以往，社會大眾莫不以研究抽象理論的高學歷為鵠的，以遠避勞力的技藝學習為警惕；[15]臺灣總督府初期在思考殖民地教育方針時也有類似的本質——被殖民者的位階不應高於母國、推行「抽象教育」、「高等教育」可能帶來反動思想、以及會製造「高等遊民」；[16]這種對技術教育的偏見，雖在 1922年新「臺灣教育令」提出「內臺共學」精神時作些許改善，但是否真的在本質思維上有所轉變，還是讓人質疑。不過，臺灣在擔負「工業臺灣，農業南洋」及「軍需工業基地」的階段，需要大量中低階技術人才卻是不爭的事實，因此導正臺灣人對農、工、商業勞動技術工作輕視的心態，成為學校教育及社會輿論必要的責任；[17]當然，校方認真教學使學生有所獲得，社會職場有充份工作機會吸納學有專長者，在那個時代更是說服臺灣人願意走入技術工人一途的要因。

三、中日戰爭後的中國職業教育

中國最早實行職業教育的機構，可推溯自清同治年間的「福建造船學堂」（設立於 1866 年），和江南製造局附設「機械學堂」（1867年），1903 年滿清政府將負責職業教育的「實業學堂」，以不同的招收對象及受業年限區分為三級：初等、中等、高等，並且開設農業、

---

[15] 這種情況似乎古今中外皆然，學習技藝或技術者往往被認為只是經驗的學習，不是知識的學習，只是 know-how，不是 know-what，是 doing，不是 knowing。Edwin T. Layton, "Technology as Knowledge" Technology and Culture 15（January 1974）: 32，pp.40-41。

[16] 《技術與政治－臺灣戰後工業職業教育發展史（1945～1986）》，前揭書，頁 25。

[17] 《身體與教育－以日治時期臺灣實業學校的身體規訓為例（1919～1945）》，前揭書，頁 34。

工業、商業、商船等類別，但中國在當時仍是傳統農業社會的經濟型態，工商業專技人才的概念尚未普及，需求也不大，實業學堂畢業的學生常受失業之苦，因此實業學堂有時又被人謔稱「失業學堂」。[18]

民國肇始，「職業學校」一詞取代「實業學堂」，分初、高二級，學校課程也多參照歐美及日本等國成例來設計，不過學生人數與普通中學人數相比始終在 1：10 上下，直到中日戰爭爆發。戰爭，讓社會物資吃緊，並打亂所有社會運作的常態步調——包括學校教育，但同時，類似日治時期臺灣的經驗，職業學校學生此際也是最容易被轉化為生產人力；1938 年 7 月國民政府教育部根據〈戰時各級教育實施方案綱要〉規定之方針，對職業教育設置目標與施教對象有如下描述：「職業學校教育，應為發展生產事業之教育，以注重公民道德與職業道德之陶冶，勞動習慣之養成，職業知能之增進，創造精神之啟發，俾養成各種職業中等創業及技術人才為目的。故初級職業學校，應以一縣或一地方現代職業之改良與創立之職業為施教計畫之根據。……高級職業學校，應以視一省之職業需要為施教計畫之根據，專招各縣初中畢業生不能升學者入之，以造就農工商業之中級技術人才。」，至 1945 年止，職業學校科別分七類：農、工、商業、海事、醫事、家事及其他，其中，高級職業學校或有設「航空機械科」者，初級職業學校則無。[19]

戰後復原時期的職業學校並未有太大的更動，每週教學時數在40～48 小時，教育部要求其中職業學科佔 30%，普通學科佔 20%，實習佔 50%，教學以先實習後講授為原則；[20]一般而言，職業學校

---

[18] 網頁資料：中華百科全書，「關鍵字」職業學校，http://living.pccu.edu.tw/。

[19] 周談輝，《中國職業教育發展史》（臺北市：國立教育資料館出版，三民書局印行，民 74），頁 232-233、239-240。

[20] 〈修正職業學校規程〉第三七、四二條，二十四年六月二十八日教育部第八八六○號令，三十六年四月九日第一九二五一號令修正。轉錄自《中國職業教育發展史》，前揭書，頁 268。

是不收學費的，若有必需也是很少，同時，學生畢業後，校方的「職業指導推廣委員會」也會協助介紹畢業生就業。

如前所述，職業教育中航空（或航空機械）科僅於高級職業學校有，相對地，高階航空教育在各大學發展得較興盛；中國在 1918 年就開辦「海軍飛潛學校」，企圖培育高階航空工程人才，但只畢業了 17 員學生，1930 年代航空技術開始受到重視後，各大學陸續開設航空工程課程或科系，總計 1935 年～1949 年間中國有 9 所大學開設航空工程系，2 所高級職業學校開設航空機械工程科，共計畢業學生約 1,300 餘人，還不包括軍事院校。[21]軍方在 1925 年及 1933 年分別成立的「航空機械學校」（後改稱「空軍機械學校」）與「空軍通信學校」，至 1950 年底止畢業生人數「機校」共 11,305 員，「通校」4,300 員，這些技術人員無論是在軍中或退役近入民間職場，都是航空工業界最重要的生力軍。[22]

四、技術認同的產生

中低階技術的學習多以熟練為要旨，因此確實做好每一步驟並重複練習，是為不二法門，日治時期臺灣實業學校裡常以「教者嚴，聽者從」的方式推動這樣的學習過程；法國哲學大師米歇爾・傅科（Michel Foucault）關於「身體規訓」的論點與之有異曲同工之處，簡略說，傅科認為「規訓」（Discipline）是一種權力機制，也是政治的手段，「身

---

21 例如 1930 年南京中央大學首開「飛機工程」選修課，1937 年成立「航空系」；1933 年上海交通大學在機械工程學院設「自動車工程門」，其中乙組為飛機組；1934 年北平清華大學設立「航空講座」，並在機械系三年級開「航空組」等。《中國航空史》，前揭書，頁 78。

22 空軍總司令部編印，《空軍年鑑》（臺北：空軍總司令部行，民國 41 年），頁 104-105。

體規訓」是把人的身體當做可以進行精密調整的機器，使其可被馴
服且訓練有素，如此便可增強操控者想要的力量。[23]實業學校在教室
配置、時間區隔及錯誤懲罰上的設計就是一種進行身體規訓的模
式，此模式讓學生覺得學有所得，從而認同這樣的技術訓練方式。[24]

　　「教者嚴，聽者從」的教育方式如何成功？除了客觀環境的強
力實踐，受教者發自內心的心悅誠服也是相對重要的因素；臺灣第
17 任總督小林躋造提出「皇民化」運動後，積極加強臺灣人對母
國日本的「國體」認同——「謀求皇國精神的徹底化，振興普通教
育，糾正言語風俗，培養忠良帝國臣民之素養」，另外還提倡遵守
教育勒語，強調盡忠報國也是盡孝的一種行為，[25]從事技術學習
者，精進技術，以備將來投入經濟生產，也是報國的最佳管道。日
治時期臺灣教育體系裡的中等學校，包括實業學校、中學校及高等
女校，比其他階段的學校受到更嚴苛的教育控管，1935 年臺灣總
督府修正實業學校規則，其中訂定「學生教養的要旨」，強調國民
道德養成、尊崇母國國體、注意體育衛生等，另外，與勞動精神直
接相關的期許，更成為學生在潛移默化中產生認同的助力：

> 學生教養的要旨：「……2.培養自律的精神，育成誠實勤
> 敏而愛好勞務的習慣，養成崇尚協同，重視責任的風氣。

---

[23] Michel Foucault, trans. Alan Scheridan, Discipline and Punish:The Birth of the Prison,（New York:Random Hours,1978），pp.137-139。。

[24] 宜蘭農林學校畢業生曾有過如下敘述：「實習課會上製作汽水、種田等農產加工訓練，一至四年級不分科，我是讀森林科，所以畜牧、農產加工科、農作物種植的課程我都有學到。實習課的場地都是學校土地，平常上課時都會教導實習過程會用到的知識，例如會教導農作物種植的原因，如何操作，然後再到實習場地實際操練，實習廠所設備不錯，像農產加工科，學生畢業後就去工廠工作了，所以實習訓練的內容，跟出社會後需要用到的工作技術是相通的。」；引自《身體與教育——以日治時期臺灣實業學校的身體規訓為例（1919～1945）》，頁 61-62。

[25] 《臺灣總督府》，前揭書，頁 171。

3.農業、商業、工業事項是選擇適合土地情況、學校程度而教授之，並注意經濟觀念的養成，培養實際適切有用的知能，力圖產業的改善進步。……」

　　　　　　轉引自《身體與教育——以日治時期臺灣實業學校的
　　　　　　　　　　身體規訓為例（1919～1945）》，頁33。

　　1937 年以後臺灣進入戰時體制，因為技術人力需求孔急，實業學校修業年限開始縮減，以便讓學生提早進入軍需生產行列，同時，還招募公學校畢業生擔任工廠裡較低階的技術人員。誠如本書第二章第三節所論日本海軍「第 61 航空廠」與陸軍「第 5 野戰空修廠」的工廠生活，雖然沒有如學校在學科上長期廣泛的訓練，但工廠技術人員每個工作天，都被固定分割成一段段時程：進入工廠→聆聽長官訓語→作體操→工作→休息吃煙→工作→作體操→吃午飯→工作→休息吃煙→工作→下班，如此日復一日；還有胸前隨時扣著的識別胸章，隨時都有班長在旁盯著的工作場地等，都是在進行身體的規訓。

　　身體規訓的歷程深烙在個人的記憶經驗裡，這種經驗日後將不輕易被顯露出來，除非他感受到另有一個人或群體和自己擁有共同的特徵（如職業、性別、社會地位、政治經歷……），此時「我群感覺」浮現，共同利益的認知將激發「一體感」或「團結感」，曾經身體規訓帶來的嚴峻苦痛，將瞬即化成榮耀與群體認同。[26]曾是

---

[26] 「現象社會學」研究者舒茲（A. Schutz）認為，認同意識的產生主要是透過不同個體「知識庫」的類比形成；「知識庫」指個體透過行動所獲得對於人、事、物經驗的認知，或所學習到的身體技能及行為模式，以知識形式儲存起來的總稱。筆者對「知識形式」的看法稍有異議，非「知識形式」的經驗，事實上一樣可形成認同意識，或許這與心理學上「斯德哥爾摩症候群」（又稱「人質情結」）也有關聯，「斯德哥爾摩症候群」（Stockholm

日治時期實業學校畢業生或航空工廠技術員工，在接受筆者訪談時，多少都會顯露出如上述的認同感，阿伯們常說：「喔！開始學打鉚釘時，不曉得有多少人的手被自己打到黑青，不敢放手用力敲的就會被很兇的日本教官（或班長）抽鞭子！」「我們學技術都是一步步老實學，絕不偷懶，哪像現在的年輕人呀！」，在談到戰後初期撤退來臺的「中國」飛機製造廠時，他們也會說「來的人只會作官，什麼都不會！」；雖然說，臺灣人今天對日本技術還是普遍給予肯定，但對曾經走過那一段艱辛學習歲月的前輩們來說，認同日本人的技術似乎還多了份是對自己過去生命經驗的肯定與榮耀。

　　不過，從第三者的角度審視，1947 年日治末期臺灣航空與撤退來臺的中國航空，銜接時「技術面向」就不一致，前者主要在生產製造，後者主力在設計仿製，因此「技術位置」的不同，技術者對技術文化的認同就會產生各自的傾斜；臺籍技術人員瞧不起來自中國的技術員工有其背景，因為當時屬軍事單位的航空工廠，基層的技術員主要是臺籍技工，不足者由非技術專長的士官／兵補充，故技術上顯現極明顯的差異；但反之，在航空理論與智識的訓練上，中國籍的工程師就會說「臺灣哪有航空人才？」，因為日軍只願訓練臺籍技工在生產線上的技術。

Syndrome）是角色認同防衛機制的重要範例，它原先是指犯罪被害者對犯罪者產生同情，甚至於反過來幫助犯罪者的情結，但就被害者而言，此情結的產生很可能是為了避免精神上的痛苦、緊張焦慮、尷尬、罪惡感等，有意無意間使用的各種心理上的調整。維基百科，關鍵字「斯德哥爾摩症候群」、「防衛機制」，網頁地址：http://zh.wikipedia.org/。葉定國，《認同意識、文化建構與臺灣國家安全－一個國際關係建構主義觀點的研究》，國立中山大學中山學術研究所博士論文，2004 年 6 月，頁 167。

第二節　軍工複合體

人類社會自有戰爭以來，武器的製作（造）便隨著文明發展與時俱進，從石器、青銅器、鐵器、化學毒劑、火炮彈藥、……到今日的核子彈、氫彈、殺手衛星……等，各種軍武產品日新月異無奇不有；誰能掌控強大武器製造能力，誰便擁有強大權力的此一事實，亦早為人們所認知，因此，「武器製造」從個人技藝的獨立完成，逐漸轉移到群體社會的分工合作，從少數的生產需求逐漸擴大到以千、萬計算的安全存量，「武器製造」最後成為，惟國家（民族）統治者方能掌控的金杖。

一、「軍工複合體」（Military-Industrial Complex, MIC）

從 19 世紀開始，西方社會在武器系統與軍事契約方面的規模和複雜度與日遽增，此結果引起學者們注意到軍事體制和民間軍需產業結合的問題，第一次世界大戰期間，美國政府的戰爭工業部門誘導工業家與資本家，隨戰爭之需發展美國工業，並尋求與英、德不同的模式—將採購決策權給軍方，工業控制與調整權交付民間企業，此趨勢造就美國軍／工業界的結合。對美國科學界來說，到第二次世界大戰時期，它才與軍需產業有明顯的連結，因為大量的研究經費來自國防部或工業界，「軍需」被置入各種網路，如獎勵制度、研究層級、學科結構、大學中教學與教科書內

容……等，根據統計，1950 年代美國國防部負擔國內科學研究經費
的 80%，1960 年代工業界的研究費也有 1／3 來自軍方，其中尤以
電子、航空領域為重點。[27]「軍工複合體」或「軍工學複合體」
Military-Industry-Academic Complex），模糊了過去在理論與實作、
科學與技術、軍方與民間、機密與公開等觀念上的對立，學界對它
的討論，主要環繞在軍事體制、民間軍事工業與科學界（或國會）
間的複雜糾葛上，[28]美國艾森豪總統（President DwightEisenhower）
曾仔細規劃過軍工學界的合作，但他在 1961 年 1 月 17 日的告別演
說中，卻警告「軍工學複合體」是對政治與知識自由的潛在威脅。

　　本研究在第一章第三節的「文獻探討」裡，已先摘要說明學者對
「軍工複合體」（以下簡稱 MIC）概念的整理與論述，其中美國歷史
學家康思丁南（Paul A.C. Koistinen）提出 The Resource Mobilization
Model（資源動員模式）理論，頗符合臺灣在 1980 年代之前的發展
經驗，以下筆者再討論之。Koistinen 以歷史研究的方法，對美國
第一次世界大戰至冷戰時期，其國內軍事與工業互動關係作深入探
討，他認為應該把 MIC 視為是一種為現代戰爭目的服務的經濟／
工業動員機制，它不是一群固定的人或組織，也不是第二次世界大
戰後，軍事編制擴大的產物，至少在美國，MIC 是起源於第一次
世界大戰的動員階段；MIC 的發展依賴國家安全原則及對軍事威
脅的考量，當戰爭發生時，如何快速動員國內工業資源，以維持戰
爭所需的武器生產量，是 MIC 主要任務，另外，國防工業的自主
也是 MIC 所追求的目標。[29]臺灣從日治末期到戰後的 1960 年代，

[27] Stuart W. Leslie, The Cold War and American Scienc:The Military-Industrial-Academic Complex, （New York：Columbia University Press，1993），pp.2-3。
[28] Paul A.C. Koistinen 著，洪松輝譯《軍工複合體－一項歷史的觀點》（臺北縣：政治作戰學校，1998），譯序。Ibid.p. 3
[29] Masako Ikegami-Andersson，The Military-Industrial Complex-The Case of Sweden and Japan-1992.（England：Dartmouth Publishing Company Limited，

這種「資源動員模式」相當明顯；1970年代臺灣歷經退出聯合國、
臺美斷交等重大外交事件後，曾再發展出軍─工─學複合體（以下
簡稱 MIAC），此內容則較符合 Big Science Mobilization Model（大
科學動員模式），此模式主要內容是指，在發展工業與大科學的現
代組織中，要求大規模的資源動員是 MIC 的根本所在，也就是說
現代的大科學與技術創新／及動員，是軍／工合作的重要因素（「曼
哈頓計劃」是當代著名的 MIAC 案例）。[30]

二、臺灣戰後的軍－工聯盟

　　日本來臺建立航空工業前，其國內已形成「軍工複合體」聯
盟。明治維新初期，日本政府開始引進西方重工業技術，但這些
技術，尤其是軍事工業技術被強烈的保護，民間工廠如三菱
（Mitsubishi）、川崎（Kawasaki）等，不但規模小且依賴性高；明
治末期，日本政府開始修正此情況，將國營工廠釋放給民間工業，
並大力協助他們在技術上自主發展，於是現代化的技術從國家部門
逐漸移轉給民間，奠定了日本民間工業的基礎。[31]甲午戰爭與日俄
戰爭勝利之後，日本軍武明顯增強，技術自主性相對提升，並且在
政府有意讓民間重工業發展成為國家「潛在的軍需工業」時，軍方
與民間軍需工業合作更為密切，可以說，日本的「軍工複合體」已
經形成，至1925年～1945年間，日本民間工業生產軍備產品的比
例已佔全國的65%以上。[32]

　　1992），p.p.7-10。
[30] Ibid.pp.7-9。
[31] Ibid.pp.71-72。
[32] Ibid.pp.72-73。

　　和日本國內情況不同，日治時期的臺灣至 1937 年中日戰事起，才開始進入軍需工業化時期，尤其到 1940 年代的戰爭末期，許多的工業被強迫加入軍需生產，如臺中地區「東洋鐵工所」、高雄地區「武智鐵工所」、「高雄海軍煉油廠」、「臺灣鋁業株式會社」……等都是當時軍—工聯盟的一員。但直接生產、修護飛機的工廠如海軍「第 61 航空工廠」和陸軍「第 5 野戰航空廠」，從成立開始就直接由軍方管理，並無其他的民營機構參與，所以嚴格說來，臺灣航空工業從開始成立，就屬於國家公部門，工業界能否與之聯結與否，主導權屬於公部門，即使二戰結束後國民政府來臺，此本質仍未有太大改變。

　　國民政府撤遷來臺初期，航空工廠的銜接與重整皆由軍方掌控（「民航空運大隊」除外），之後，美國軍援臺灣，許多的軍備包括飛機在內，由美方直接贈與，原本可能的飛機研發與生產因此受到抑制，許多在戰時用來生產軍武的設備與人員，因為無任務需求也萎縮了，此情況到 1960 年代，國府決定建立軍民合作管道，釋放軍需能量時，才有所改善；關於軍需工業剩餘能力的利用，當時「工業戰備委員會」曾頒布「軍方技術員工協助公民營技術發展辦法」、「發展及扶植公民營工業生產軍品辦法」、「國軍閒置或剩餘機器出租辦法」、「聯勤各軍需工廠承造托製品辦法」等，[33] 對於部分要裁撤或改組的軍需工廠，將工廠內的設備贈與或出售給公、民營特定工廠、學校，有必要繼續運作的軍需工廠，則鼓勵民間企業下訂單托製產品；美援時期「空軍技術局」所屬的實驗工廠，就曾陸續贈與或出售許多大陸轉運來臺的航空設備，工廠人員也有部份轉介到其他民間公司和學術機構。

---

[33] 行政院檔案：收文經台（五二）密字第 2663 號，對軍工協建工程之分配原則等之會議記錄，（中研院進史所檔案館藏）。

　　至於能優先取得相關設備的公司，通常是被納入「戰時生產訂貨計畫工廠」者，或在提升民間工業生產力有指標性象徵的民營公司，其中與航空工業較有關係者如：「臺灣機械股份有限公司」、「臺灣鋁業股份有限公司」、「裕隆汽車股份有限公司」、「唐榮機械股份有限公司」等；[34]他們以廉價獲得工業設備，但也必須相對供給公營的軍需工廠下訂單和吸納軍方多餘的人力。這種策略的施行，對公民營單位是雙贏或僅對單方有利是有爭議的，不過，美援時代，臺灣航空發展向美國傾斜，上游設計中游製造的能量急速萎縮，下游維修業卻大步發展，這導致國內軍工複合體的運作，不同於國際學者們的認知，它並非共同創造航空工業產能，反倒是仍長期由軍方主導此技術產能，再單方面下放低階技術出去給民間其他產業。

三、毛邦初事件

　　「軍工複合體」的內涵裡，也包括軍方內部及其與國會間利益問題的討論。戰後初期臺灣航空史上曾發生「毛邦初事件」（軍購案），這件弊案或許可突顯軍事強人、國會議員在軍武發展中製造的利益弊端。1950 年上半年美國國內對援臺問題基本上分兩派：一、反對派，以國務院與民主黨為主，主要從美國的遠東政策為考量；二、贊成派，以共和黨及麥克阿瑟將軍為主，強調臺灣對美國西太平洋防禦的戰略價值。[35]為了爭取美國的同情援助，國府在美國發展「FOCC」（中國之友社）工作，此即 1950 年代美國參、眾

---

[34] 「軍公事業剩餘機器，決定售予民廠經營」，聯合報：民國 50 年 4 月 4 日 2 版；「運用軍需工廠，協助民營工業」文，中央日報：民國 50 年 6 月 12 日 3 版。

[35] 國防部史政局編《韓戰輯要》（臺北：編者出版，1959 年再版），頁 32-33。

兩院「中國遊說團」的濫觴，這個團體對美國政府的臺灣政策影響評價不一，只是在必要時刻與臺灣友好的議員們會給予官方壓力，FOCC 與臺灣空軍有軍售上的關聯，後來終於發生軍購醜聞。

加州參議員諾蘭是中國遊說團的重要成員，1950 年 11 月諾蘭夫婦抵臺訪問，客中他向蔣中正建議希望臺灣向美採購空軍器材的工作由他來負責代理，如此從廠商處所收佣金可用來支付中國遊說團的費用，當時美軍顧問團已進駐臺灣，軍援事宜還在協商，國府自抗戰中期起在美軍購的業務還持續進行，當時擔任空軍駐美辦事處處長兼出席聯合國參謀團代表的是空軍副總司令毛邦初中將，他是蔣中正元配毛福梅的姪子，毛邦初與陸軍出身卻擔任空軍總司令的周至柔不合，1949 年大陸政權易手之際，國府不希望再經歷香港中國銀行投共易帳的經驗，而將部分採購空軍器材外匯轉入毛邦初私人帳戶，1951 年 8 月國府通知辦事處要把採購業務轉移給駐美大使館新成立的國防部採購委員會，由駐美大使顧維鈞統一監督辦理，[36]此事引起毛的抗命並捲款赴墨西哥，國府隨即於 8 月 21 日停止其本兼各職並限即日回國，聽候查辦，另派調查團至美國打官司，之後雖有追回大部分款項，但毛邦初仍然滯美，而周至柔也在不久後解除職務；這在當時是轟動一時的大貪污案，吾人從這件案子也可看見臺灣對外軍購時發生的種種弊端，古今皆同矣。[37]

---

[36] 當日外交部發言人沈昌煥特就此事發表聲明，列舉毛邦初五大項失職處：1.構辦空軍軍品，經手帳款多有不清；2.構辦空軍軍品，延宕失職，影響空軍戰力；3.袒縱對政府不中時之屬員；4.把持公款，抗不移交；5.散佈流言，破壞政府信譽等。中華民國史事紀要編輯委員會編《中華民國史事紀要（初稿），中華民國四十年八月二十一日》（臺北：中華民國史料研究中心，1973 年），頁190-191。另有人認為當時軍品採購是要移轉給美國參議員諾蘭，參閱張意齡〈毛邦初購機叛國案〉《臺灣軍事秘檔》（臺北縣：群倫出版社，1987 年），頁28。

[37] 另有一說是，周、毛兩人公私交惡互控貪污，1951 年春國府決定改組駐美空軍辦事處，並要毛繳出檔案與公款，毛抗命並逃至墨西哥，後來被捕送回美國，經法庭裁定，國府可索回 640 萬美元的公款，另 190 萬元無記名

四、軍工學結盟的契機──國防自主運動

　　1970 年代臺灣發生兩件重大的外交事件，一是 1971 年退出聯合國，二是 1979 年臺美斷交，這是臺灣戰後外交史上最受挫與不安的 10 年，但也因如此，國民政府才擺脫些許美方的限制，更積極地實踐國防自主政策──軍工聯盟重新啟動，學術界也被動員起來，這時期的 MIC 發展較傾向如前所述的'大科學動員模式'。

　　民國 54 年 8 月，臺灣最高國防武器研發中心──「石門科學研究院籌備處」成立，[38]開始時礙於國內科技人才不足，美國技術移轉的限制，及與工、學界互動關係尚未達到理想規模，舉步維艱，及至臺美斷交，舉國上下對國防自主的高度關注，讓此低調的計劃得以大步向前發展。民國 67 年 12 月 17 日前總統蔣經國先生，對全國宣布臺美斷交消息，當天下午，淡江大學學生社團首先發動「國防捐獻救國運動」（後來簡稱「自強運動」），出乎意料地獲得社會各階層熱烈響應，報紙上開始出現記者詢問政府官員購買武器的問題，民意代表、學術界、學生社團也紛紛陳言或討論自製新式武器、培養高科技人才等方案，這是此之前少有的現象，[39]後來這些民間

　　國庫卷留下約 20 萬元和解部分，其餘亦繳回。參閱張淑雅〈毛邦初案〉，網路文章：文建會，國家文化資料庫 http://nrch.cca.gov.tw/ccahome/website/site20/PDFFiles/0198.pdf。

[38] 民國 52 年 8 月 23 日，國防部奉蔣中正先生指示，針對原先所擬「軍事兵工建設十年儲備人才計畫」籌劃該中心，並於民國 54 年 11 月 12 日將籌備處更名為「中山科學研究院籌備處」，是為「中山科學研究院」之前身。參閱國防部中山科學研究院，《國防部中山科學研究院沿革史》（桃園：編者自印，1995 年），頁 25。

[39] 參閱中央日報，民國 67 年 12 月 22 日第五版、24 日第 3 版、聯合報，民國 67 年 12 月 19 日第二版、22 日第三版、26 日第二版。

所捐獻的款項，由國庫設立專用帳戶，並配合國家另編的預算，經特別立法「國防工業發展基金設置條例」，正式支援國防工業建設。[40]

　　接著，民國 68 年 1 月行政院成立「國防工業發展政策指導小組」（簡稱「自立小組」），由當時行政院長孫運璿為總召集人，國防部長高魁元（7 月之後由宋長志接任）、經濟部長張光世、政務委員俞國華、李國鼎等 5 位為主要負責人[41]，由「財團法人國防工業發展基金會」負責執行「自立小組」核定之發展方案及專案計畫；三軍與聯勤總部、中科院、經濟部工業局、分別組成戰甲車、艦艇、飛機、槍砲、彈藥、火箭飛彈、通信電子、武器裝備零附件、原材料等八個類型研製發展小組，作為武器發展的重點項目。[42]這一波「國防自主」運動中，「自立小組」是最高指導機構，「財團法人國防工業發展基金會」為實際計畫及推動的單位，後者隸屬於國防部，但設於國防部之外，國防部長兼任基金會董事長，經濟部負輔助支援之責，當國防部提出重要武器之品目與需求後（如上述八個發展小組），基金會便開始根據發展原則、相關部會意見來擬定進行辦法，確定各執行機構，然後各機構再擬執行計畫，最後交付「自立小組」及基金會同意才開始執行。[43]

　　國防自主運動固然是以達成自製武器裝備為目標，但「自立小組」還希望顧及生產、工業發展和技術生根的整體性，也就是說必須讓軍、工、學三界產生充分互動來完成此任務，於是國內 5 所國立大學，受邀成立 5 個國防科技專技中心，支援並培養國防科技人才，它們分別是：「臺大應力研究所」、「清大自強科學中心」、「交大

---

[40] 這批捐款以「自強救國捐獻基金」稱，後來用其中新台幣 20 億 7626 萬 3700 元整，購買中美合作生產之 F-5E/F 戰鬥機中隊，共 18 架；並從 69 年度起「國防工業發展基金會」明定用於國防工業發展研究經費為新台幣 70 億元整。財團法人國防工業發展基金會函，(68) 基金（一）字 062 號，中華民國 68 年 5 月 17 日。

[41] 見中央日報，民 68 年元月 5 日第一版。

[42] 國防部史政編譯局，《國防部年鑑：民國 68 年度》（臺北：編者）頁 146，212。

[43] 李國鼎檔案室，第 B375-3 號檔。

電子及資訊中心」、「中正理工學院兵器系統研究中心」、及「成大航太所」，這是臺灣「軍—工—學複合體」的濫觴；[44]1985 年蘇聯瓦解，冷戰結束，兩岸對峙關係日趨緩和，「一切建設為國防」的思維也隨之淡出，十餘年臺灣「軍—工—學複合體」高峰期的成果——科技人才，後來擴散到民間工、學界，成為臺灣經濟發展的重要力量。[45]

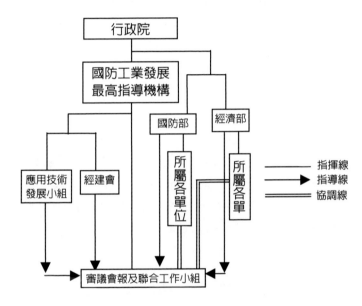

圖 6-1：1979 年國防工業發展組織體系

資料來源：中央研究院近史所檔案，李國鼎檔案 B375-3 號。

---

[44] 《國防科技發展推行委員會第八次委員會議秘書處工作報告》（臺北：國防科技發展推行委員會），民國 79 年 9 月 21 日，頁 21。

[45] 本書研究範圍到 1979 年止，所以僅以概述方式說明，待日後有機會繼續探討。參閱林玉萍，〈國防自主運動與成大「航空太空工程研究所」的成立〉《成功的道路－第一屆成功大學校史學術研討會論文集》（臺南市：國立成功大學歷史系編印，2001 年）。

第三節　航空工廠裡的軍裝與藍領

　　臺灣航空工業發展至今，從興起、銜接、重整、到 1980 年代以後的轉型，一直都有濃厚的軍事色彩，無論是日治末期的臺灣或抗戰時期的中國，此產業在不同空間但同一條時間的軸線上，因「戰爭」而生根茁壯，也因「戰爭」而長期受軍事勢力的掌控；當軍人進入航空工廠，掌控工廠的發展政策、管理運作、產能控管及人力需求時，民間人士是無法進入權力核心而只能是位階較低的技術人員而已。管理階層與生產線上軍／民對職場文化認知的差異，會形成一種特殊的軍裝與藍領相衝擊的氛圍，這是軍需（或稱國防）工業普遍的現象。本節內容將嘗試以 1969 年～1979 年間「航發中心」為案例，探討上述軍／民文化在航空工廠現場呈現的問題，此特殊的組合體所呈現的整體效益如何？軍人以其一貫的訓練及價值觀介入生產單位，整體來說是加分或減分呢？

一、軍裝──工廠裡的管理階層

　　筆者在第五章第三節約略敘述了「航發中心」的成立，它淵源於國民政府在抗戰時期所轄的軍需航空廠，雖然戰後來臺又歷經數次組織變革，但它屬軍事單位的本質在 1996 年以前都沒變過；軍事單位最明顯的特色是一切運作以'任務需要'為導向，這與民間企業公司以市場需要（或競爭）為導向有極大的不同，因為成本效益、競爭力提昇與市場開發等要素，對前者來說不是主要考量。航發中心在 1969 年成立時，308 位員工中軍職有 235 位，文職（非軍人

身份者）73 位，軍職遠超過文職，後來該中心受命進行幾項重大任務，如「虎安計畫」（即 F-5E 戰鬥機的研製）、介壽二廠（發動機工廠）成立、「中興號」戰機產製等任務交付，這些工作陸續需要大量的民間技術人才，因此到了 1972 年，文職人員數才首度超越軍職。[46]即便如此，中高管理階層人員長期以往仍以軍職或退役軍職為主，軍職人員基本上可分成三類：軍官、士官、士兵，這三類人員在航發中心都有，軍官、士官來源以空軍官校及空軍機校為主，少數來自中正理工學院及空軍通校，至於前所述負責政戰工作的人員，則以「政戰學校」者多，士兵一般負責日常勤務，如守衛、伙食或環境清潔維護等，比較不屬於工廠研發或技術部門。

　　1980 年代以前空軍官校畢業生皆掛「中尉」軍階，並在日後擔任各基地飛行任務，若學生在教育學程中未能通過體格或學業測試者，則會被改編地勤軍官，畢業前要到「空軍機校」再進修約半年的航空技術相關學程，這批人是航發中心高階主管的來源；「空軍機校」畢業生有軍官與士官二種，從 1960 年開始，該校專科班學生畢業時可獲得教育部核可的二專學資暨空軍「少尉」軍階，士官班學生畢業時可獲教育部核可的高工學資暨空軍「中士」軍階，這二批人是「航發中心」中級主管與士官長的來源。

　　既然「航發中心」裡的軍官或士官，在專業教育養成過程中與空軍機校關係密切，吾人就以該校在 1960-70 年代養成教育的概況來觀察；空軍機校成立於 1936 年的江西南昌，在 1949 年輾轉遷臺前，該校以「飛機及其裝備之維護修理製造員士」之養成為目標，經常設有高級、正科、初級等班次，至 1949 年終，歷屆畢業人數共計 9,720 員。[47]1960 年教育部核准比敘專科學資後，該校將教育

---

46 空軍航空工業發展中心印製，《空軍航空工業發展中心－五週年部慶資料專輯》（臺中市：印製者，民國 63 年 3 月 1 日），頁 37；MA06 先生口述。
47 空軍總司令部編印，《空軍年鑑－中華民國 39 年》（臺北市：編印單位印行，

學程規劃預備較育及專科教育兩階段，並分航空機械、土木工程、物資管理及動力工程等四科，學生班的訓練規定是：入伍訓練 12 週，預備教預 36 週，專科教育 82 週，總計 130 週，1949 年至 1974 年，該校畢業生達 5,651 員，雖然後來教育學程與科別因任務需求屢有更動，但在逐漸提升學生專業素質，厚植空軍地勤能量的教育目標下，空軍機校確實立下不可抹滅的功勞；不過，值得注意的，軍校生是 24 小時在學校生活著，每週 5 日，每日 8 小時上課時間外，都是處在軍事管訓的環境裡：晨間起床、內務整理、帶隊吃飯、環境打掃、課後運動、晚自習、長官訓話、就寢……，幾乎每一項活動都被制式化，按表操課，隊職官、學生幹部的眼睛時時盯在待訓練的學生、學弟身上。空軍官校正期生轉地勤專長者，所受的軍事管訓教育大致如是，他們在畢業前須參加空軍機校「分科教育班」約半年的學程，以加強飛機修護與軍械系統的專長教育，至 1974 年止，有 965 員官校生完成該班次訓練。[48]

二、藍領──工廠裡的技術人員

「藍領」，一般認知指的是勞工階級，屬技術專業較低的階層，但為了區隔「航發中心」軍職與文職航技人才的養成過程，本文廣義將後者納入「藍領」階級來討論。「航發中心」招募的民間技術人員裡，高、中、低階技術人員都有，不過從民間大學以上相關科系畢業進入者較少，他們多擔任設計、測試或品管等方面的任務，專科及高職畢業者較多，擔任線上生產或維修工作，他們所著工作

1950 年），頁 138。
[48] 校史編纂委員會編印，《空軍機械學校校史》（高雄縣岡山鎮：編纂單位印行，1986 年 3 月），頁 181-182。

服是灰色的，與軍職線上人員著深藍色者相異。以下我們將討論這些從民間院校培育的文職約聘僱技術人員的養成情況：戰後空軍三所軍事院校：空軍官校、空軍機校、空軍通校等在臺復校算是戰後臺灣航空教育的嚆矢，[49]「中正理工學院」則於民國 56 年成立航空工程學系，民國 40～50 年代航空發展重心唯在國防，航空教育主要在軍事航空，唯一例外的是，民國 57 年，為供應當時民間唯一維修飛機的公司──「亞航」技術人員的來源，臺南高工成立了「航空機具修護科」，這是最早設立非軍方航空教育的學校。1970年代國內航空運輸業開始起飛，「十二年國家科學發展計畫」推動工業、農業、交通、醫藥衛生等部門之科技研究，淡江大學、逢甲大學、成功大學相繼成立航空／航太系（或組），1980 年代末，政府更將航太工業列入重點工業，並鼓勵專科以上學校增設航太科系，並且推展人造衛星計畫，於是中央大學及虎尾技術學院、中華大學、及許多專科學校陸續成立航太相關科系，因為本文研究時間範圍的限制，根據教育部資料統計，大專以上設航太科系之學校 1979年止，大專院校有 4 所，職業學校有 4 所。

　　上述科系航太課程的內容分原理與應用技術兩大部分，前者主要在大學中開設，後者在職專學校較多。航太相關構件若非龐雜、便是昂貴，又或者涉及軍事用途者有其保密性，故民間學校會利用寒暑假與軍事院校進行合作交流課程，這算是一種校外實習吧！以下約略將航太專業課程（1949 年～1979 年）分大專與職校兩部分各成一表：[50]

---

[49] 林玉萍，〈談戰後美國軍援與我國軍機的發展〉，《空軍學術月刊》493 期，頁 60-69。
[50] 以上研究及表格均轉載自筆者多年前的一份研究，參閱林玉萍，〈從學校到職場的性別區隔──以臺灣航太教育與產業為例〉《科技博物》5：5，2001.9.1，頁。

表 6-1：相關院校設置航空科系情況（大專部份）

大專院校	組別	主要課程
淡江大學航空太空工程學系		空氣動力學、飛具結構學、航空發動機、飛行力學、太空力學、火箭工程學、航空電子、航空品保、空中交通管制、飛行安全
逢甲大學航空系	航空動力組	熱機學、熱傳學、流體力學、空氣動力學、飛行力學、氣體動力學、高等飛行力學。
	飛機結構製造組	材料力學、高等航空材料學、飛具結構學、飛機製造、機械工程實驗、固體力學、結構震動學。
空軍官校	航空／太空學系	航空科學概論、流體力學、熱力學、航空材料學、飛機結構學、自動控制、空氣動力學、飛機發動機、太空航行學、飛具設計、飛行力學。
	航空管理學系	計算機概論、資料結構、離散數學、機率與統計、經濟學、高階程式語言設計、系統分析、管理學、管理資訊系統、微電腦原理及應用、數位系統、會計學。
中正理工學院航空工程學系		航空工程概論、飛具結構學、黏性流體力學、旋翼武器系統、世界各國飛機飛彈比較研究、火箭工程、戰機概念設計、複合材料、自動控制、航空發動機
空軍航空技術學校（專科班）	航空工程科	航空工程概論、熱力學、數值分析、管理學概論、航空材料
	機械工程科	機械材料、應用力學、機械原理、航空工程概論、流體力學、熱傳學、結構力學
	土木工程科	土木工程概論、土木材料、土木結構
	航空電子工程科	電子電路、電磁波、通訊系統、航管雷達裝備、導航裝備、數位雷達系統實習、敵我識別器裝備
	航空電子通信工程科	無線電通訊、發報系統、有線電通訊、數位通信
	航空氣象電子工程科	天氣預報學、數值天氣預報應用、航空氣象勤務實習、氣象電腦應用

※成功大學航太所、中央大學太空所、虎尾科大飛機系等系所因為晚至 1980 年代以後才陸續成立，不符本研究時間斷限，故不列入本表。

表 6-2：相關院校設置航空科系情況（職校部份）

職業學校	組別	課目
臺南高工	航空機具修護科	飛機修護實習、飛機白鐵、液壓系統、機身系統實習
新興工商	飛機修護科	機體結構修理基礎實務、飛機學概論、機械原理、航空工業基礎實務、飛機發動機、飛機儀表、航空材料、航空品質保證、機件原理、飛機修護實習
	航空電子科	基本電子學、數位電子學、無線電概論、雷達概論、航空電子實習、民航法規、航空電子裝備、微電腦控制、光電概論
	航空物流科	商業計算、商業自動化、商業經營實務、會計實務、場務實習、商事法、人力資源管理概論
空軍機械學校	航空機械科	飛修概論、航空概論、工廠實習、電子儀表、技令
	土木工程科	航空設施
	物資管理科	
	動力工程科	發動機概論、
空軍通信電子學校	氣象科	
	電子通信科	電子儀表、技令
	電子測量科	
	雷達工程科	
※空軍機械學校與空軍通信電子學校教育學制自 1949 年～1979 年間迭有更動，1960 年後先後開設專科班與士官班，學生畢業學歷包括專科與高職，在此本文將二校歸類於高職部分，二校於 1996 年合併為「空軍航空技術學校」。		

資料來源：作者參酌整理 1.教育部及各校網路資料；2.《空軍通信電子學校史》，頁 232、245-284；3.《空軍機械學校校史》，頁 180。

　　早期民間院校的航空及飛機修護科系，一般說來軟、硬體資源比不上軍事院校，單以飛機的實習課程來說，民間院校除非得到捐贈，一架退役的飛機動則新台幣數百萬，擺放空間又至少上百坪，民間院校很難為培育此類少數技術人才花費如此龐大資本，也就是

說，就實習課的訓練而言，文職技術人員在進入職場前實比不上軍
校生所佔的優勢，於是，我們也從文獻上看到，軍校很早開始就和
民間院校合作，讓後者可以在寒暑假或畢業前到軍校實習。[51]

　　1979 年以前從民間院校畢業的航空科系學生，要繼續在本業
中尋找工作是比較辛苦的，因為當時臺灣航空產業較大的公司屈指
可數，除華航、遠航、復興等航空公司有飛機維修職缺外，只剩臺
南的亞洲航空工業公司是專業的飛機製造與維修公司（按：亞航因
為在越戰期間被美國中情局收購，資本額在美方挹注下相當可觀，
其與我國防部的關係密切，它表面是民間公司，骨子裡還是屬軍需
工廠），當然一些規模較小的衛星工廠，有時也會因接受委外生產
飛機零件而招募相關技術人員；無論如何，民間航空產業在資本額
上無法和軍事航空工廠抗衡，規模小的情況下，他們對技術員的訓
練及管理方式當然與軍需工廠有明顯的差別。

三、工廠裡的政工制度

　　「航發中心」成立之初直屬於「空軍總司令部」，其內部組織
除各階研究單位和生產單位外，另與中心主管同一位階的是「政治
作戰部」，這是臺灣戰後軍需工廠組織中與研發生產最無關係，卻
擁有考績大權的特殊單位，以 1952 年為例，全空軍政工人員編額
915 員，其中軍需工廠如通信器材廠、（臺南、臺北）汽車廠、被
服工廠、降落傘廠、第一飛機製造廠、航空研究院、空軍實驗工廠
等都有政工單位與人員的設置。政治作戰部門主要負責監督、執行

---

[51] 例如空軍機械學校代訓過「台大航空機械研習班」、「逢甲大學航空工程暑
　　訓班」、「淡江大學航空工程暑訓班」等；《空軍機械學校校史》，前揭書，
　　頁 187-188。

單位內與政工、政訓相關的業務，例如：定期舉辦政治教育講習與考試、推行各種具儉樸、克難精神的風氣運動、以書刊廣播大力宣導三民主義暨反共愛國思想⋯⋯等；[52]這種性質的單位存在於生產工廠或研發機構是很吊詭的，它像一雙眼睛，時時盯著那些在工廠裡努力工作的人們，它不是監督技術的流程是否允當，生產效能是否不彰，它是在小心翼翼地防著不當的政治意識從人們腦子裡流出，化作言語、行動，來影響單位組織的管理和運作。[53]

「航發中心」每個月要舉行固定的月會，宣導國家政策，另有不定時的閱讀國防部律訂發行刊物要求，並寫心得報告，每週固定時間要看「莒光日」宣導短片，有時還會來個關於宣導內容的小考試等；[54]這些活動在「航發中心」成立之初還不會讓工廠員工有唐突感，因為他們大部分來自軍旅，多仍擁有軍職身分，政戰部實施的活動對他們而言並不陌生，但對來自民間者就要花好一段時間適應了。

四、關於「服從」

「服從是軍人的天職」這句話，相信當過軍人者皆能朗朗上口，這種思維出處為何？難以考據，不過，筆者在一本《空軍內務

---

[52] 參閱空軍總司令部編印，《空軍年鑑－中華民國 41 年》（臺北市：編印單位印行，1952 年），頁 202～208。

[53] 空軍「航空研究院」實施「政治教育」、「軍官團教育」一類的政戰教育訓練，其目的在「加強政治教育，貫徹思想領導，鞏固部隊精神武裝，實踐五大信念，提高無形戰力」，實施方式包括 a.合堂講授、分組討論與機會教育。空軍總司令部情報署編印，《空軍沿革史－53 至 56 年度》（臺北市：編印單位發行，1967 年），頁 305。

[54] 訪談「航發中心」退休資深工程師 MA06 先生，時間：2008.8.04，地點：岡山空軍航空技術學院巨輪校區圖書館。

規則》的小冊子裡，倒是明確看見軍方對所屬官兵在「服從」態度上的要求：

「總綱

......

三、軍紀為軍隊之命脈，故軍隊須常以整飭軍紀為要旨，......服從為軍人之天職，亦即維持軍紀之要道，上下之間，必須絕對厲行，俾成慣性，及當戰鬥慘烈之際，亦能服從上官之指揮，捨身取義，為黨國犧牲，其所以致此之道，則在上官能先自恪守法規，遵奉命令，以作服從之模範也。

......

第二章　服從

第五條　凡下級對於上級，無論是否直接歸其管轄，均應確守服從之道。同級者，應按資格深淺，各盡服從之義。

第六條　凡長官命令，應即遵行，不得議論及質問理由，如其中有不明瞭之處，得請酌為解說。

第七條　凡於軍隊有益之事，而為長官一時未及知者，應誠意開陳，此為各級幹部應盡之義務，然長官既經決定之事項，雖所見不同，亦應努力服從，以達成長官之企圖。

第八條　凡因過失而受處分者，無論其處置合理與否，應謹守服從，不得爭辯，如對長官之處置有疑義時，亦應於接受後循序陳訴，若在勤務中，應俟勤務完畢後，再行申訴。」

——空軍總司令部印頒，《空軍內務規則》，頁 1、7。[55]

---

[55] 空軍總司令部印頒，《空軍內務規則》(臺北市：印頒單位印行，民國 47 年)，

　　上述條文是印行給全空軍官兵遵守的，雖然日後在文字上迭有更動，但其核心思維數十年不變，它不僅是以道德勸說的方式，希望作長官者，以身作則公正處事，更強調作下屬者，遇不合理處分應循軍中申訴管道，不可爭辯或越級上報，姑不論「爭辯」帶來的正負面意義，吾人只要想到，在制度保障下資本額明顯大於多數民間公司的軍需產業，凡政策的決定與執行者皆取決於「長官」或更高階「長官」一人意識，無監督機制去預防與監督決策者所可能產生的錯誤，會是多麼不當的制度。[56]

　　至於民間工廠，管理階層也希望員工能充分的服從，但此服從與軍方體制是有些不同；資本主義下的工廠多有工會組織，工會或多或少對管理階層有表達意見及捍衛勞工自身權益的位置，另外，管理階層在管理方法上也會採取較彈性的方式讓員工產生「志願性的服從」，例如透過具有報酬性質的獎勵遊戲——趕工，來增加工廠的生產效率，[57]工會與生產獎勵制度，讓受雇者可發言的空間較軍需工廠大，且當受雇者感受到其經濟利益與工廠獲利曲線成正比時，他（她）也較會主動地維護工廠的存在利益，此點，軍需工廠的受雇者就相對薄弱許多。軍需工產的生產壓力不是來自市場競爭，而是公部門決策，表現優異的獎賞不是直接的經濟報酬，而是位置上的升遷，雖然升遷帶來的是更長久穩定的權力與金錢，但這種升遷卻往往靠生產效率外的其他因素所掌控，受雇者的服從，僅是對失去工作的恐懼，沒有眼前多一分努力即多一份酬賞的積極誘因。

頁 1、7。

[56] 國防部印頒，《國軍內務教則》（臺北市：印頒單位印行，民國 71 年），頁 2。

[57] 浦林（Z. Pearlin）在研究護理人員的疏離傾向時發現，當上級的權力行使是出於命令，而非以解釋或協商的方式時，員工容易形成疏離；徐正光，《工人與工作態度》（臺北市：中央研究院民族學研究所，民國 87 年二刷），頁 59。

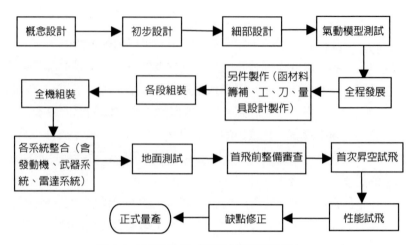

圖 6-2：自製模式（飛機製造流程圖）

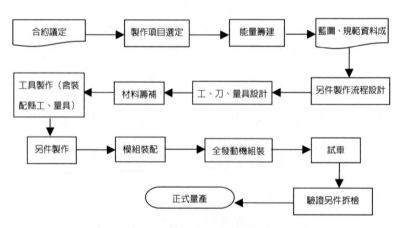

圖 6-3：合作生產模式（發動機生產流程）

（以上資料由 MA06 先生提供）

第七章 結論

　　臺灣總督府發展臺灣航空的最初動機是為了「理蕃」與「遞信」，之後，陸續開闢貨、客運的運輸，但日本政府並非出於臺灣島內的需求考量，而是從臺灣在地理位置上扮演日本南方的門戶角色，具重要國防地位與南洋開發中介之理由所為之，臺灣在日本政府手中從來就不是「目的」，而是輔助完成目的之「工具」，臺灣對日本母國的貢獻在哪裡才是臺灣航空事業要如何發展的依據，此現象在 1937 年～1941 年中日戰爭及太平洋戰爭爆發期，尤為明顯。

　　1935 年「屏東陸軍航空支廠」的設立，揭櫫了臺灣航空工業的萌芽，兩年後，日本政府發動「八一三淞滬會戰」，日軍駐臺各航空部隊正式加入對華戰爭，臺灣兩大航空工廠：位於屏東的「日本陸軍第 5 野戰航空修理廠」與位於岡山的「日本海軍第 61 航空工廠」為支援戰爭，也於 1937 年與 1941 年分別成立運作，臺灣航空工業於焉展開。戰略／戰術的改變以及地理位置的優越性，讓二戰時期的臺灣，分擔日軍航空戰力的任務持續增強，保守估計，鼎盛時期二大航空廠技術人員暨日軍航空隊裡的臺籍技術人員超過萬名——這還不包括到日本各航空廠修造飛機的 8000 餘位「臺灣少年工」，另外，各地參與過建築飛機跑道、航空廠倉庫及相關機構者更是不計其數。

　　航空工廠用地的取得是日方強迫在地聚落集體遷徙而來，廠內員工則是招募臺灣各地實業學校或公學校以上畢業者。受招募的臺籍技術員以 16～19 歲居多，他／她們獲得優渥的薪資，但

也付出了辛苦代價，包括先接受思想教育、體能訓練和專業技術等三項職前訓練，日本老師相當嚴格，學生一有犯錯就會受到老師手上那根「戒心棒」的懲罰！工廠裡的生活也需受到軍事般的工作流程控制，「第 61 航空廠」最高產量每月可組裝 200 架各型軍機。

　　有這麼多的資源與人力參與臺灣航空工業的行列，這個現象呈現了二個重要的歷史意義：一、因為戰爭，臺灣加速進入現代化、工業化的過程，也因為是日本殖民母國眼中「不沉的航空母艦」——重要的海、空軍事要地，所以在戰爭末期臺灣人民與土地付出了極大的代價，有人遠離家鄉在前往南洋造飛機的海上身亡，有大片的村莊因為位於航空工廠旁，數度被無情的戰火摧殘；二、因為戰爭，臺灣人很早就接觸到航空工業的技術群，如電氣、精密機械、引擎⋯⋯等，雖然不至於獲得更高等的國防科技，但這些受過訓練的技術人員為臺灣戰後初期中、低層技術的擴散貢獻良多；再則，日方嚴苛的、擬軍事化的技術訓練過程，形塑出臺籍技工一絲不苟，實作實學的技術性格，此性格得到戰後臺灣社會一致的推崇，榮耀感讓許多臺籍技工對日本國產生認同感。

　　但即使擁有一身技術，1946 年以後中國航空工廠遷臺，還是只雇用不到百分之一的臺籍技工繼續飛機修護工作，這個結果，是否與國民黨政府對曾為日軍工作的臺灣人不信任有關，不得而知，但當時飛機修護能量的急遽萎縮與先安置隨航空廠來臺的外省移民，應該是國民黨政府真正考量。接收日軍各項航空資源對戰後臺灣航空工業的延續有不可抹滅的貢獻，尤其是空間與物資上的。1944～45 年間美軍對臺大轟炸前夕，日軍早已將各航空工廠疏開到全省各地減緩了損失，所以當中國的「空軍第三飛機製造廠」於1946 年來臺接收時，還能獲得日本「陸軍第 5 野戰航空廠」總廠 1座、分廠 4 座、獨立整備隊 13 隊，及「海軍第 61 空修廠」總廠 1

座、分廠 4 座、派遣隊 3 隊等，共計大小 26 個單位的龐大航空物資，這些都足以成為戰後臺灣航空工業繼續發展的物質基礎。

　　戰後臺灣航空工業由三股不同資源匯流：一是日軍遺留下的航空工廠和空軍修造器材；二是國民政府所轄撤遷來臺的各航空機構與工廠；三是陳納德將軍領導的「民航空運大隊」。中國航空事業的發展則比臺灣早 20 餘年，1910 年北京軍諮府資助在南苑廒甸毅軍操場內建立一座飛機試驗廠，以法、日二國飛機為實習對象，自製了一架「飛機 1 號」飛機，南苑這個地方日後也成為中國航空史上一個重要的據點──「南苑航空學校」、「南苑航空修理廠」皆是早期重要的航空機構。但與 1945 年以後臺灣航空工業發展有關連的，卻是孫中山先生領導南方軍政府轄下 1918 年以後的航空單位，國民政府時期──尤其是中日八年抗戰期間，各航空行政機關、航空研究單位、航空學校與修護工場等更積極成立，民間飛機製造廠與航運亦有數家，不過，國共內戰後國民政府卻無法將龐大的航空資源與人力完整地撤遷來臺，客觀上是因為戰敗，倉皇之際無法顧全，主觀上，因為中國人重土思遷，以及共產黨思想滲透的成功，讓許多人不願與國民政府到陌生的小島來「共體時艱」。

　　雖然如此，當中國「航空工業局」轄下的各航空單位與空軍「機」、「通」二校遷臺時，還是引進了部分航空研發人才；在航空物資尚稱充足，航空研發與生產的人才也不虞匱乏的情況下，為何戰後初期臺灣航空工業卻幾近停擺？主要原因是：航空工業政策仍由國防部主導。1948 年年底「航空工業局」遷臺後，為國家戰爭服務的航空工廠失去任務目標，該局所屬單位相繼裁撤或改隸；美國軍援開始後一年，「空軍總部」將「航空工業局」的「飛機製造廠」劃歸「空軍供應司令部」管轄，也就是說，臺灣唯一可能製造飛機的航空工廠聽命於軍方，其任務仍只在軍機的修造上，雖然「航空研究所」與「裝備修理及實驗工廠」各改編為「航空研究院」、「實

驗工廠」及「空軍航空實驗研究團」隸屬「航空工業局」，但 1954
年 7 月「航空工業局」被改組為「空軍技術局」後，任務目標直接
放在技術輔導空軍修護與各項技令的編審譯印而已；1950 年代開
始，美方雖然協助臺灣空軍換裝新式戰機，但也在政策上，主導將
臺灣航空工業的內涵由原先研發、製造、維修，窄化為對美式軍機
的修護及少部分火箭研發——各航空工業單位都只為軍方服務。

　　日本的航空工業從一開始就將產能放在民間，戰爭期間雖然控
制權交付日軍，但戰後，日本政府仍將航空產製的能量還諸於民，
讓民間產業針對市場需求作適度提升或改變，今日的「三菱重工」、
「富士重工」（原「中島飛行機株式會社」）與「川崎重工」等都是
成功的案例；反觀臺灣，航空技術與產能未能藏於民的後果，就是
當戰爭結束，國家對飛機修造的需求驟減時，以任務為導向的各航
空廠即被迫面臨關廠或合併，它無法像以市場為導向的民間企業會
積極尋找其他市場並提升競爭力，筆者認為這即是臺灣航空工業在
1950～1960 年間，無法邁開大步發展的主因。雖然在自製率上無
所表現，但修護技術與制度的發展在上述時期卻是突飛猛進；「空
軍技術局」和「MTD 小組」是美國軍援時期移轉各型新式軍機修護
技術與制度的單位，也因此中華民國空軍獲得厚實的修護技術經驗。

　　位於臺南的「亞洲航空股份有限公司」是美援時期，臺灣航空
界另一重要的技術接受者。亞航的前身即由陳納德將軍主持的「民
航空運大隊」，中日戰爭時期他是美軍援助中國空戰的代表性人
物，也是戰後唯一願意繼續跟隨國民政府來臺的民航業者。韓戰後
空運大隊被美國中情局收購，並於 1955 年改組登記為兩家公司：一
是民航空運股份有限公司（Civil Air Transport Company Limited），
二是亞洲航空公司（簡稱「亞航」，Air Asia Company Limited），前
者負責經營定期國內外航線業務，後者為美航（Air Aericam）在亞
洲的主要飛機維修公司（Air Asia，1992）。越戰時期「亞航」單是

1966～1979 年 13 年間，與美軍共簽訂 69 件維修合約，維修過戰鬥機、運輸機、偵察機、轟炸機，共 8579 架次，翻修過 7900 具活塞式和渦輪式引擎 30 餘種。亞航表面上是一家民間公司，最盛時期擁有員工近 4,000 人，且大半為臺籍技術人員，不過它仍是隸屬美國的軍火工廠，戰爭結束後，美國中情局退出轉賣，它的業務能量因此又受挫驟減，命運和上述臺灣其他航空工廠殊途同歸。

　　美方技術的引進，快速累積臺灣戰後航空工業的修護技術，1950～1960 年代應是臺灣航空技術轉向美規的「轉型期」而非「停滯期」。

　　長期受制於美方技術與外交上的箝制，臺灣政府也注意到如何自我依賴的問題，1969 年我方向美國購買 F4 戰機被拒，此事促成國防部將被動的、無產製力的「空軍技術局」轉型為「空軍航空發展中心」，並成立「中山科學研究院」。1971 年臺灣退出聯合國，1979 年臺美斷交，這段臺灣戰後外交史上最受挫與不安的 10 年，不但沒有打垮臺灣，反而激發社會大眾對國防自主的關心與支持，1978 年 12 月由民間發起的「國防捐獻救國運動」，實質地幫助政府在 5 所大學成立培育國防人才的系所，且購置 18 架 F5E／F 戰機成立一戰鬥中隊，另外也特別立法通過「國防工業發展基金設置條例」，正式支援國防工業建設。

　　此波國防自主運動其實也符合 1970 年代美國採取的「尼克森主義」，美國強調不再擔任區域安全領導者角色，而是協助提升受援國自主性防衛能力，讓其自行負責區域安全與和平；當時亞洲國家受「尼克森主義」衝擊最大的是臺灣與南韓，這兩個國家後來各自努力達成國防自主的目標，結果是在航空工業發展上兩者產生一明顯的差異點，即，南韓從 1970 年代發展重工業起，就分散飛機組裝和零件製造等關鍵技術給民間廠商，真正落實國防工業軍／民雙向發展的策略，而臺灣仍保護／掌控航空產業在軍方所轄的機構

225

裡，直到 1990 年代政府進行體質改造；為加速國營企業民營化，「航發中心」更名為「漢翔航空工業股份有限公司」並改由經濟部負責，雖然仍屬國營，但脫離軍方完全的管制後，在市場競爭力方面已稍見彈性發展。

　　臺灣航空工業從日治時期興起到戰後三股資源匯流與發展，皆未自外於與臺灣社會的聯繫。例如二戰時期數以萬計臺籍技工加入島內外修造飛機的行列，戰後，這些前輩帶著在工廠裡所受的日式嚴格專業訓練擴散到社會各職場，為臺灣戰後重建貢獻良多；同樣地，從中國撤遷來臺的各航空工廠，戰後初期至美國軍援，即使因產量需求驟減或臺美政策的協議被迫轉型與裁撤，那些閒置的機械器材，後來也贈與／出租給各大學或企業公司，減輕在那個窮困年代大家的負擔；至於中高級航空人才，有些到中研院、大學從事學術與教育工作，有些則轉入民間企業，他們即使未繼續待在臺灣航空工業裡，還是以另一種方式擴散其航空專業知識，對臺灣社會亦是有正面意義。

　　臺灣航空工業裡關於技術的面向也呈現有趣的現象：日本航空知識與日式訓練、中國航空知識與中式訓練，再加上美援時期美國航空知識的引進與訓練，不同時空裡的技術人才養成，有什麼是類似的？什麼是有差異的？日治時期臺灣實業學校裡常以「教者嚴，聽者從」的方式推動如法國哲學大師米歇爾‧傅科（Michel Foucault）關於「身體規訓」論點的學習；「規訓」（Discipline）是一種權力機制，也是政治的手段，「身體規訓」是把人的身體當做可以進行精密調整的機器，使其可被馴服且訓練有素，如此便可增強操控者想要的力量。當時實業學校在教室配置、時間區隔及錯誤懲罰上的設計就是一種進行身體規訓的模式，此模式讓學生覺得學有所得，從而認同這樣的技術訓練方式。

　　中國傳統社會向來視從事技藝、勞動者為下階層人，習技不如學理，故習技之人社會地位不高，中國最早實行職業教育的機構，可推溯自清同治年間的「福建造船學堂」（設立於 1866 年），和江南製造局附設「機械學堂」（1867 年），1903 年實業學堂出現；1918 年開辦「海軍飛潛學校」，培育高階航空工程人才後，社會對習技的觀念才開始有所轉變。1930 年代各大學陸續開設航空工程課程或科系，軍方在 1925 年及 1933 年亦分別成立的「航空機械學校」與「空軍通信學校」，中日戰爭時期高階人才被招攬入伍，與機、通二校訓練出來的學生一起發展中國的航空工業，因此，戰後到臺灣來的航空人才與臺籍技工養成過程差異有二：技術階層較高，軍事教育養成較多，這是1950 年代以後臺灣航空工廠延用軍事化管理的遠因，嚴格要求服從，工廠加入政工制度的管理等，都是戰後臺灣航空工廠的特別現象。

　　臺灣航空工業從 1935 年萌芽到 1979 年展開自我依賴的道路，它陪臺灣走過困頓的戰爭時期，混亂的戰後接收，以及和平的經濟起飛，但學界對它的研究極少且零散，其中主因是以往軍方的檔案資料不易取得——因為此工業從源起、匯流到發展都與戰爭有密切關係。但相關研究不足不表示它在臺灣史上不重要，讀者應可想像臺灣社會從日治時期到戰後，有許許多多的前輩和它有過關係，或者參與過，或者連結過，或者老家附近曾有個航空倉庫過，這是一條浪漫且不可抹滅的記憶之路。當然，記憶之路還有許多的分岔待繼續挖掘，本研究還有許多疑問待解決，例如：一、臺灣軍事用地在日治時期就存在的地下化現象為何無人積極研究？它們是很有機會為軍方再取得大規模的地下基地；二、1945 年以後擴散到臺灣社會各階層的航空人才，他們到哪些職場了？過去航空知識與技藝的訓練，對他們或所屬職場有哪些實質貢獻？三、戰後初期，軍方與工商業界或大學有哪些的互動？高級科技人才及閒置的設備如何從軍方到工商業界與大學手中？

　　今天的臺灣航空工業已非被注目的焦點，雖然大家都知道「臺灣」這個四面環海的國度，必須以輪船或飛機與外界接觸，能夠自製輪船／飛機亦是科技大國的表徵，但和平時期的我們，總是想用 3C 產品與外界溝通就好，用金錢向外國購置輪船、飛機就好，那些沈重的大機器，讓大國耗資去研發自製。其實這樣的想法有其風險，像維持軍隊之「養兵千日，用在一朝」的背後意義，航空工業具有複雜的高科技本質，雖然它耗時費財，但平日它是島國重要的交通輸運者，亦是許多專業技術的培養皿，戰時，它便會成為戰士手上「不可獲缺」的武器，用來保家為國——「不可獲缺」的前提則是來源不虞匱乏。航空工業是二戰以來臺灣歷史中不能缺席的一員，希望它還能夠繼續陪伴這個島國的子民，讓大家在仰望藍天碧海之際，永遠能看見它的孩子遨翔天空的身影。

徵引書目

壹、中文（分為檔案文獻、專書、期刊與報紙、學位論文、網路資料、）

一、檔案文獻：（按筆畫順序排列）

01. 民航局檔案第 6856 號：遠東航空公司〈呈報與越航租機合約〉、〈附錄：遠東航空公司駐越機構業務簡報〉，1965 年。

02. 行政院檔案：收文經台（五二）密字第 2663 號，對軍工協建工程之分配原則等之會議記錄，（中研院近史所檔案館藏）。

03. 行政院檔案：〈交通部執行行政秘書處檢附擬改組歐亞航空公司為中央航空運輸公司暨沒收德方資產提案〉（民國 32 年 2 月 22 日），《航空史料》（臺北新店市：國史館印行，1991）

04. 李國鼎檔第 B241－4.1：民 42 年 11 月 16 日，行政院長陳誠上總統簽呈，抄本，隨發室字第 646 號簽呈。

05. 李國鼎檔第 B241－25.1，〈我國航空公司之設立及發展〉。

06. 李國鼎檔案室，第 B375－3 號檔，〈自立小組〉。

07. 財團法人國防工業發展基金會函，（68）基金（一）字 062 號，中華民國 68 年 5 月 17 日。

08. 《國防科技發展推行委員會第八次委員會議秘書處工作報告》（臺北：國防科技發展推行委員會），民國 79 年 9 月 21 日。

09. 國防部檔案，總檔案號 030150／日本飛機器材接收案（1），附表四

10. 國防部檔案，總檔案號史政局 006333／空軍技術局沿革史（2）

11. 國軍史政檔案，檔號 00025633,543.4／3010／1，《空軍各機關學校部隊轉進臺灣經過報告書》（國防部史政編譯局，1950 年）

12. 國軍史政檔案，總檔案號／空軍總部 030150：〈日本航空對資產接收處理案〉。

13. 臺灣省政府檔案，〈臺灣省行政長官公署公布臺灣省州廳接管委員會組織通則〉《政府接收臺灣史料彙編》上冊，（臺北新店市：國史館印行，1990）。

14. 臺灣省政府檔案，〈中國陸軍總司令部電頒發省（市）黨政接收委員會組織通則〉，何鳳嬌編輯，《政府接收臺灣史料彙編》上冊（臺北縣：國史館印行，1990 年）。

二、專書：（按筆畫順序排列）

01. 中山科學研究院航空工業發展中心航空研究所編印，《50 周年所慶特刊》（臺中市：編者，1989 年）

02. 中華民國史事紀要編輯委員會編，《中華民國史事紀要（初稿），中華民國四十年八月二十一日》（臺北：中華民國史料研究中心，1973 年）

03. 中華民國國防部頒行【國軍軍語辭典】（九十二年修訂本，電子版）。

04. 井出季和太原着，郭輝編譯《日據下之臺政》第一冊（臺中市：臺灣省文獻會印行，民國 66 年）

05. 王景弘，《採訪歷史—從華府檔案看臺灣》（臺北：遠流出版公司，2000 年）

06. 王豐，《宋美齡——美麗與哀愁》（臺北：書華出版，民 83 年）

07. 文馨瑩，《經濟奇蹟的背後—臺灣美援經驗的政經分析（1951～1965）》（臺北：自立晚報社，1990 年）

08. 亞洲航空股份有限公司《亞航公司簡介》（臺南市：編者印行，日期不詳）

09. 李永焻，《航空，航空五十年—七二憶往》（臺北市：道聲出版社，1987 年）

10. 李家驥，《八旬憶舊》（作者自印，1999 年）

11. 沈海涵，《我國空運航權的研究》（臺北市：黎明出版社，1994 年）

12. 林炳炎，《保衛大臺灣的美援》（臺北：臺灣電力株式會社資料中心，2004 年）

13. 林明德，《日本史》（臺北市：三民書局，1986 年）

14. 岡山鎮誌編輯委員會編，《岡山鎮誌》（岡山鎮公所：高雄縣岡山鎮，1986）

15. 空軍總司令部編印，《空軍年鑑》（臺北：空軍總司令部印行，民國 36 年）

16. 空軍總司令部印頒，《空軍內務規則》（臺北市：印頒單位印行，民國 47 年）

17. 空軍總司令部編印，《空軍年鑑——中華民國 39 年》（臺北市：編印單位印行，1950 年）

18. 空軍總司令部編印，《空軍年鑑——中華民國 41 年》（臺北市：編印單位印行，1952 年）

19. 空軍技術局編，《空軍技術局歷史》（臺北：國防部史政編譯室典藏，1954 年）

20. 空軍總司令部情報署編印，《空軍沿革史——53 至 56 年度》（臺北市：編印單位發行，1967 年）

21. 空軍航空工業發展中心印製，《空軍航空工業發展中心—五週年部慶資料專輯》（臺中市：印製者，民國 63 年 3 月 1 日）

22. 空軍總司令部譯印，《空權史—空權之軍事運用》（臺北：譯者印行，1992 年）

23. 空軍通信電子學校校友會編輯，《空軍通信電子學校校史》（高雄縣岡山鎮：編者，1999 年）

24. 肯楠著，鄭緯民譯，《美國圍堵政策的回顧與檢討——肯楠回憶錄》（臺北：世界文物出版社，民 62 年）

25. 周姚萍，《臺灣小兵造飛機》（臺北：天衛文化，1994 年）

26. 周琇環編，《臺灣光復後美援史料》第一冊軍協計畫（一），農復會檔：中美合作經原發展概況（臺北：國史館印行，1995 年）

27. 周美華編，《國民政府軍政組織史料》第三冊（臺北縣：國史館，1998 年）

28. 周談輝，《中國職業教育發展史》（臺北市：國立教育資料館出版，三民書局印行，民 74 年）

29. 校史編纂委員會編，《空軍機械學校校史》（高雄縣岡山鎮：編者，1986 年）

30. 翁台生，《CIA 在臺活動秘辛》（臺北市：聯經出版社，1994 年）

31. 徐正光，《工人與工作態度》（臺北市：中央研究院民族學研究所，民國 87 年二刷）

32. 徐焰，《台海大戰》上編（臺北市：風雲時代出版社，1992 年）

33. 高雄市文獻委員會編印，《高雄市發展史》（高雄市：高雄市文獻委員會，1995 年）

34. 高雄市文獻會編印，《高雄市發展史》（高雄市：編者，1995 年）

35. 陳之邁，《蔣廷黻的志事與生平》（臺北：傳記文學，民 56 年）

36. 陳香梅，《陳納德將軍與我》（臺北：傳記文學，民 67 年）

37. 陳香梅，《往事知多少》（臺北：時報出版社，民 68 年）

38. 陳香梅，《一千個春天》（臺北：傳記文學，民 77 年）

39. 陳香梅，《繼往開來——陳香梅回憶錄 II》（臺北：未來書城，2002 年）

40. 陳道章，《船政研究文集》（福建省：音像出版社，2006 年）

41. 陳瑞麟，《科學與世界之間—科學哲學論文集》（臺北市：學富文化，2003 年）

42. 梁敬錞，《史迪威事件》（臺北：臺灣商務，民 62 年）

43. 梁華璜，《臺灣總督府南進政策導論》（臺北：稻鄉出版社，民國 92 年）

44. 許介鱗，《日本政治論》（臺北市：聯經出版事業公司，1977 年）

45. 國立成功大學校史編撰小組編著，《世紀回眸——成功大學的歷史》（南市：國立成功大學，2001 年）

46. 國史館印行，《政府接收臺灣史料彙編》上冊（臺北：國史館，民國 82 年再版）

47. 國防部史政編譯局，《國防部年鑑：民國 68 年度》（臺北：編者）

48. 國防部編譯局譯印，《美國空軍》（臺北：編者印行，1972 年）

49. 國防部史政局編，《韓戰輯要》（臺北：編者出版，1959 年再版）

50. 國防部史政編譯局編印，《美軍在華工作紀實（顧問團之部）》（臺北：編者印行，1981 年）

51. 國防部印頒，《國軍內務教則》（臺北市：印頒單位印行，民國 71 年）

52. 國防部始政編譯局編印，《國民革命建軍史第四部：復興基地整軍備戰（三）》（臺北：編者印行，1987 年）

53. 國防部史政編譯局譯印，《日軍對華作戰要叢書》共 43 冊（臺北市：國防部史政編譯局，民國 77—81 年印行）

54. 國防部史政編譯局譯印，《太平洋陸戰指導》，日軍對華作戰紀要叢書（22）（臺北市：譯印者，1990 年）

55. 國防部史政編譯局譯印，《潰敗整編與「阿」號作戰》，日軍對華作戰紀要叢書（33）（臺北市：譯印者，1990 年）

56. 國防部史政編譯局編，《抗日戰史》（臺北：編者印行，1994 年）

57. 國防部中山科學研究院，《國防部中山科學研究院沿革史》（桃園：編者自印，1995 年）

58. 國防部總政治作戰部印行，《中國現代史》（臺北市：編者，2002 年 7 版）

59. 葉健青編，《航空史料》（臺北新店市：國史館，1991 年）

60. 張意齡，《臺灣軍事秘檔》（臺北縣：群倫出版社，1987 年）

61. 華錫鈞，《雲漢的故事──IDF 戰機引擎研發過程剖析》（臺北：聯經出版社，1997 年）

62. 傅鏡平，《空軍特種作戰秘史》（臺北市：高手專業出版社，2006 年）

63. 楊家駱主編，《新校本史記三家注并附編二種》卷五：秦本紀第五（臺北：鼎文書局，1990 年）

64. 楊耀健著，《虎！虎！虎！－陳納德和他的第十四航空隊》（北京：中國青年出版社，1989 年）

65. 趙既昌，《美援的運用》（臺北市：聯經出版社，1985 年）

66. 臺灣省警備總司令部接收委員會發行，《臺灣軍事接收總報告書》（臺北市：正氣出版社，1946 年）

67. 臺灣省政府主計處重印，《臺灣省五十一年來統計提要》（臺中市：臺灣省政府，1994 年）

68. 臺灣區機器工業同業公會編撰，《機械工業五十年》（臺北市：中國經濟通訊社，1995 年）

69. 劉永尚、黎邦亮原著，《驀然回首感恩深──羅中楊將軍回憶》（臺北市：國防部史政編譯室，2003 年）

70. 劉景輝譯，《西洋文化史》第五卷（臺北：臺灣學生書局，1992 年）

71. 薛化元，《抗戰與臺灣光復史料輯要：慶祝臺灣光復五十週年特刊》（南投縣：臺灣省文獻會，1995 年）

72. 鍾堅，《臺灣航空決戰》（臺北市：麥田出版社，1996 年）

73. Martin Heidegger 著，宋祖良譯，《海德格爾的技術問題及其他文章》（臺北市：七略出版社，1996 年）

74. Paul A.C. Koistinen 著，洪松輝譯《軍工複合體－一項歷史的觀點》譯序（臺北縣：政治作戰學校，1998 年）

75. Ron Heiferman 原著，彭啟峰譯，《飛虎隊──陳納德在中國》（臺北：星光出版社，1996 年）

三、期刊與報紙：（按筆畫順序排列）

01. 亞航公司，（1992 年）；亞航企劃處，〈蓄勢待發——亞航擁有五十年維修經驗與技術〉《航太工業通訊》第 30 期，1998 年。

02. 王玉豐，〈從劍橋大學圖書館李約瑟檔案看李約瑟抗戰時的始華經過〉《李約瑟與抗戰時中國的科學紀念展專輯》（高雄市：國立科學工藝博物館，2000 年）。

03. 朱家驊，〈三十年來的中央研究院〉《大陸雜誌》19：1959 年 10 月。

04. 李尚仁，〈科技使用、軍火工業與英國沒落論的批判〉《當代》176 期，2002 年 4 月。

05. 李適彰，〈我國航空工業發展史拾零　我國臺灣地區航空工業發展的關鍵機構—第三飛機製造廠〉《航太工業通訊季刊》49 期，2003 年 9 月。

06. 李適彰，〈我國早年航空發展簡介〉《2003 年漢翔航空工業股份有限公司產業文化資產清查計畫成果報告》（臺中市：文建會臺中辦公室，2003 年）。

07. 李適彰，〈我國航空工業發展史拾零　第一個彙整我國航空工業的關鍵機構—航空工業局〉《航太工業通訊雜誌》第 52 期，2004 年 6 月。

08. 李適彰，〈我國航空工業發展史拾零——航空研究院／所（成都—南昌—臺中）〉《航太工業通訊雜誌》第 63 期，2007 年 6 月。

09. 杜奉賢，〈日軍東港軍事基地探勘〉《臺灣風物》50：2，2006 年 6 月。

10. 近仁，〈日據時代臺灣航空郵史〉《郵史研究》第 10 期，1996 年 2 月。

11. 狄縱橫，〈駐臺美軍三十年〉《亞洲人》第 1 卷第 1 期，1969 年 2 月號，

12. 何鳳嬌，〈戰後接運旅外台胞返籍初探〉《臺灣風物》50：2，2000 年 6 月。

13. 林玉萍，〈國防自主運動與成大「航空太空工程研究所」的成立〉《成功的道路—第一屆成功大學校史學術研討會論文集》（臺南市：國立成功大學歷史系編印，2001 年）

14. 林玉萍，〈從學校到職場的性別區隔——以臺灣航太教育與產業為例〉《科技博物》5：5，2001.9.1。

15. 林玉萍，〈英國沒落史觀的反思〉《當代》176 期，2002 年 4 月。

16. 林致平，〈中國近代（1912～1949）航空工業之發展〉《航空救國——發動機製造廠之興衰》（發動機製造廠文獻編輯委員會編著，臺北市：河中文化，民 97 年 12 月）。

17. 林麗香，〈從依賴理論探討臺灣航太工業發展〉，國防部 87 年度金像獎參選著作，1998 年。

18. 吳崑財，〈1949 年的臺灣：以《美國外交文件》（Foreign Relations of the United States）為論述主軸〉《中華人文社會學報》第二期（新竹市：中華大學出版，2005 年 3 月）。

19. 卓文義，〈中國空軍在臺接收與轉進臺灣〉《筧橋學報》第一期，（岡山：空軍軍官學校，1994），頁 6。

20. 卓文義，〈台海戰役前我國空軍的建設（1949—1958）〉《筧橋學報》第五期，（岡山：空軍軍官學校，1998）

21. 周明德，〈日軍的不沉航空母艦〉《臺灣風物》48：2，1998 年 2 月。

22. 范里，〈楊信寧在臺灣與空軍共度的歲月〉《中國的空軍》第 671 期，1996 年 4 月。

23. 洪紹洋著，〈戰後臺灣造船公司的技術學習與養成〉《海洋文化學刊》第 4 期，2008.06，

24. 高仲顯，〈九六式艦戰成功の陰に〉《零式艦上戰鬥機》（東京：學習研究社，1997 年 10 月 3 刷）

25. 原剛，〈日軍於臺灣之軍事設施〉《臺灣日治時期軍用設施部署、設計、再利用國際研討會》論文，（臺南市：國立文化資產研究保存中心籌備處，2006 年）

26. 郭秋美，〈臺灣圖堡之岡山鎮舊地名之研究〉《高縣文獻—岡山采風》第 24 期，（高雄縣政府文化局：高雄縣，2005）

27. 陳企，〈越南戰史——美越戰爭篇〉《軍事家雜誌》（臺北市：全球防衛雜誌社，1990）。

28. 陳香梅，〈驚心動迫的兩航事件〉《傳記文學》第八十卷，第二期，（民 91 年 2 月）。

29. 陳廣沅，〈回憶民航空運隊〉，《中外雜誌》34：1，民 72。

29. 陳德全，〈後龍軍機場歷史及軍事重要地位〉《苗栗文獻》48：2，1998 年 2 月。

30. 張之東,〈韓國航空工業發展概況〉《航太通訊》第 51 期,2004 年 3 月。

31. 張淑雅,〈近二十年來韓戰研究概況〉《近代中國：韓戰五十年學術座談會專輯》137 期,（臺北：近代中國雜誌社,2000 年 6 月）。

32. 張鳳琦,〈抗戰時期國民政府科技發展戰略與政策述評〉《抗日戰爭研究季刊》總第 48 期,（北京：中國社會科學院近代史研究所,2003 年）。

33. 傅海輝,〈抗日戰爭時期的航空研究院及其歷史價值〉《中國科技史料》1998 年第 3 期。

34. 熊培霖,〈武器採購與國防工業自主〉《航太工業通訊》第 26 期,1997 年 10 月。

35. 鄭梓,〈戰後臺灣行政體系的接收與重建〉《臺北市：玉山社,1996 年》。

36. 鄭麗玲,〈不沉的航空母艦—臺灣的軍事動員〉《臺灣風物》44：3,1994 年 9 月。

37. 錢永祥,〈現代性：一個規範性的理念（暫擬大綱）〉,出自教育部顧問室編,人文社會科學教育先導型計畫九十三年度聯合成果研討會－通識教育改進計畫會議資料》（臺北：編者印製,2004 年）。

38. 蔡錫謙,〈1937—1945 年日治時期屏東市都市與公共建築之發展〉《屏東研究通訊》第二期。

39. 顧光復,〈航空工業發展中心籌備創立經過〉《漢翔航空股份有限公司 30 周年紀念專輯》（臺中：編者印行,1999 年）。

40. Grant, Rebecca 著,楊紫函譯〈飛虎英雄陳納德（Clair Lee Chennault）將軍〉《軍事史評論》,頁 215。

41. Ruth Schwartz Cowan 著,楊佳羚譯,〈家庭中的工業革命〉,收錄於吳嘉苓等主編《科技渴望性別》（臺北市：群學出版社,2004 年）,頁 107、111—112。

42. 社論：「軍公事業剩餘機器,決定售予民廠經營」,聯合報,民國 50 年 4 月 4 日 2 版。

43. 社論：「運用軍需工廠,協助民營工業」,中央日報,民國 50 年 6 月 12 日 3 版。

四、學位論文：(按筆畫順序排列)

01. 李淑芬，《日本南進政策下的高雄建設》，國立成功大學歷史語言研究所碩士論文，1995 年。

02. 李國生，《戰爭與臺灣人——殖民政府對臺灣的軍事人力動員（1937～1945）》，國立臺灣大學歷史研究所碩士論文，1997 年 7 月。

03. 林孟欣，《臺灣總督府對岸政策之一環—福大公司對閩粵的經濟侵略》，國立成功大學歷史研究所碩士論文，1994 年。

04. 周恆甫，《臺灣地區網路媒體 Blog 發展與應用之初探研究——以交通大學「無名小站」為例》，臺灣藝術大學應用媒體藝術研究所碩士論文，2005 年 1 月。

05. 高淑媛，《臺灣近代產業的建立—日治時期臺灣工業與政策分析》，國立成功大學歷史系博士論文，2003 年。

06. 伊文，〈「世紀女性 臺灣風華」女性記錄片之個案研究〉，世新大學傳播研究所碩士論文，2003 年 6 月。

07. 葉定國，《認同意識、文化建構與臺灣國家安全——一個國際關係建構主義觀點的研究》，國立中山大學中山學術研究所博士論文，2004 年 6 月。

08. 曾令毅，《日治時期臺灣航空發展之研究》，淡江大學歷史所碩士論文，2008 年 6 月。

09. 張瑋容，《由 Michael Moore 的敘事策略看紀錄片的語藝意涵》，世新大學口語傳播學系碩士論文，2006 年 6 月。

10. 張興民，《從復員救濟到內戰軍運——戰後中國變局下的民航空運隊》，國立中央大學歷史所碩士論文，2010 年 8 月。

11. 蘇曉倩，《身體與教育——以日治時期臺灣實業學校的身體規訓為（1919～1945）》，國立暨南國際大學歷史系碩士論文，2003 年 6 月。

五、網路資料：

01. 人民網：http://www.people.com.cn/GB/junshi/1077/2150899.html
02. 人民網：http://www.people.com.cn/GB/junshi/1077/2150899.html
03. 中山美麗之島，網址：http://bbs.nsysu.edu.tw/txtVersion/treasure/。
04. 中國黃埔軍校網，網址：http://www.hoplite.cn/templates/hpjh0104.htm
05. 中國社會科學院世界經濟與政治研究所網站：http://www.iwep.org.cn/
06. 中華百科全書，關鍵字'職業學校'，網址：http://living.pccu.edu.tw/。
07. 正源著，〈記美國志願援華飛虎隊隊長：陳納德將軍〉，網址：http://www.epochtimes.com.tw/bt/5/4/28/n903206p.htm
08. 臺灣STS虛擬社群／STS經典論文翻譯區，網址：http://sts.nthu.edu.tw/reading_files/M—16_rifle_and_American_army.pdf
09. 國家文化資料庫，網址：http://nrch.cca.gov.tw/ccahome/website/site20/PDFFiles/0198.pdf
10. 國家圖書館／臺灣記憶系統，網址：http://memory.ncl.edu.tw/tm_new/index.htm.
11. 新浪讀書，網址：http://book.sina.com.cn/songmeiling/2003—10—24/3/21369.shtml
12. 新浪軍事網：http://203.84.199.31/search/，2005 年 6 月 9 日。
13. 「溪湖三叔公開講」部落格，網址：http://tw.myblog.yahoo.com/jw!p0VC9gKUEQOZt8xdgPG4ROg—/article?mid=3
14. 〈傳記文學：史料更正〉http://www.biographies.com.tw/newsl.asp?nu =756
15. 維基百科，網址：http://zh.wikipedia.org/wiki/關鍵字「航空自衛隊」。
16. 維基百科，網址：http://zh.wikipedia.org/關鍵字「斯德哥爾摩症候群」、「防衛機制」，
17. 顧學稼、姚波著〈美國在華空軍與中國的抗日戰爭〉，網址：http://mil.jschina.com.cn/afwing/combat/USAAF@CHINA/l.htm
18. Baidu 百科，網址：http://baike.baidu.com/view/43729.htm
19. 《讀谷村史》「戰時記錄」下卷第六章，証言紀錄　男性の証言，網址：http://www.k0001.jp/sonsi/vo105b/chap06/content/docu121.html/

貳、外文部分（英文、日文）

一、英文專書（按出版年份排列）：

01. Hotz, Robert, ed. *Way of a Fighter*. N.Y.:G.P.Putnam's Sons,1949.
02. Foucault, Michel, and Scheridan, Alan, trans. *Discipline and Punish：The Birth of the Prison*. N.Y.:Random Hours, 1978.
03. Nolan, Janne E.. *Military Industry in Taiwan and South Korea*. Hampshire:The Macmillan Press LTD, 1986.
04. Zuboff, Shoshana.*In the Age of Smart Marchine：The Future of Work and Power*. N.Y.:Basic Books,Inc.,1988.
05. Meulen, Jacob A.Vander, *The Politics of Aircraft：Building an American Military Industry*. Lawrence:The University Press of Kansas,1991.
06. Masako, Ikegami-Andersson. *The Military-Industrial Complex-The Case of Sweden and Japan*. England: Dartmouth Publishing Company Limited, 1992.
07. Leslie, Stuart W. *The Cold War and American Scienc：The Military-Industrial-Academic Complex*. N.Y.:Columbia University Press, 1993.

二、日文（按出版年份排列）

（一）檔案文獻：

01. 日本防衛省防衛研究所藏，〈海軍航空廠ヲ置ク地及同廠ニ置ク各部
又ハ工員養成所〉《內令提要》卷一，（昭和 11 年 4 月 1 日）
02. 日本防衛省防衛研究所藏，《現在海軍諸例則》卷一，（昭和 16 年 7 月）
03. 日本防衛省防衛研究所藏，《海軍主要官衙部隊一覽表》，（昭和 19 年）

（二）專書：

01. 財團法人海軍歷史保存會編集，《日本海軍史—第 6 卷　部門小史
下》（東京都：同編者，平成 7 年）
02. 高橋重治，《日本航空史》坤卷奧附，（東京市：航空協會發行，昭和
11 年）
03. 大竹文輔，《臺灣航空發達史》（臺北市：作者自行發行，昭和 14 年
10 月）
04. 臺灣省總督府交通部遞信部發行，《臺灣航空事業ノ概況》（臺北市：
臺灣日日新報社，昭和 16 年 10 月 23 日印刷）
05. 田北惟編撰，《陸海軍軍事年鑑》（東京市：財團法人軍人會館圖書部，
昭和 16 年）
06. 中村孝志，《日本の南方關與と臺灣》（日本奈良縣：天理教道友社，
1988 年）
07. 鶴蒔靖夫，《第 2 の奇跡はあるか！臺灣 V.S 韓國》（東京：IN 通信
社，1991 年）

（三）期刊：

01. 根津熊次郎，〈臺灣の航空事業〉《臺灣時報》（昭和6年4月）
02. 田中偁，〈大東亞戰爭と臺灣工業化の方向〉《臺灣時報》（昭和17年1月）
03. 白鳥勝義，〈臺灣と航空機工業〉《臺灣時報，昭和19年1月27日》

參、口述訪談：（尊重各人意願，採編號記錄，M：男性，A：軍職，P：民人）

MA01 先生，原日本陸軍「第5野戰空修廠」技術工員，訪談時間：2007年1月12日，訪談地：臺中市。

MA02 先生，原「空軍機校士官長」，訪談時間：2008年10月12日，訪談地：高雄市岡山鎮。

MA03 先生，原空軍「黑蝙蝠中隊」隊員，訪談時間：2009年07月19日，訪談地：新竹市眷村文化館。

MA04 先生，原空軍MTD小組成員，訪談時間：2000年10月05日，訪談地：高雄縣岡山鎮。

MA05 先生，原「空軍技術局」實驗工廠廠長，訪談時間：2001年05月15日，訪談地：臺中市。

MA06 先生，原「航發中心」資深工程師，訪談時間：2008年08月04日，訪談地：高雄縣岡山鎮。

MP01 先生，原「第61空廠」兵器部員工，訪談時間：2006年11月29日，訪談地：高雄縣岡山鎮。

MP02 先生，原「第61空廠」飛行機部，訪談時間：2006年11月29日，訪談地：高雄縣岡山鎮。

MP03 先生，原「第61空廠」飛行機部，板金工場員工，信件往返：2009.06.08～06.18。

MP04 先生，原「亞洲航空公司」資深員工，訪談時間：1998 年 05 月 22
　　日，訪談地：臺南市。
MP05 先生，原日本陸軍「第 5 野戰空修廠」技術工員，訪談時間：2007
　　年 1 月 12 日，訪談地：臺中市。

肆、附錄：表、圖

表：

表 2-1：臺灣島民獻納飛機表。（頁 24-25）
表 3-1：1946 年以前中國飛機自製功能表。（頁 73）
表 3-2：陳納德在華期間領導之空軍組織。（頁 84）
表 4-1：臺灣地區接收日軍各航空基地、航空工廠物資總表。（頁 108-110）
表 4-2：空軍接收組接收日軍在臺機械器材統計表。（頁 112）
表 4-3：臺灣日本海空軍特種技術人員年齡統計表。（頁 119）
表 4-4：三十八年空軍官兵撤免資遣人數統計表。（頁 120）
表 5-1：歷年軍援贈予統計表（138 頁）。
表 5-2：歷年軍援信用貸款統計表（138 頁）。
表 5-3：軍援時期空軍主要裝備接收表。（頁 139）
表 5-4：MAAG 各時期人員編制數。（頁 141-143）
表 5-5：美國軍援下我空軍主要換裝機種及架數。（頁 152-153）
表 6-1：相關院校設置航空科系情況（大專部份）。（頁 214）
表 6-2：相關院校設置航空科系情況（職校部份）。（頁 215）

圖：

圖 2-1：臺灣日軍軍需工廠及倉庫位置要圖（頁 39）

圖 2-2：第六十一海軍航空廠（岡山地區）要圖。（頁 40）

圖 2-3：第六十一海軍航空廠（高雄州東港郡東港街）要圖。（頁 41）

圖 2-4：手抄日本海軍第 61 航空廠廠歌。（頁 51）

圖 3-1：軍政部航空署組織圖。（頁 63）

圖 3-2：「軍事委員會」系統圖。（頁 64）

圖 3-3：「航空委員會」組織圖。（頁 66）

圖 3-4：「航空研究院」組織圖。（頁 79）

圖 4-1：「臺灣省軍事接收委員會」組織系統圖。（頁 107）

圖 5-1：美國軍援計畫之策訂程序。（頁 137）

圖 5-2：MAAG 於 1950 年代改組前後組織圖。（頁 146）

圖 5-3：MAAG 與國防部業務相對關係圖。（頁 147）

圖 5-4：1951 年美軍顧問團空軍組人員組織概況。（頁 148）

圖 5-5：1960 年代美國空軍後勤令部組織圖。（頁 149）

圖 5-6：「空軍技術局」43 年度組織圖。（頁 159）

圖 5-7：「航發中心」組織系統圖。（頁 171）

圖 6-1：1979 年國防工業發展組織體系。（頁 209）

圖 6-2：自製模式（飛機製造流程圖）。（頁 220）

圖 6-3：合作生產模式（發動機生產流程）。（頁 220）

伍、其他

01. 紀錄片《綠的海平線》，導演：郭亮吟，（臺北市：智慧藏學習科技公司出版，2006）。

史地傳記類　PC0134

新銳文創
INDEPEDENT & UNIQUE

臺灣航空工業史：
戰爭羽翼下的1935年－1979年

作　　者	林玉萍
主　　編	楊宗翰
責任編輯	邵亢虎
圖文排版	陳宛鈴
封面設計	陳佩蓉

出版策劃	新銳文創
發 行 人	宋政坤
法律顧問	毛國樑　律師
製作發行	秀威資訊科技股份有限公司
	114 台北市內湖區瑞光路76巷65號1樓
	電話：+886-2-2796-3638　傳真：+886-2-2796-1377
	服務信箱：service@showwe.com.tw
	http://www.showwe.com.tw
郵政劃撥	19563868　戶名：秀威資訊科技股份有限公司
展售門市	國家書店【松江門市】
	104 台北市中山區松江路209號1樓
	電話：+886-2-2518-0207　傳真：+886-2-2518-0778
網路訂購	秀威網路書店：http://www.bodbooks.com.tw
	國家網路書店：http://www.govbooks.com.tw

| 出版日期 | 2011年01月　初版 |
| 定　　價 | 300元 |

國家圖書館出版品預行編目

臺灣航空工業史：戰爭羽翼下的1935年-1979
年 / 林玉萍著.
　-- 初版. -- 臺北市：新銳文創, 2011.01
　　面；　公分. --（史地傳記類；PC0134）

　ISBN　978-986-86815-4-5（平裝）

　1.工業史　2.航空　3.臺灣

555.933/4　　　　　　　　　99025837

讀 者 回 函 卡

感謝您購買本書,為提升服務品質,請填妥以下資料,將讀者回函卡直接寄
回或傳真本公司,收到您的寶貴意見後,我們會收藏記錄及檢討,謝謝!
如您需要了解本公司最新出版書目、購書優惠或企劃活動,歡迎您上網查詢
或下載相關資料:http:// www.showwe.com.tw

您購買的書名:＿＿＿＿＿＿＿＿＿＿＿＿＿＿＿＿＿＿＿＿＿＿＿

出生日期:＿＿＿＿＿年＿＿＿＿＿月＿＿＿＿＿日

學歷:□高中 (含) 以下　　□大專　　□研究所 (含) 以上

職業:□製造業　□金融業　□資訊業　□軍警　□傳播業　□自由業

　　　□服務業　□公務員　□教職　　□學生　□家管　　□其它＿＿＿

購書地點:□網路書店　□實體書店　□書展　□郵購　□贈閱　□其他

您從何得知本書的消息?

　□網路書店　□實體書店　□網路搜尋　□電子報　□書訊　□雜誌

　□傳播媒體　□親友推薦　□網站推薦　□部落格　□其他＿＿＿＿＿

您對本書的評價:(請填代號　1.非常滿意　2.滿意　3.尚可　4.再改進)

　封面設計＿＿＿　版面編排＿＿＿　內容＿＿＿　文／譯筆＿＿＿　價格＿＿＿

讀完書後您覺得:

　□很有收穫　□有收穫　□收穫不多　□沒收穫

對我們的建議:＿＿＿＿＿＿＿＿＿＿＿＿＿＿＿＿＿＿＿＿＿＿＿

11466
台北市內湖區瑞光路 76 巷 65 號 1 樓

秀威資訊科技股份有限公司 收

BOD 數位出版事業部

....

（請沿線對折寄回，謝謝！）

姓　　名：＿＿＿＿＿＿＿＿　年齡：＿＿＿＿　性別：□女　□男

郵遞區號：□□□□□

地　　址：＿＿＿＿＿＿＿＿＿＿＿＿＿＿＿＿＿＿＿＿＿＿＿

聯絡電話：(日) ＿＿＿＿＿＿＿＿＿＿＿ (夜) ＿＿＿＿＿＿＿＿＿＿＿

E-mail：＿＿＿＿＿＿＿＿＿＿＿＿＿＿＿＿＿＿＿＿＿＿＿